Bärbel Freitag

Meine Fantasiewerkstatt

Kreative Ideen aus Ästen, Perlen und anderen wundersamen Dingen

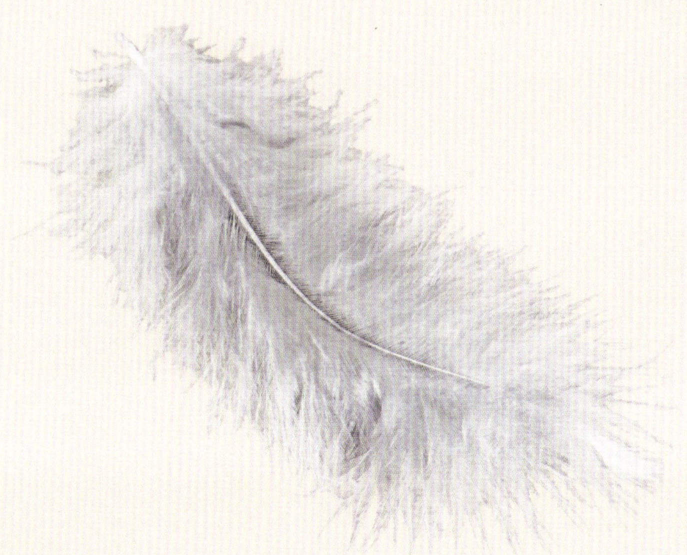

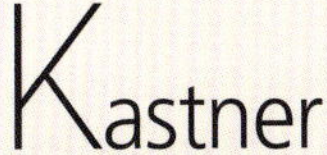

Meinen Großeltern

Barbara und Karl

Elisabeth und Martin

in Liebe

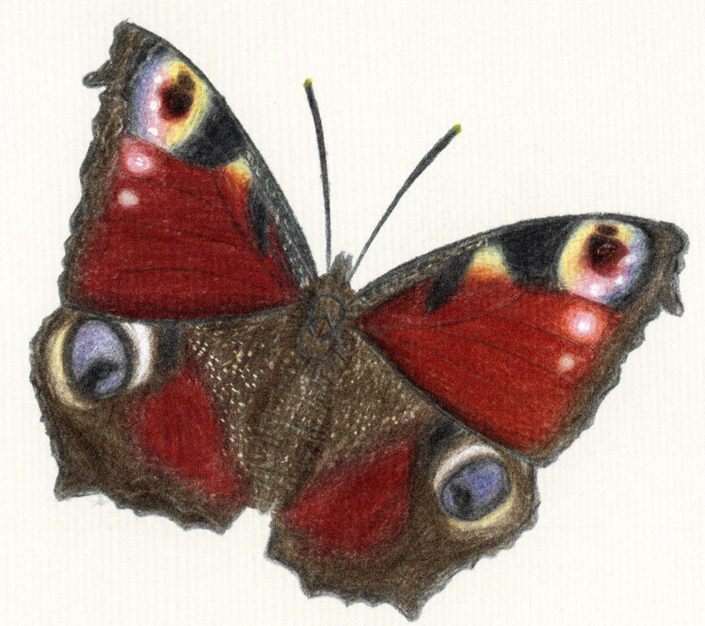

VORWORT

Es gibt so viele wundersame und ganz besondere Dinge um uns herum. Wer mit offenen Augen durch die Natur geht, wird unzählige Schätze entdecken: Zapfen, Äste, Schneckenhäuser, Steine, Kastanien und vieles mehr sind in Hülle und Fülle vorhanden. Auch in unseren Haushalten sammelt sich tagtäglich eine stattliche Anzahl an scheinbar Nutzlosem: Schachteln, Schraubgläser, Kronkorken und Milchtüten.

All diese wundersamen Gegenstände aus Natur und Haushalt sind das Grundmaterial für dieses Buch. Zusätzlich ausgestattet mit Farben, Kleber, Nägeln, Draht und ein paar Werkzeugen kann es losgehen!

Aber halt! Da gibt es ja noch die Dinge, die unsichtbar geworden sind, weil wir sie aus den Augen verloren haben. Knöpfe aus Omas Nähkästchen, Wollreste aus Jahre zurückliegender Strickarbeit, ausgediente Socken und Waschlappen, altmodische Bettlaken und Bezüge, alte Wäscheklammern, verstaubte Einweckgläser oder Perlen von altem Modeschmuck.

In unseren Kellern und Dachböden, in Lagern und Garagen schlummern sie, die verborgenen Schätze, die für unsere *Fantasiewerkstatt* so kostbar und wertvoll sind. Sie dürfen ans Tageslicht und bekommen eine neue Bestimmung.

Mit meinem Buch möchte ich Sie einladen, mit mir zu einer Fantasiereise aufzubrechen. Ich möchte Ihnen zeigen, wie aus all diesen vergessenen und gesammelten Dingen Neues entstehen kann.

Am besten nehmen Sie ein paar der aufgezählten Sachen in die Hand, betrachten diese, und schließen dann die Augen. Stellen Sie sich vor, was daraus werden könnte, und fangen Sie einfach an. Während Sie gestalten, malen oder werken, nimmt Ihre Idee Form an und wird nach und nach zu etwas Einzigartigem. Als Impulse für *Ihre* Fantasiewerkstatt dienen die Werkbeispiele in diesem Buch. Probieren Sie einfach einige Vorschläge aus – Sie werden sehen, wie aus all diesen unscheinbaren Dingen fantasievolle Kunstwerke entstehen.

Wenn Sie mit Kindern arbeiten, wissen Sie, wie offen und frei Kinder mit Materialien umgehen. Vermitteln Sie Techniken und sicheren Werkzeuggebrauch, aber vermeiden Sie, Ihre eigene Vorstellung zu verwirklichen. Die Fantasie und Kreativität der Kinder sind so reich und zauberhaft, dass wir von ihnen inspiriert werden sollten – nicht umgekehrt.

Dieses Buch will Anstoß und Impulsgeber sein für Kinder, Eltern und Pädagogen zur Begeisterung für das handwerklich-schöpferische Tun. Es will mögliche kreative Projekte vorstellen und als Ideenfundus für Kindergarten und Schule dienen. Es möchte zum Ausprobieren und Erfinden einladen, zum Weiterentwickeln und frei Gestalten. Es soll Mut machen, ohne akkurate Vorgaben kreativ und fantasievoll zu arbeiten.

Ihnen allen wünsche ich viel Freude beim Entdecken, Sammeln, Werken und Gestalten – und vor allen Dingen beim Reisen in Ihre Fantasie.

Bärbel Freitag

INHALTSVERZEICHNIS

Seelenwärmer

Miteinander

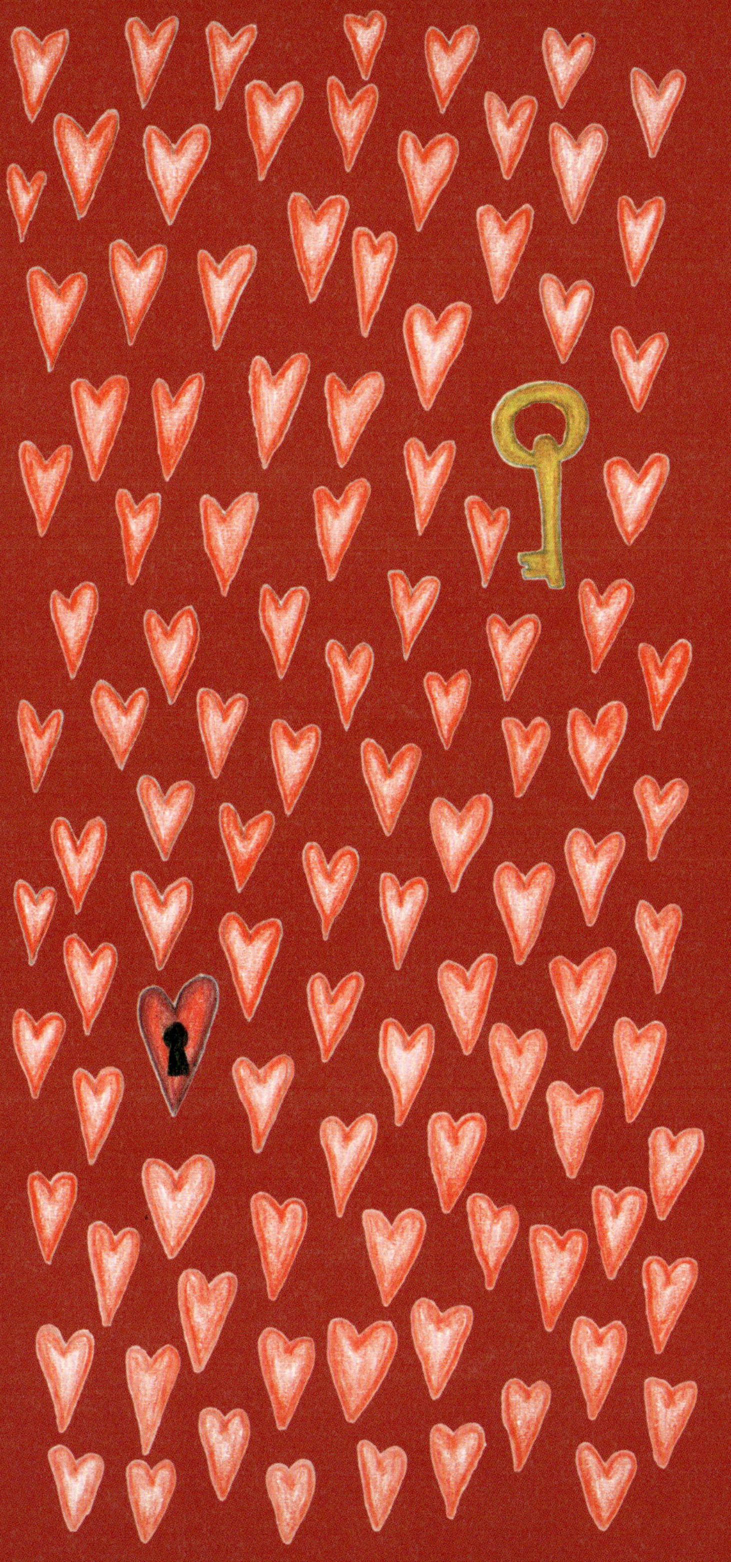

Herzensöffner

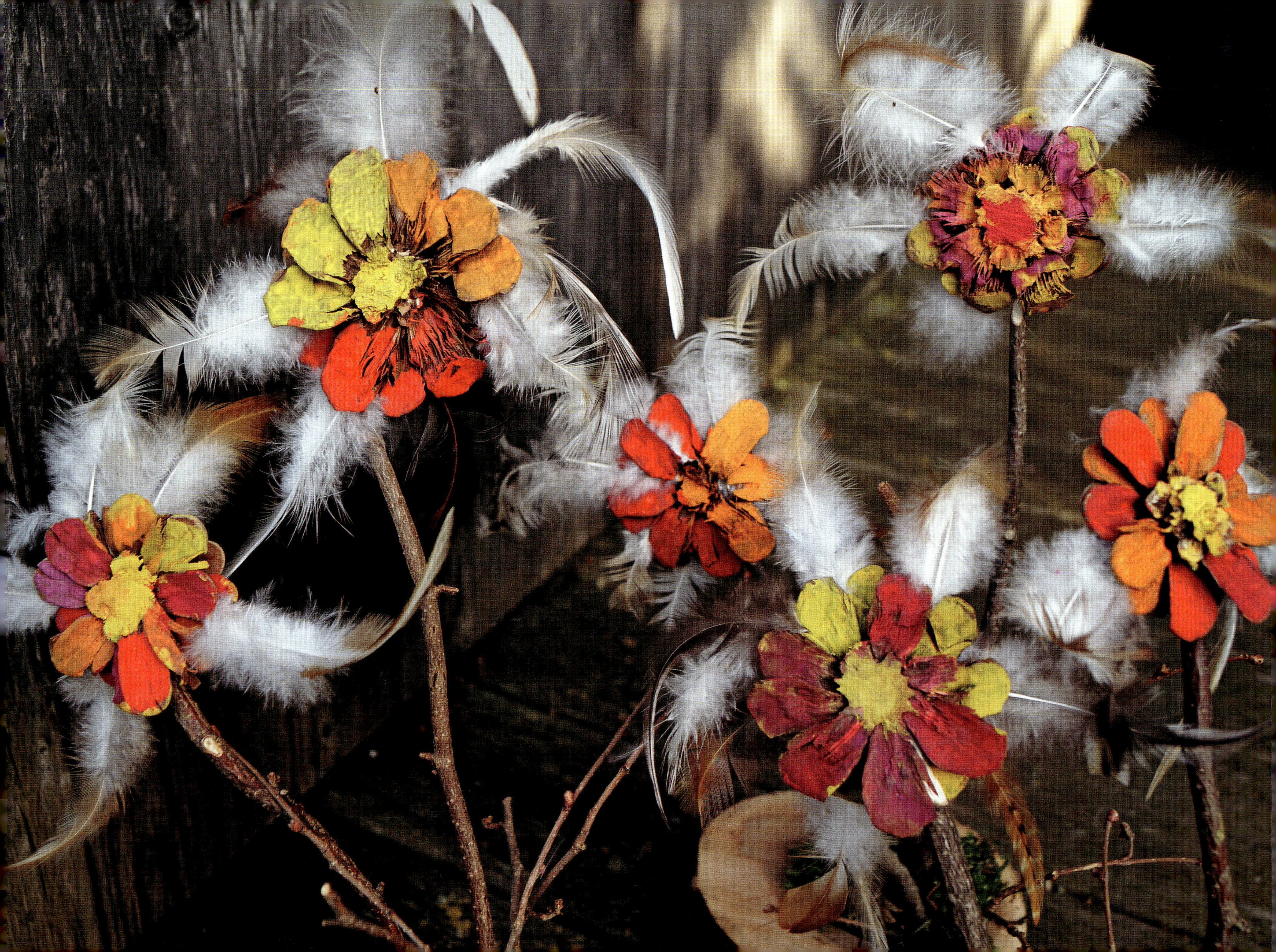

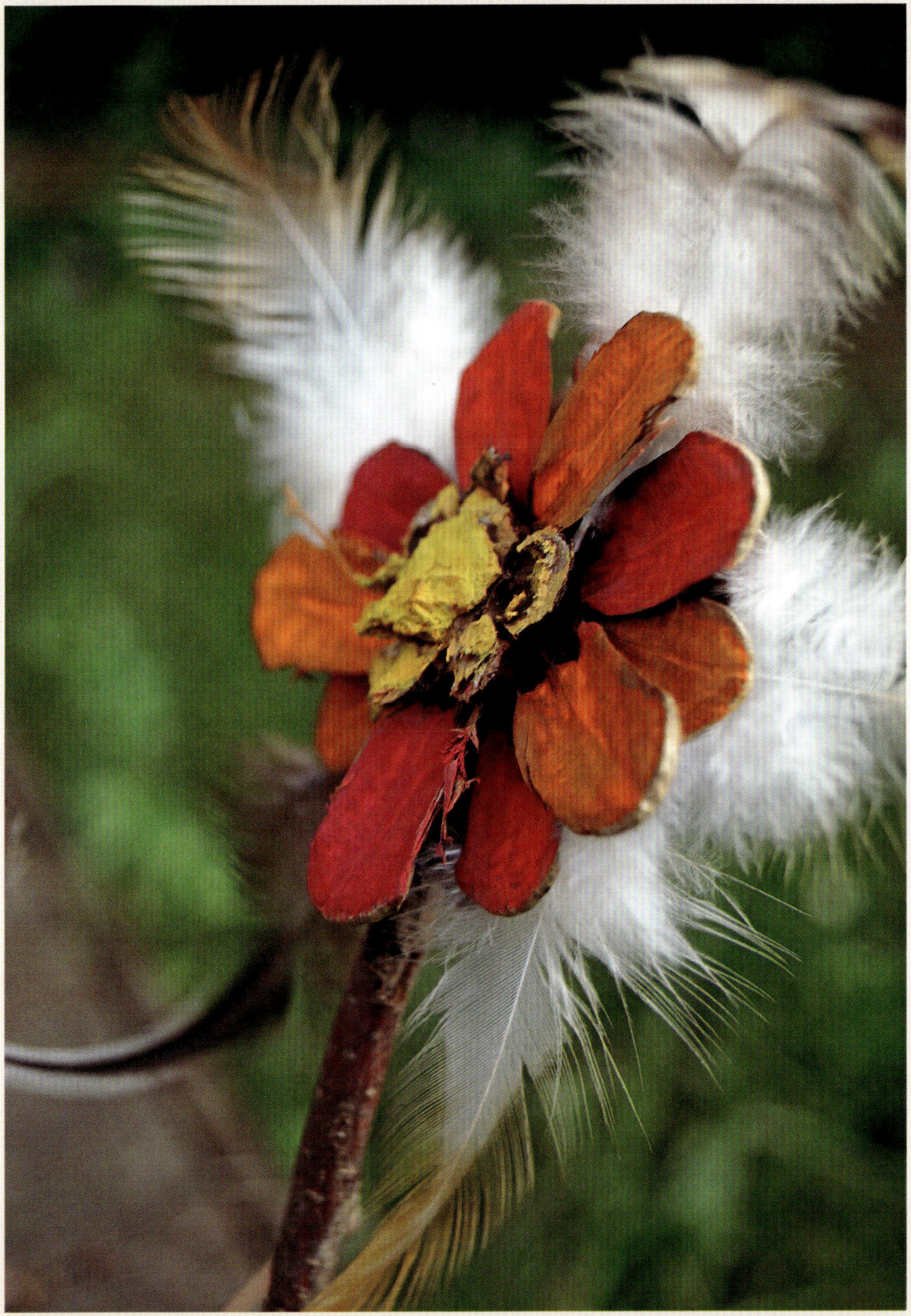

WALDWUNDERBLUMEN

MATERIAL:

- Kiefernzapfen
- Wasserfarben
- Äste
- Federn
- Baumabschnitt
- Moos

TECHNIKEN:

- Sägen
- Malen
- Stecken
- Schnitzen

Die Fichtenzapfen werden mittig mit einer Baumschere oder Säge geteilt. Dies erfordert sehr viel Kraft und Vorsicht. Am sichersten ist es, wenn Erwachsene die Zapfen vorbereiten.
Damit der Ast als Stängel hält, wird er angespitzt und in den Zapfen gesteckt.
Wer keinen Baumabschnitt hat, stellt die Wunderblumen einfach in ein Glas mit Sand.

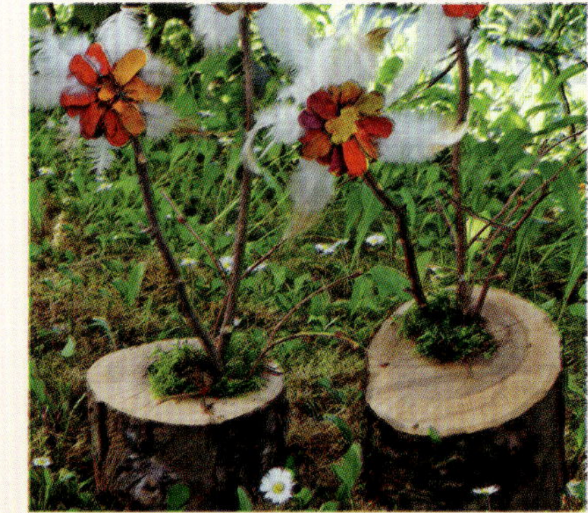

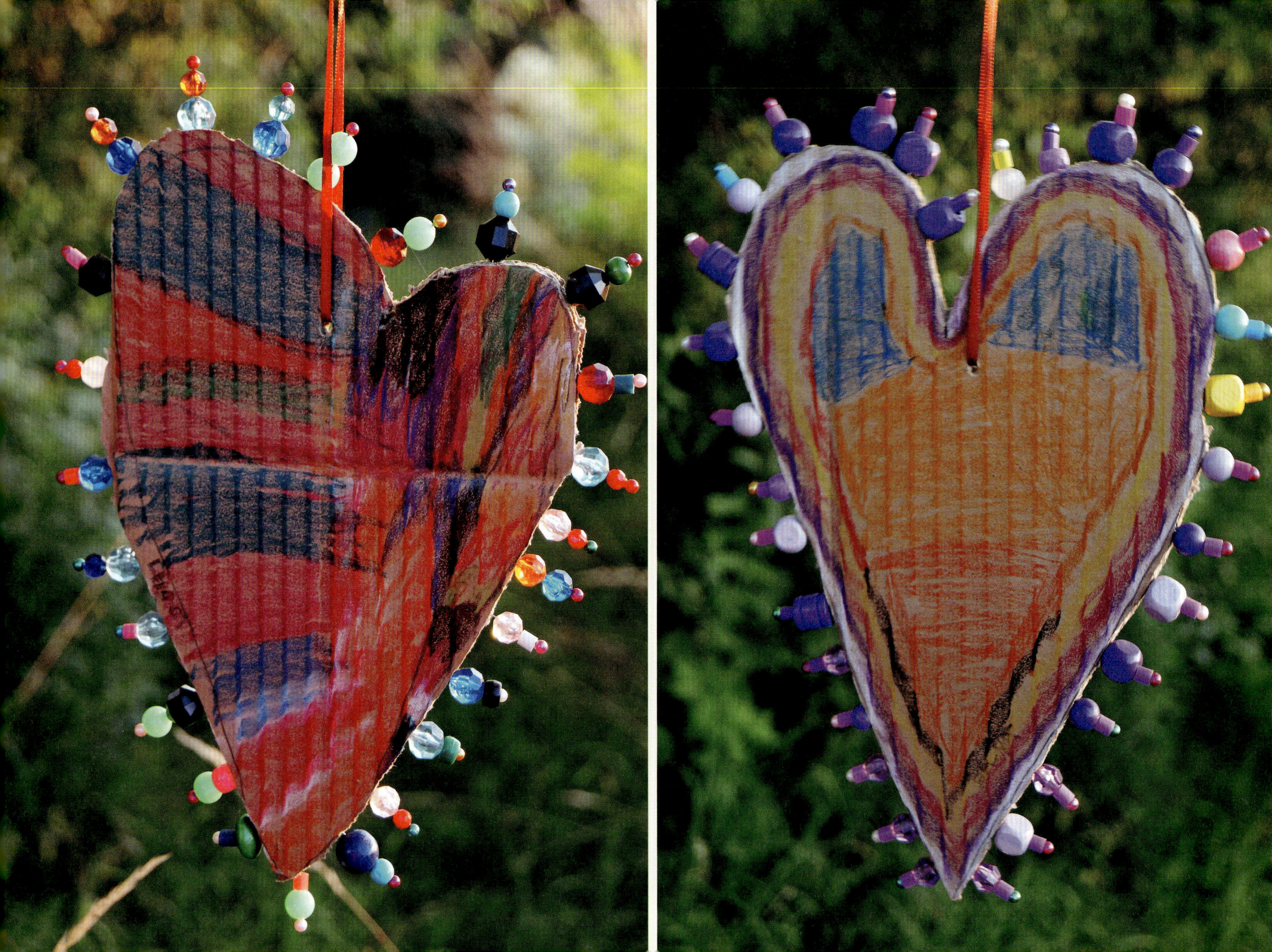

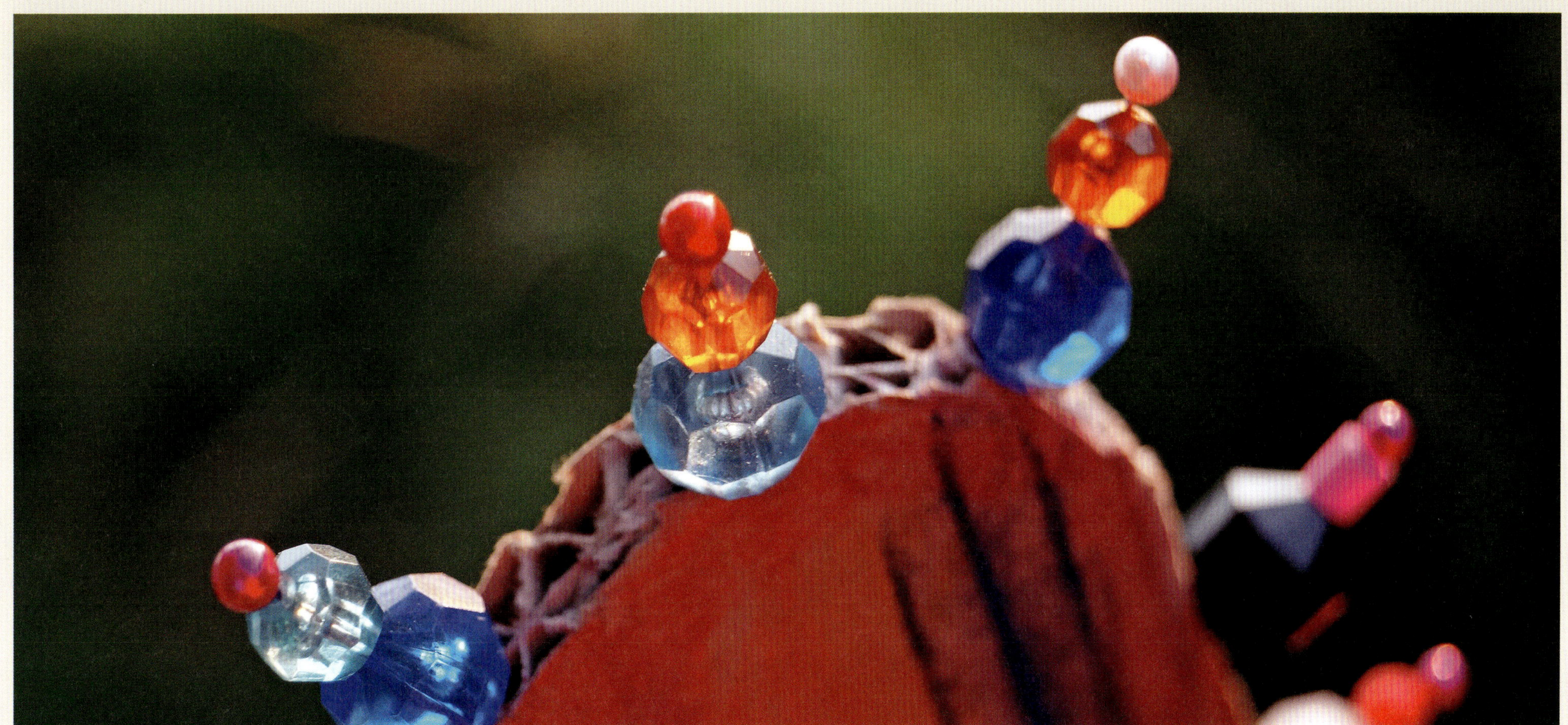

PERLENHERZEN

Dicke Kartons kann man am besten mit einem Messer schneiden. Dabei helfen Erwachsene den Kindern oder übernehmen aus Sicherheitsgründen diese Aufgabe.
Bevor die mit Perlen gefädelten Stecknadeln in das Herz gesteckt werden, sollte man sie in ein wenig Kleber tauchen, damit sie später fest sitzen.

MATERIAL:

- Stabiler Wellpappkarton
- Wachsmalkreiden
- Lange Glaskopfstecknadeln
- Kunststoff-/Holz-/Glasperlen
- Kleber

TECHNIKEN:

- Zeichnen
- Malen
- Schneiden
- Fädeln
- Kleben
- Stecken

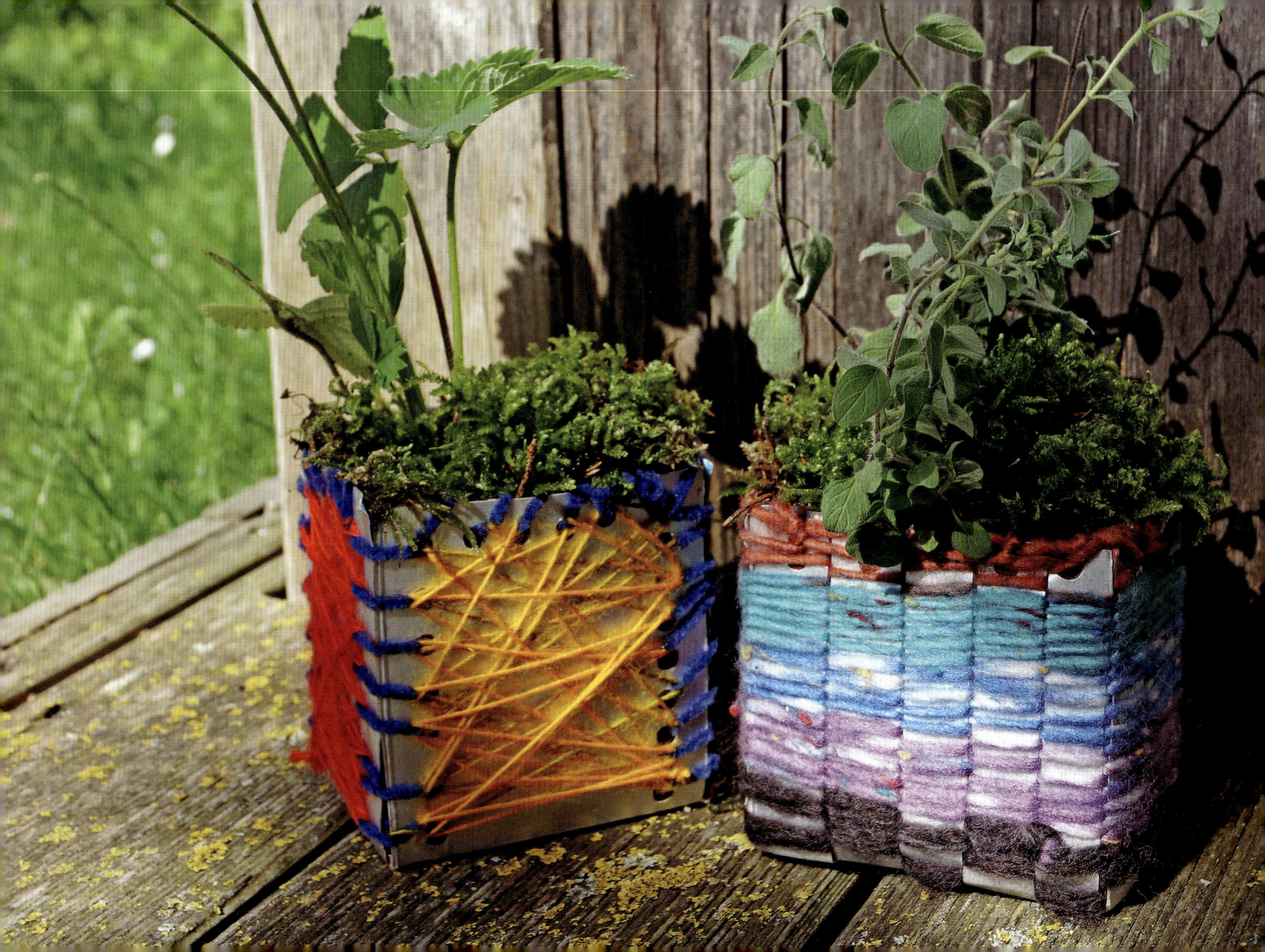

KRÄUTERTÖPFCHEN

MATERIAL:

Milchtüte

Wolle

Kräuter

Erde

TECHNIKEN:

Schneiden

Lochen

Nähen

Spannen

Weben

Einpflanzen

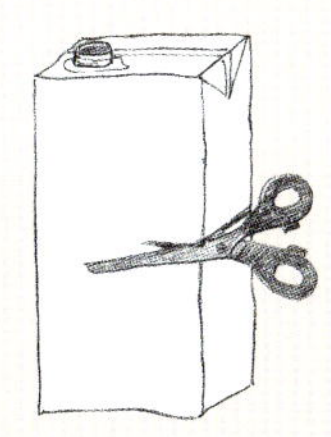

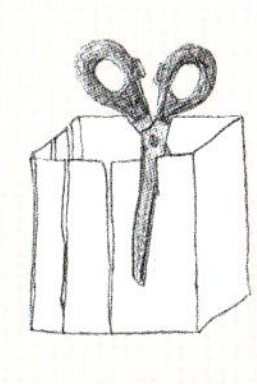

Die Milchtüte wird in der Höhe halbiert. Die Seiten werden nach Belieben bis zum Boden eingeschnitten, gelocht und umgedreht, sodass die silberne Seite nach außen zeigt. Jetzt kann fantasievoll mit Wolle gewebt oder gespannt werden.
Als Auslaufschutz steckt man die zweite Hälfte (Öffnung zugeschraubt) in das fertige Töpfchen.

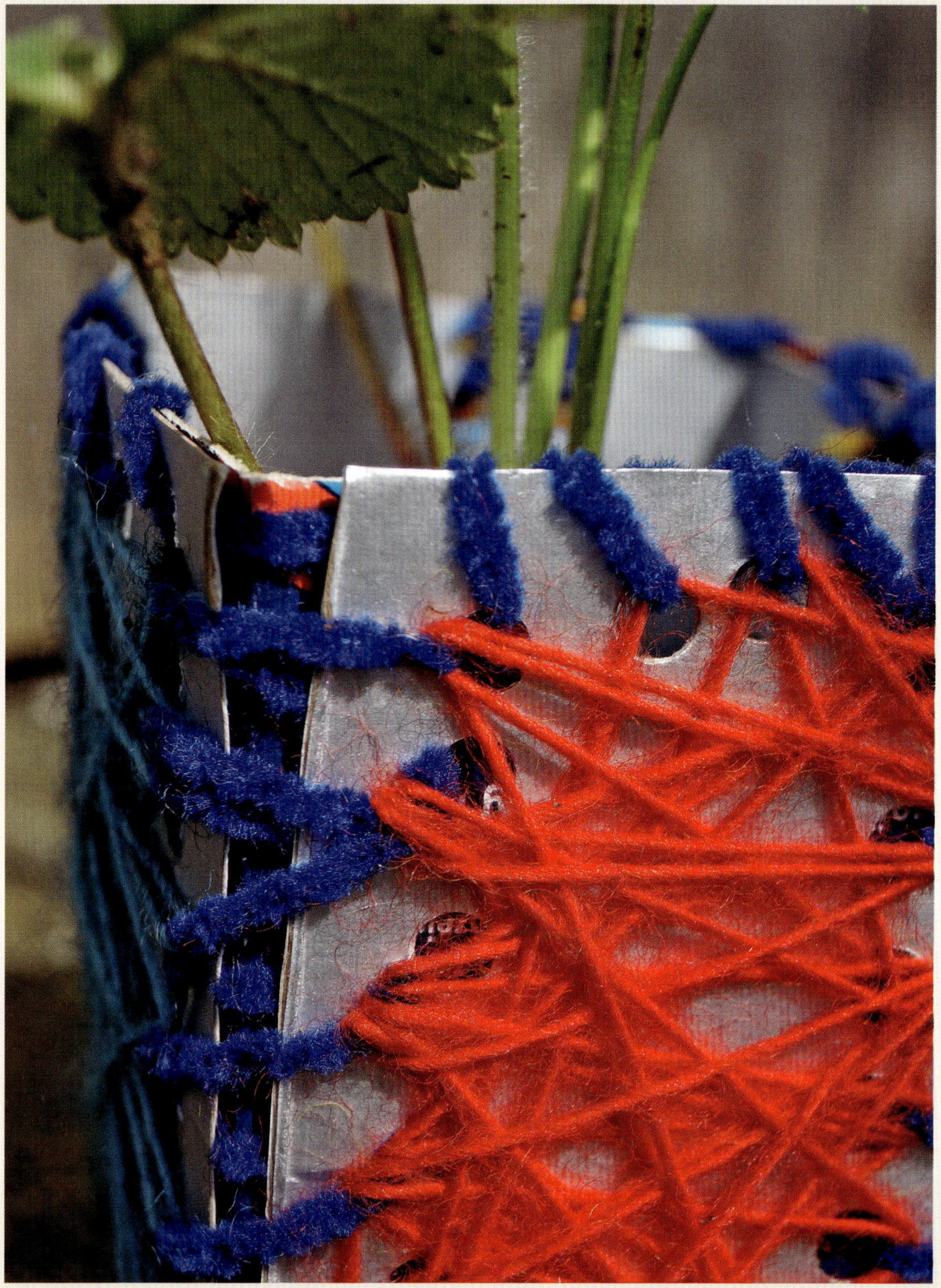

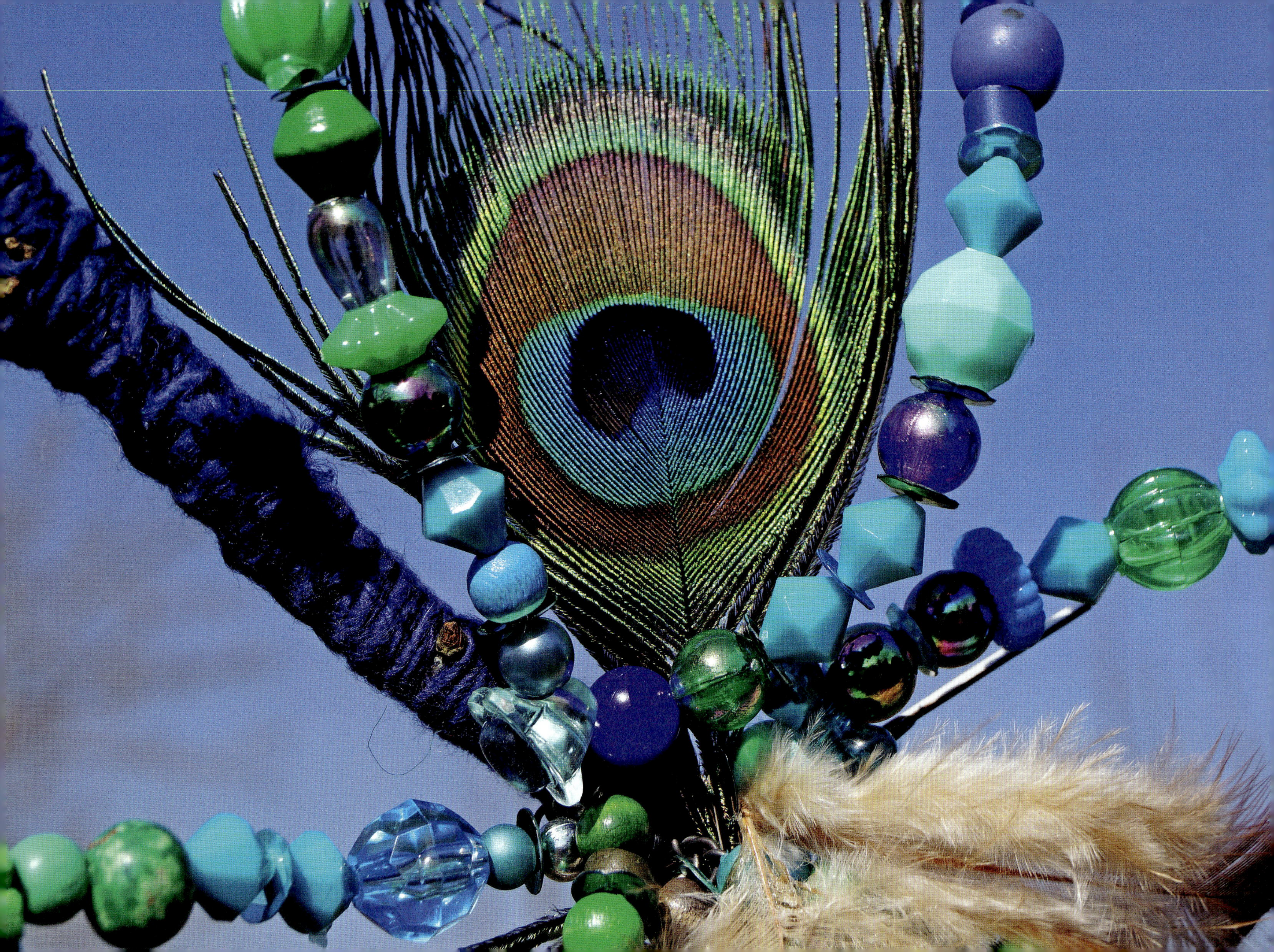

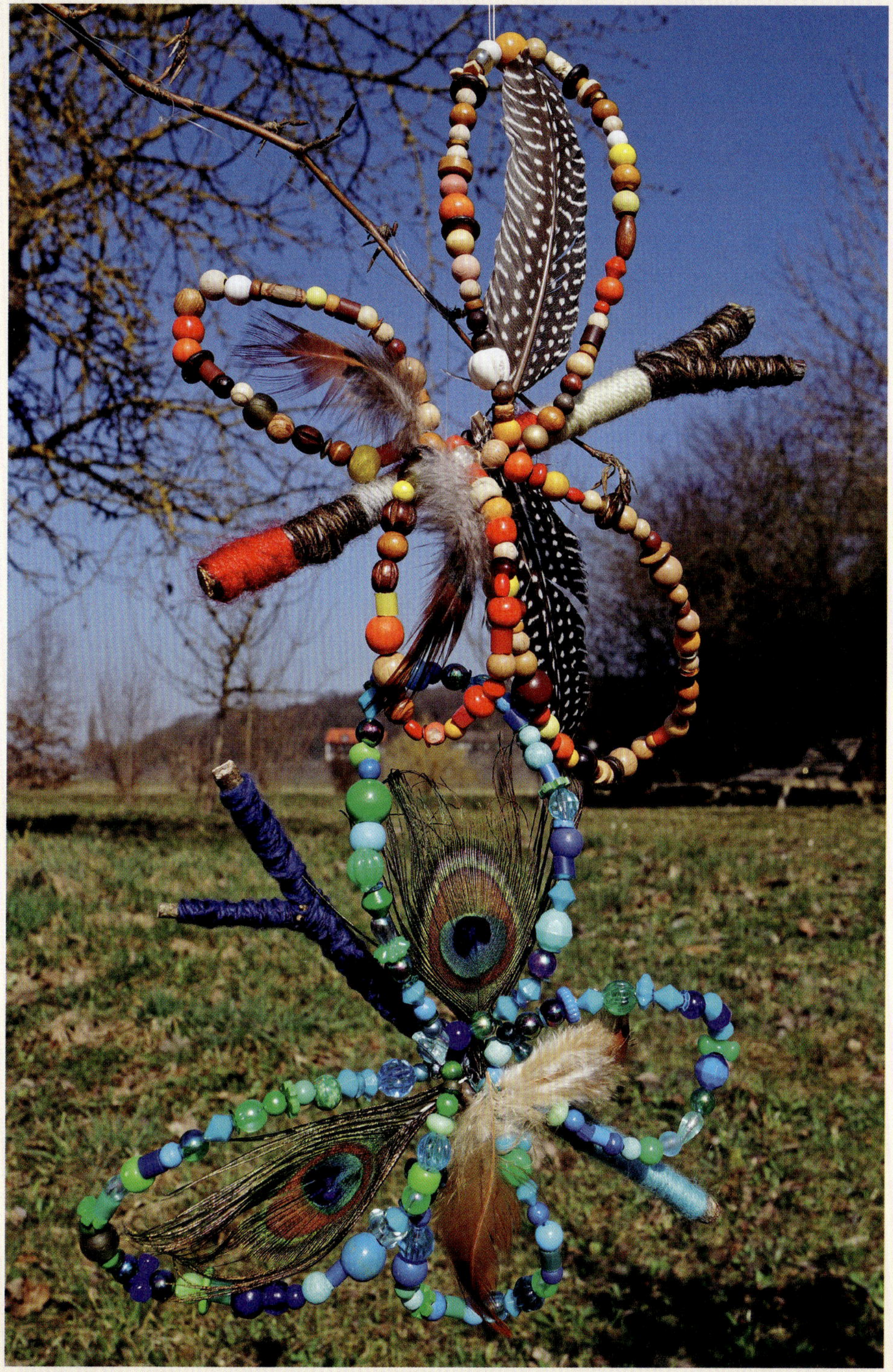

FREUDENFALTER

MATERIAL:

- Kleiner Ast mit Gabelung
- Wolle
- Draht
- Holz-/Kunststoffperlen
- Federn

TECHNIKEN:

- Wickeln
- Fädeln
- Andrahten
- Verdrehen
- Stecken

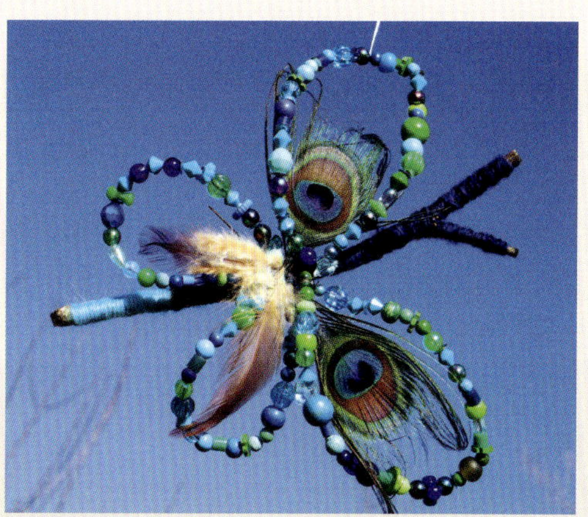

Eine kleine Astgabel wird mit Wolle umwickelt. Der mit Perlen gefädelte Draht wird zu Flügeln geformt und befestigt. Zum Verschenken kann der Freudenfalter auch auf einen Stab gebaut werden. In einem Blumenstrauß wird er zum zauberhaften Blickfang.

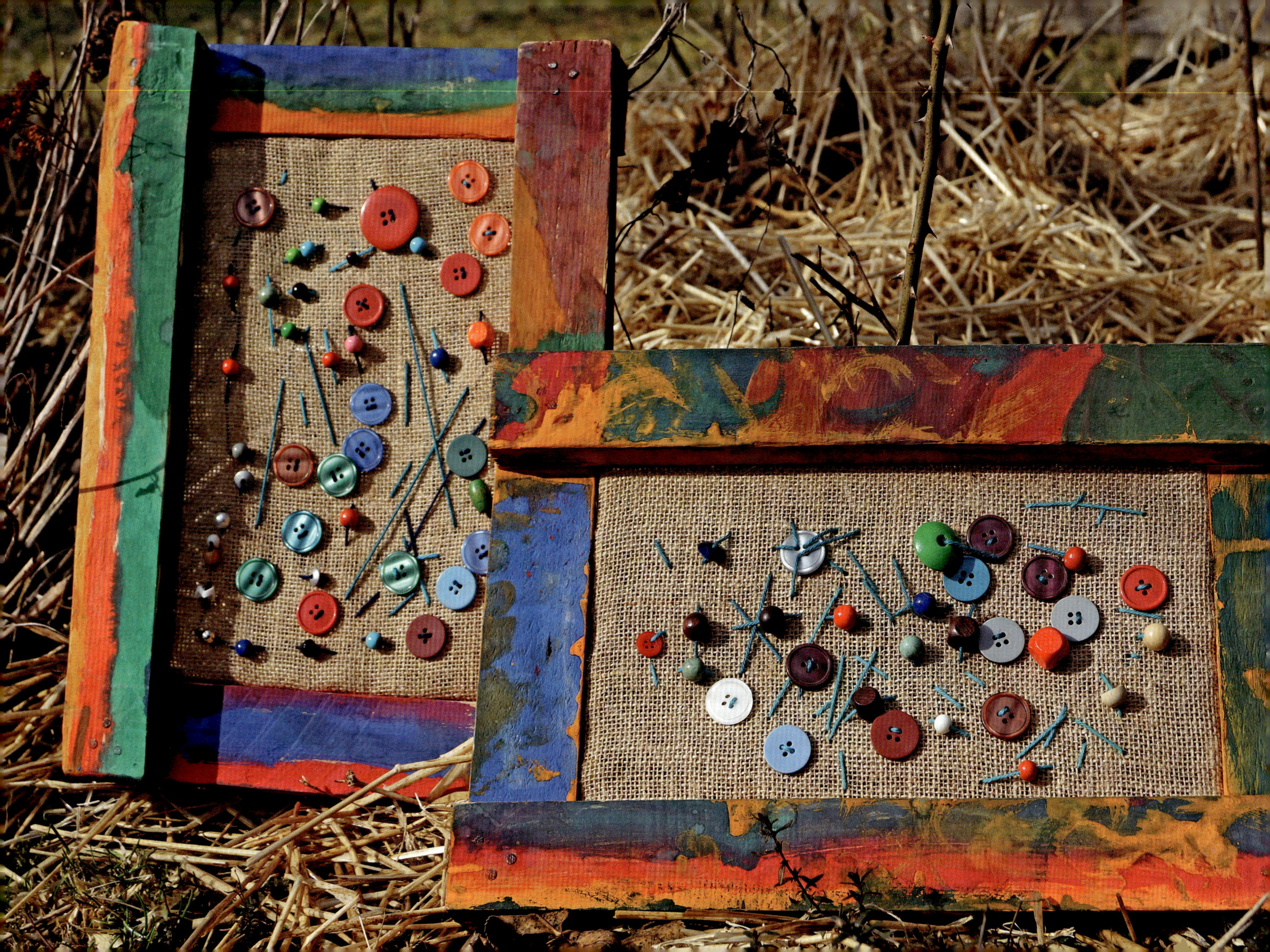

KNOPF-PERLEN-BILD

MATERIAL:

Holzlatten
Schleifpapier
Nägel
Flüssigfarben
Hanfleinen / grober Stoff
Wolle
Knöpfe
Holzperlen

TECHNIKEN:

Sägen
Schleifen
Hämmern
Spannen / Tackern
Fädeln
Sticken

Die Holzlatten werden aufeinandergelegt und mit zwei bis drei Nägeln an jeder Ecke fixiert, damit der Rahmen gut hält. Nachdem der Stoff von hinten angetackert wurde, hat man einen perfekten Stickrahmen.

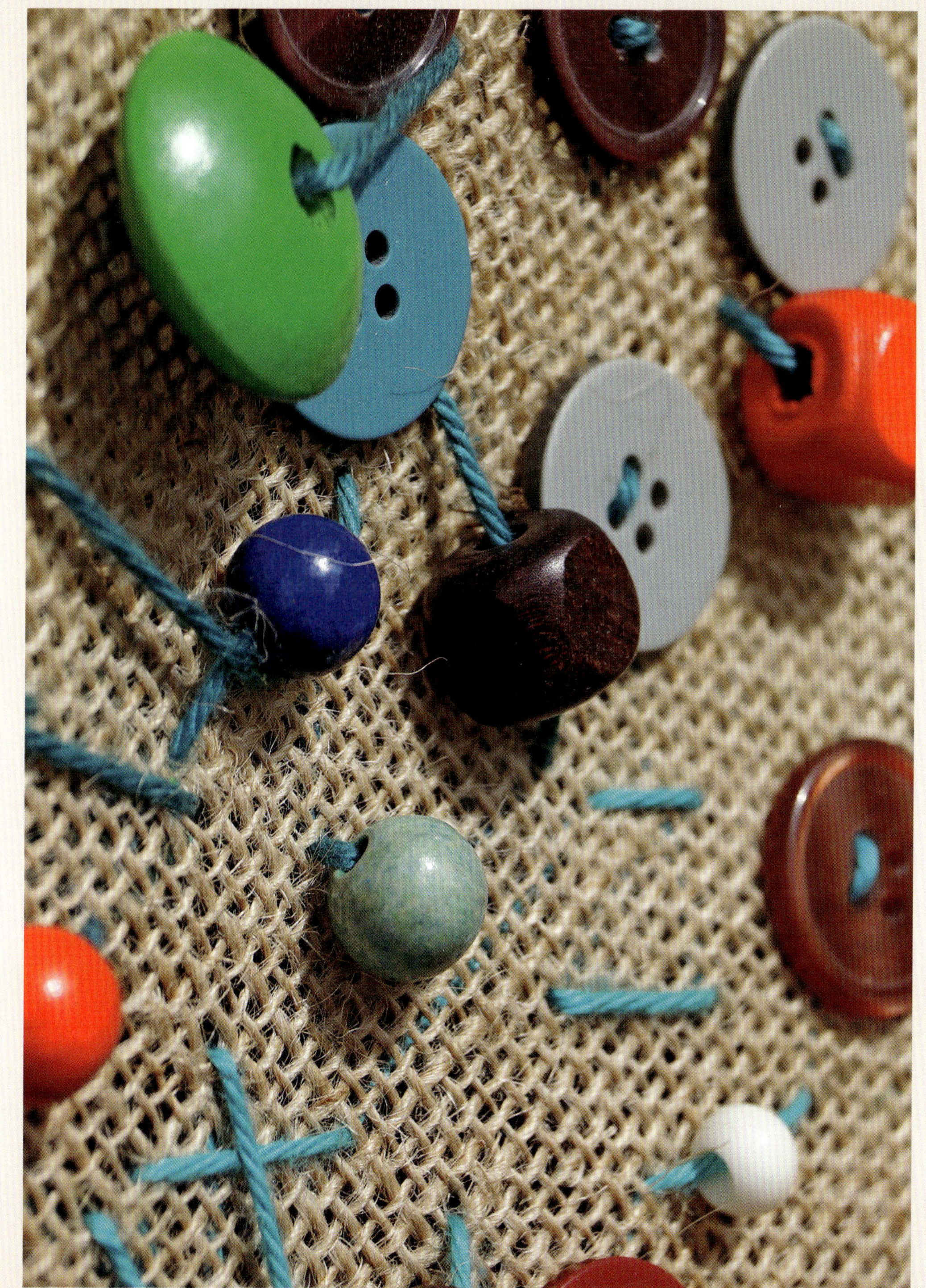

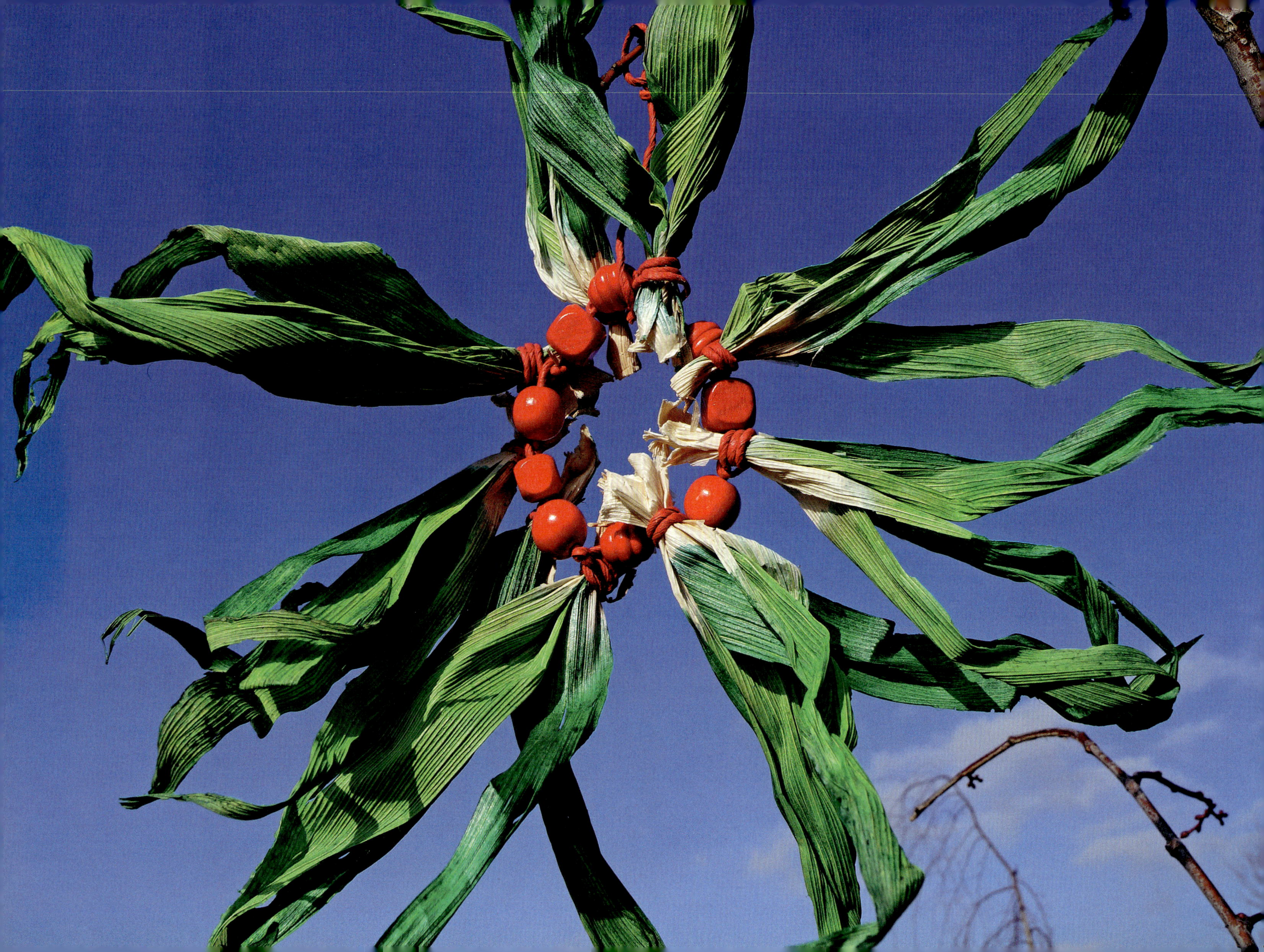

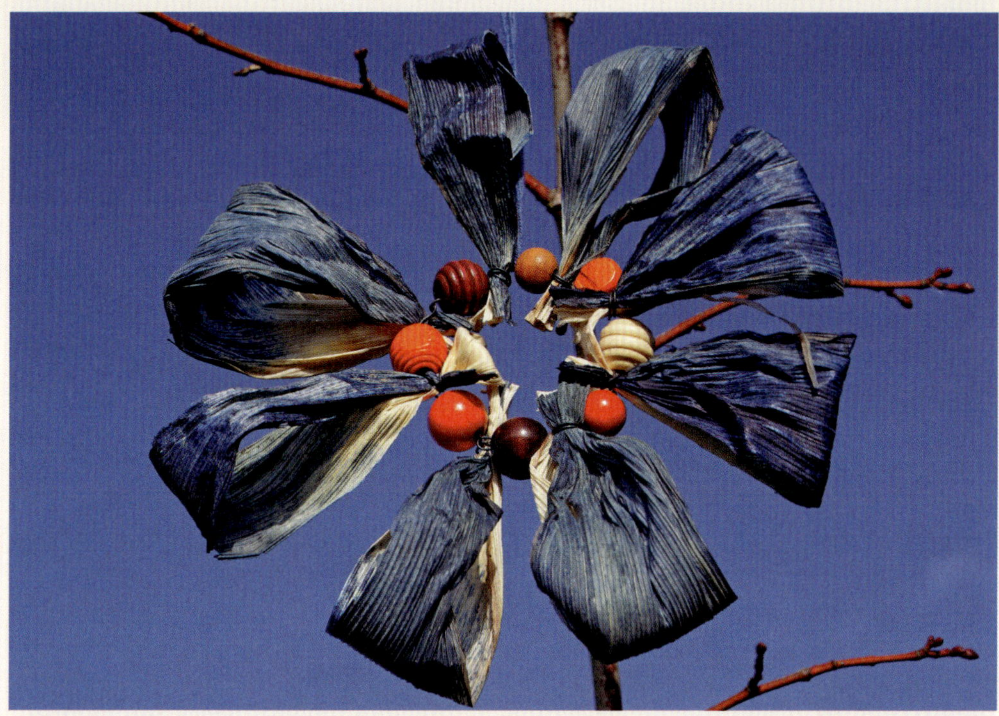

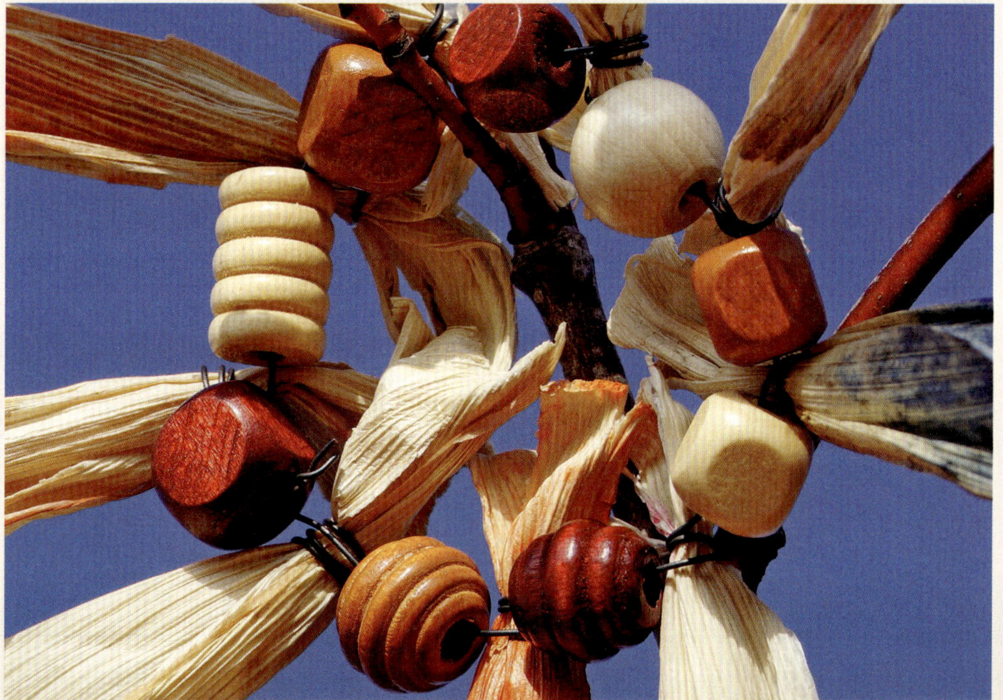

MAISBLÄTTERBLÜTEN

MATERIAL:

- Maiskolbenhüllblätter
- Batikfarbe
- Draht / Papierdraht
- Große Holzperlen

TECHNIKEN:

- Färben
- Wickeln / Verdrehen
- Fädeln

Die Maiskolbenhüllblätter werden mehrere Tage in Batikfarbe eingelegt, damit sie die Farbe annehmen. Da die Farbe jedoch nicht wasserfest ist, am besten unters Dach hängen. Beim Bauen wird abwechselnd Draht um ein Hüllblatt gewickelt und anschließend eine Perle aufgefädelt.

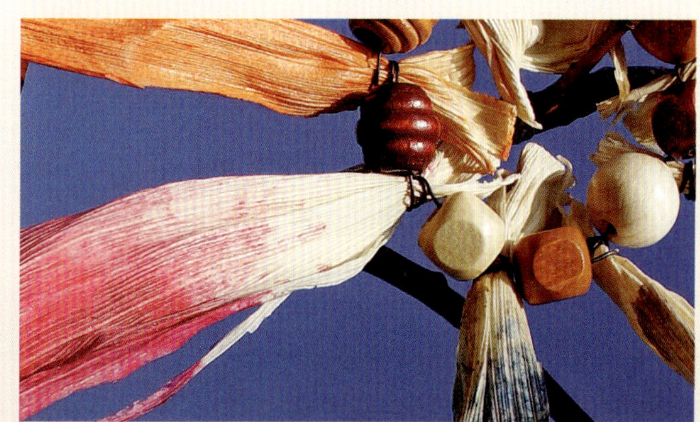

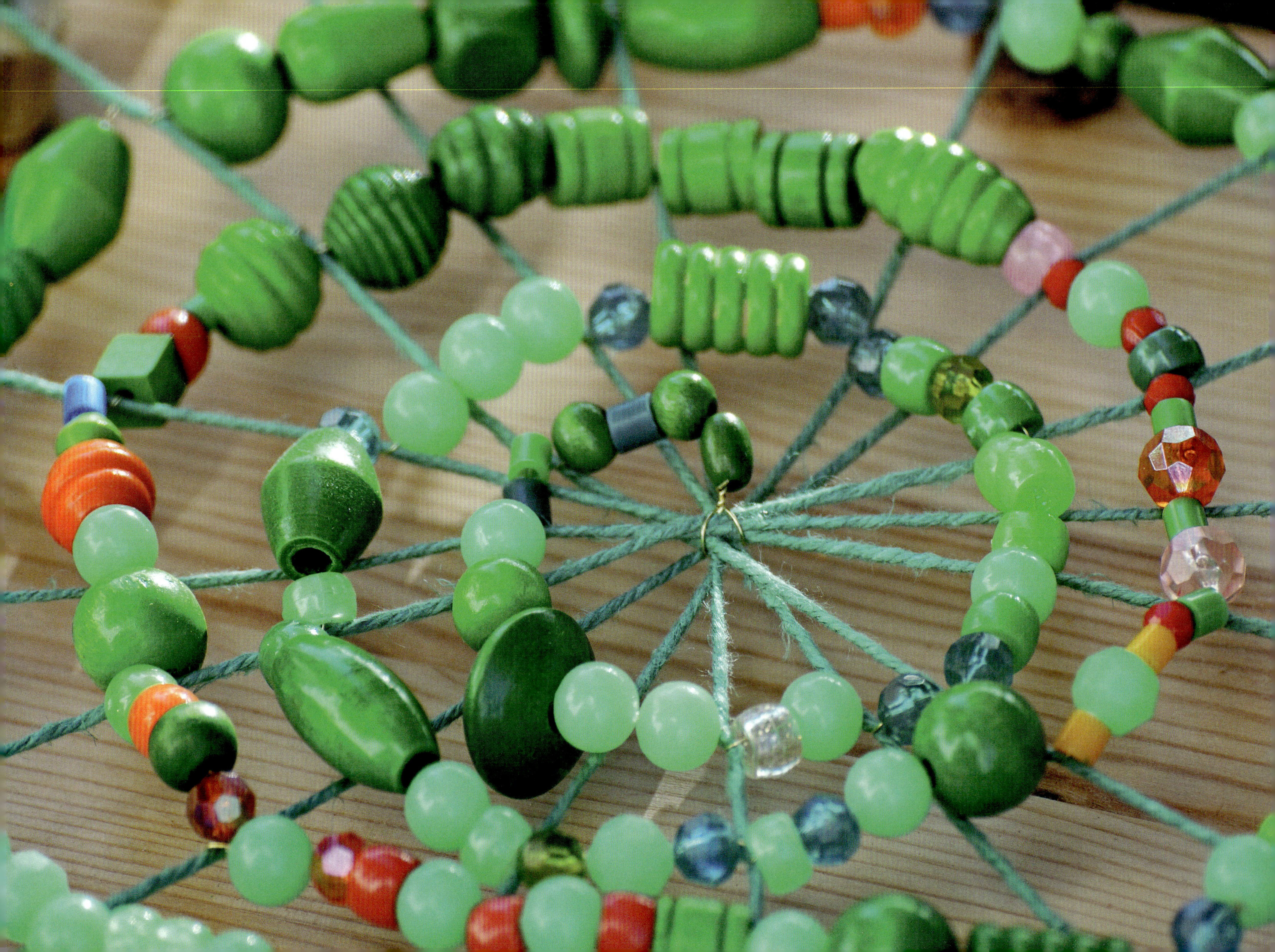

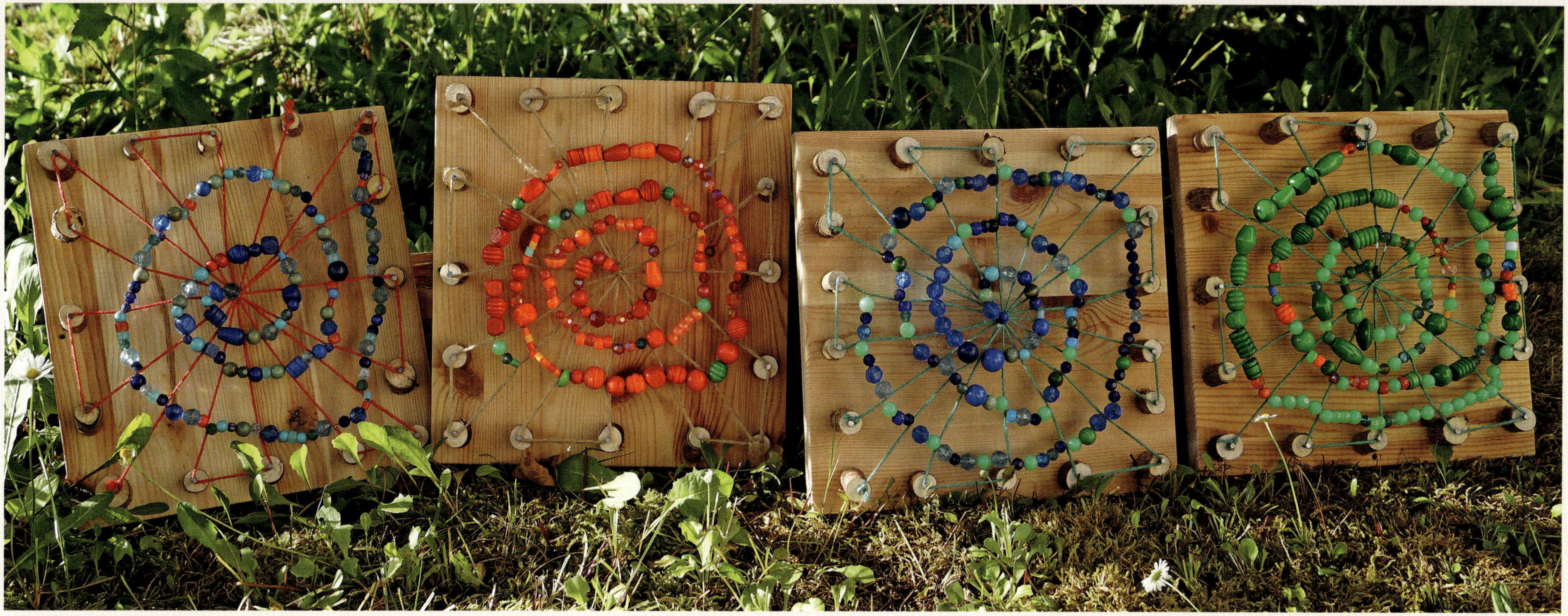

GLÜCKSSPIRALE

MATERIAL:

- Holzbrett
- Schleifpapier
- Nägel
- Haselnussäste
- Bunte Hanfschnur
- Golddraht
- Holz-/Kunststoffperlen

TECHNIKEN:

- Schleifen
- Sägen
- Hämmern
- Spannen
- Fädeln
- Umwickeln

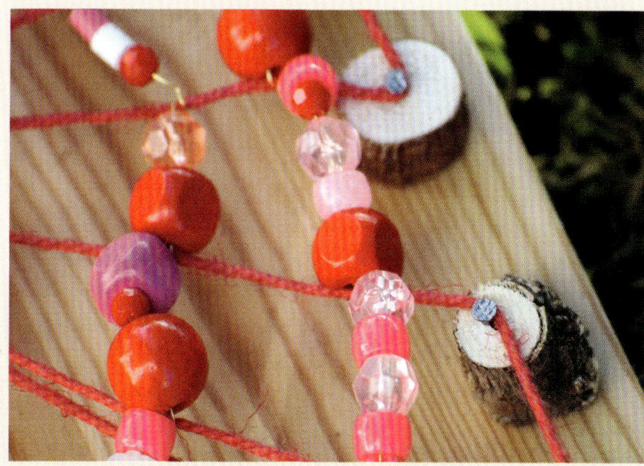

Die kleinen Astabschnitte dienen als Erhöhung für die Spirale. Dadurch lässt sich leichter spannen und umwickeln. Die Spirale wird von der Mitte ausgehend abwechselnd mit Perlen bestückt und immer wieder an den Spannschnüren befestigt.

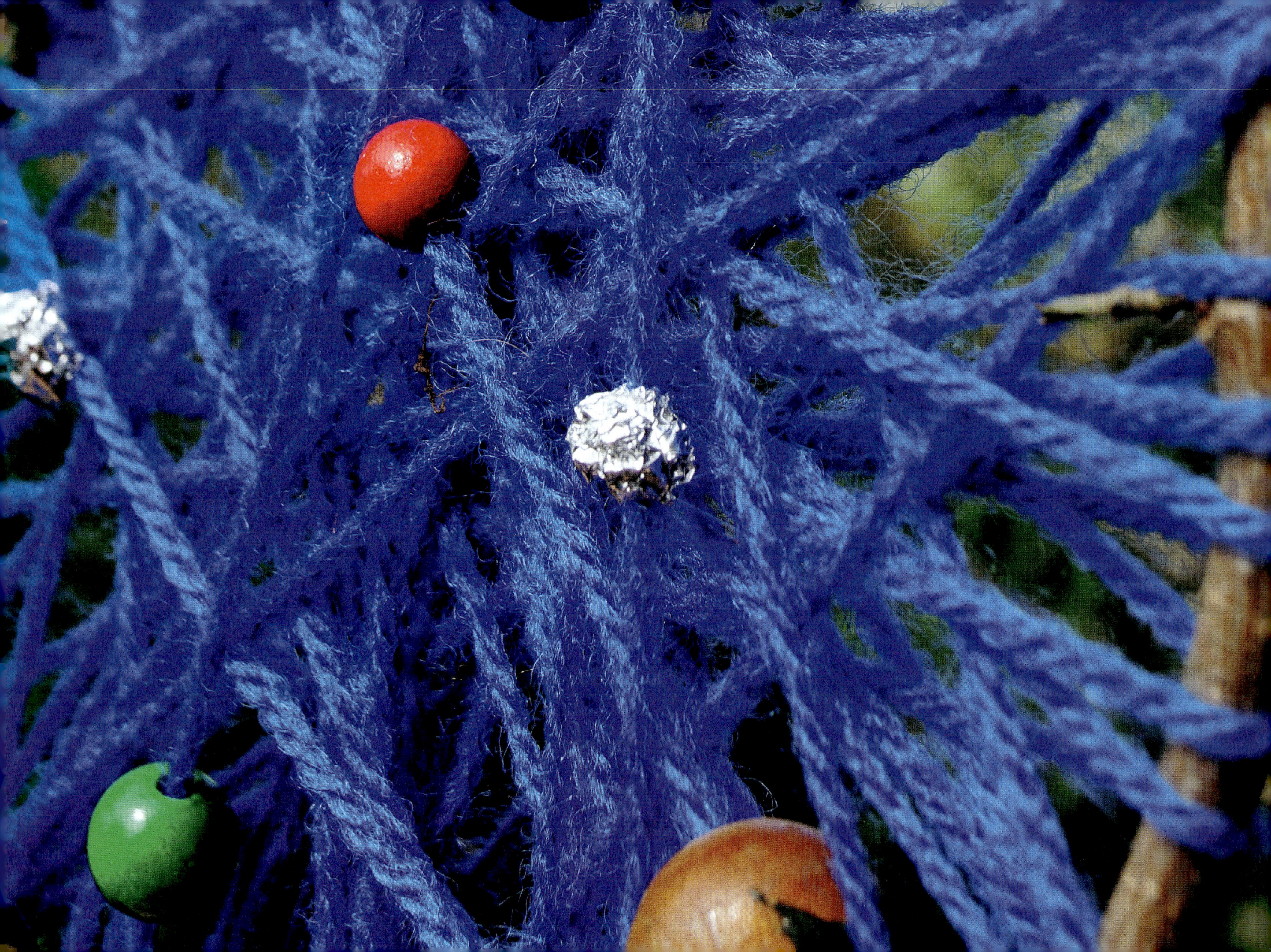

WICKEL-WINDSPIEL

MATERIAL:

Dünne Haselnusszweige

Draht

Wolle

Holzperlen

Silberpapierreste

TECHNIKEN:

Biegen

Verdrahten

Wickeln / Spannen

Fädeln

Drehen

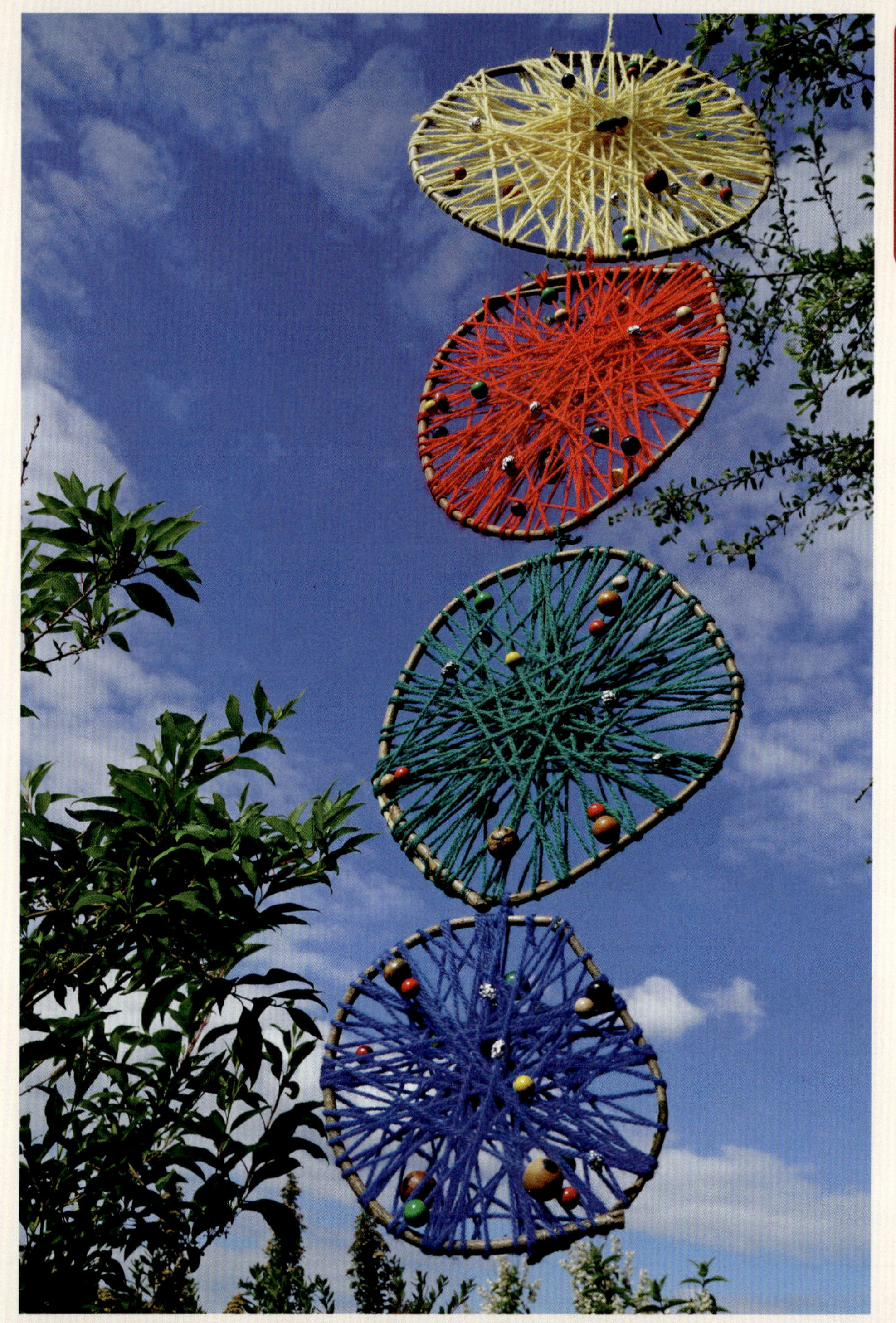

Damit der Haselnusszweig als Ring hält, wird er mit Draht verzurrt. Die kleinen, silbernen Perlen sind Reste von Bonbonpapieren, die in der Hand zu kleinen Kugeln gedreht werden.

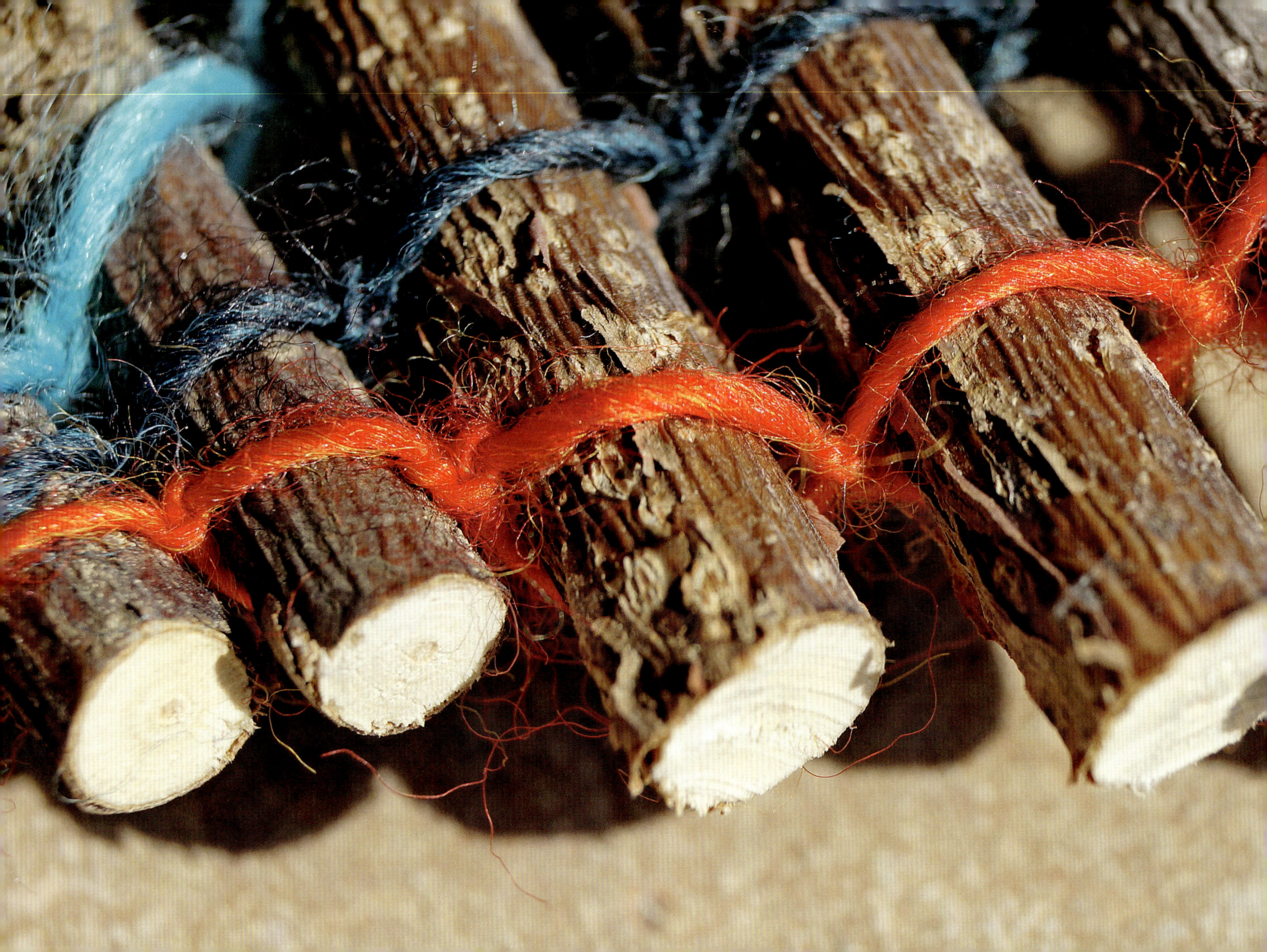

ASTHERZL

MATERIAL:

Dünne Äste

Wolle

Papier

Bleistift

TECHNIKEN:

Zeichnen

Sägen

Anordnen

Umwickeln

Knoten

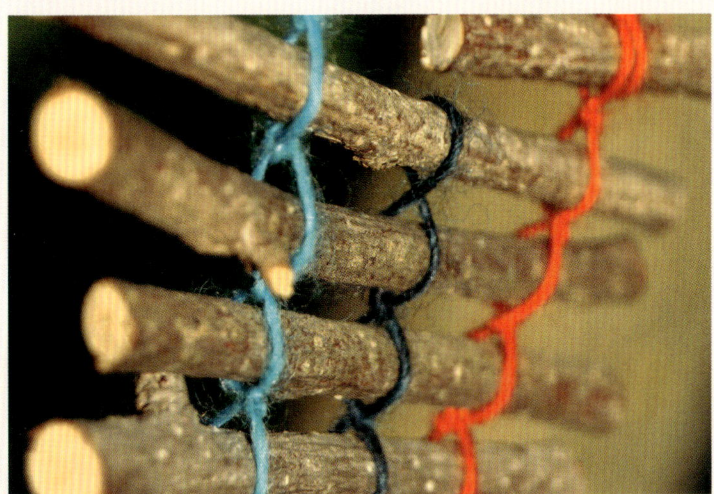

Auf ein Blatt Papier wird ein Herz gezeichnet, das als Schablone dient. Die dementsprechenden Längen der Äste werden, wie bei einem Puzzle, daraufgelegt. Anschließend wird Ast für Ast angereiht, umwickelt und verknotet. Geübte können auch ohne Vorzeichnen ein Herz legen. Einfach mal ausprobieren.

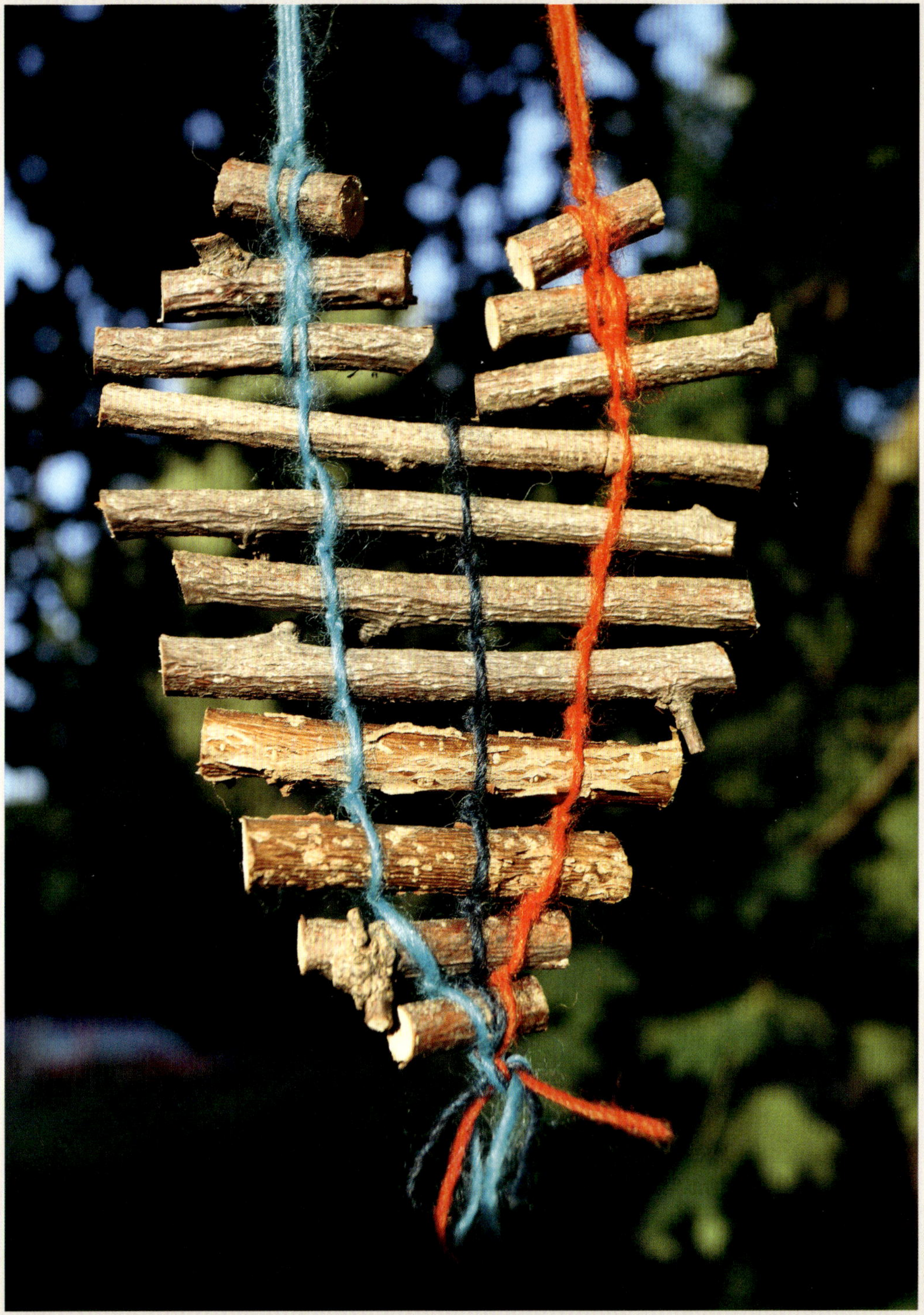

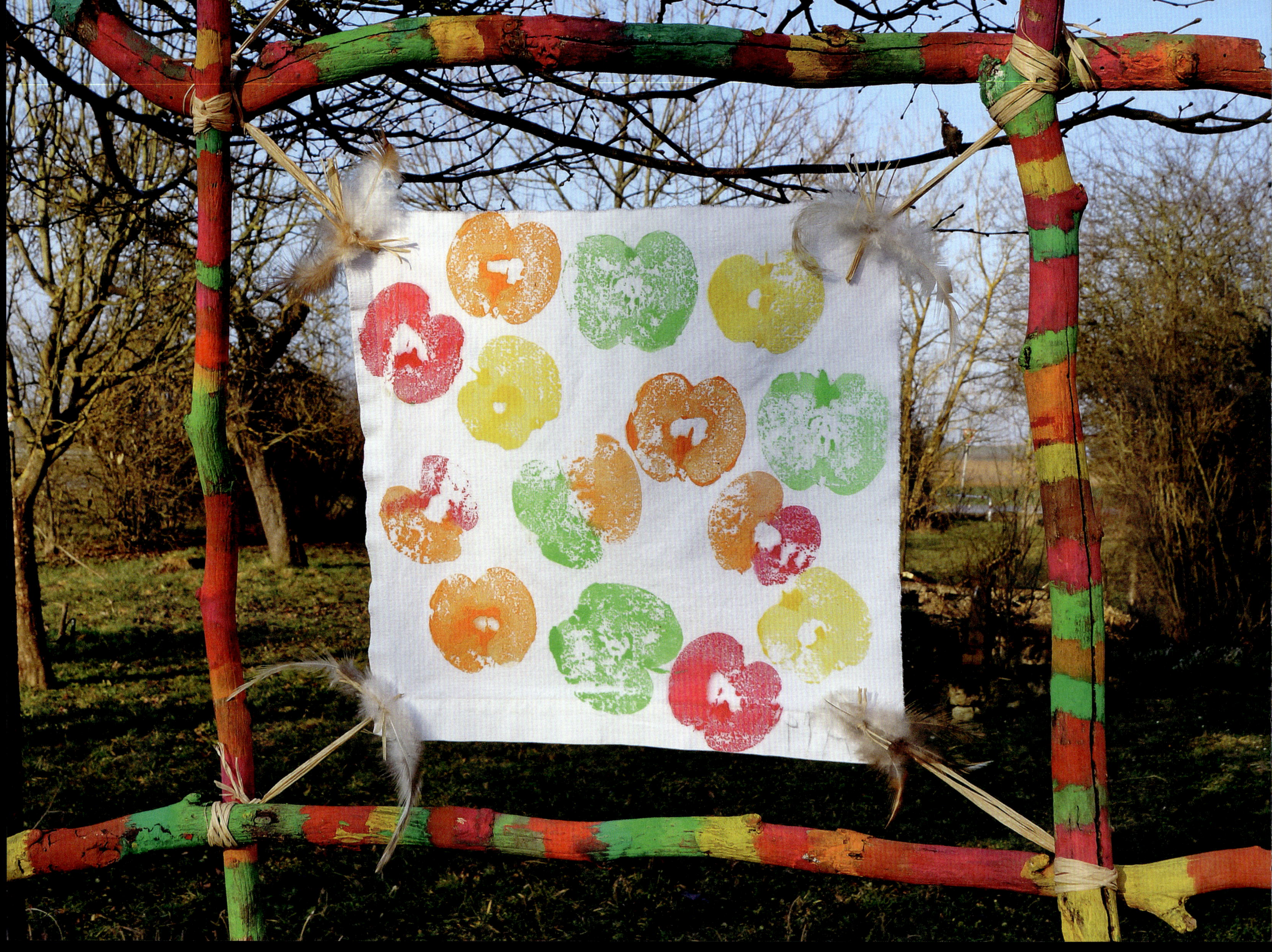

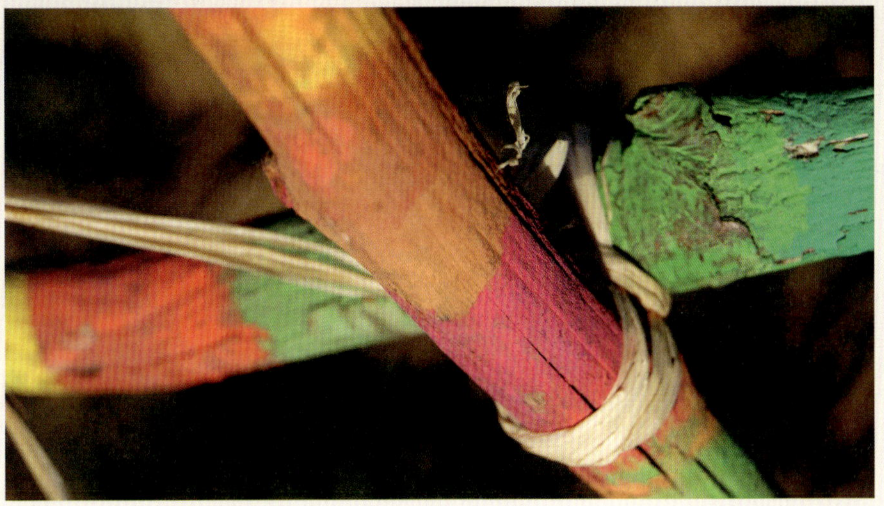

APFELDRUCK

MATERIAL:

- Baumwollstoff
- Apfel
- Wasserfarbe / Stofffarbe
- Äste
- Bast
- Federn

TECHNIKEN:

- Malen
- Drucken
- Wickeln
- Spannen
- Knoten

Äpfel, die nicht mehr essbar sind, können zum Drucken noch gute Dienste leisten. Vor dem Drucken werden die halben Äpfel mit dem Pinsel bemalt. Da der bedruckte Stoff vermutlich nie gewaschen werden wird, eignen sich Wasserfarben genauso gut wie Stofffarben. Wer jedoch sein Bild ins Freie hängt, braucht auf jeden Fall wasserfeste Farbe. Am schönsten leuchten die Apfeldrucke als Fensterbild.

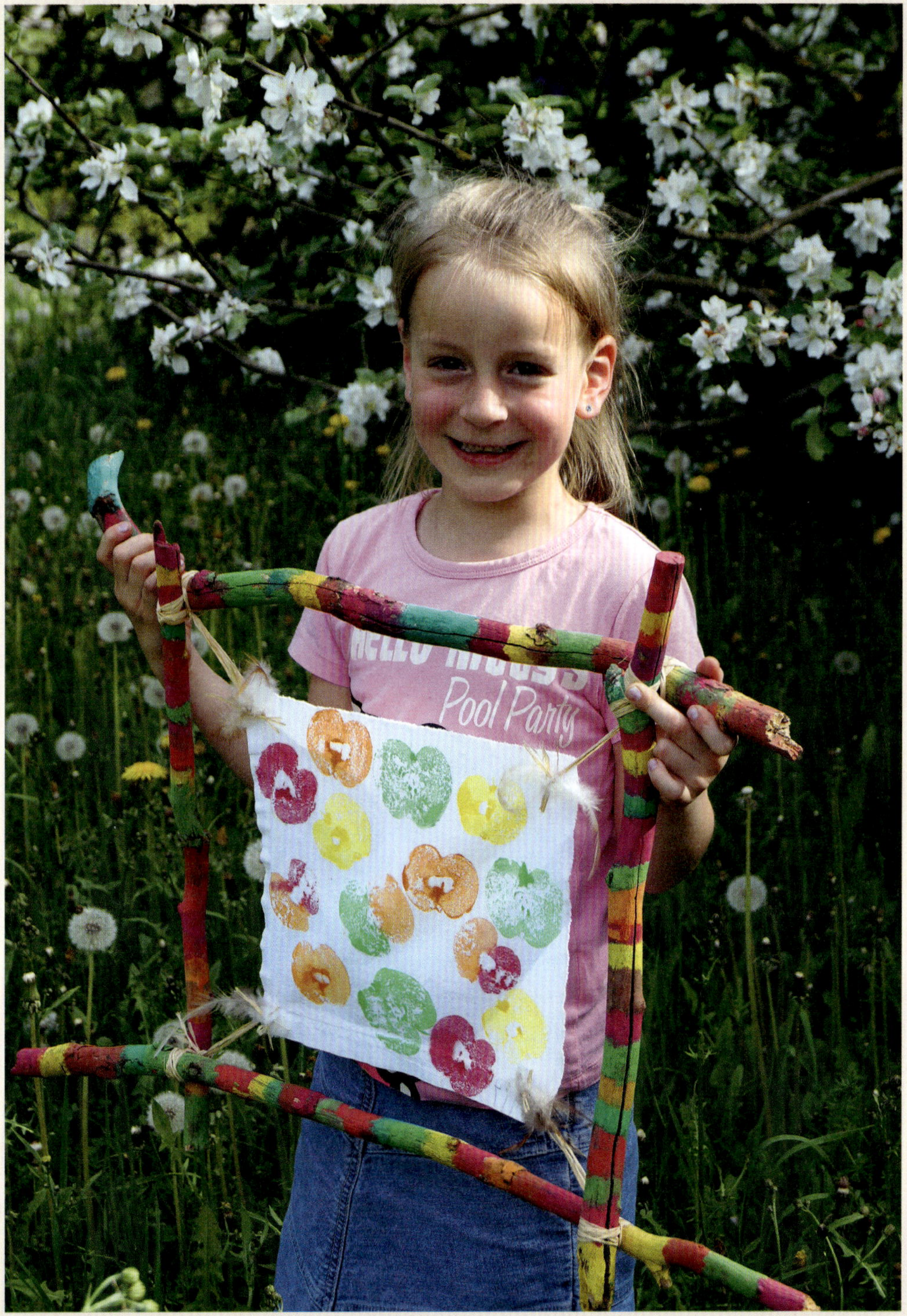

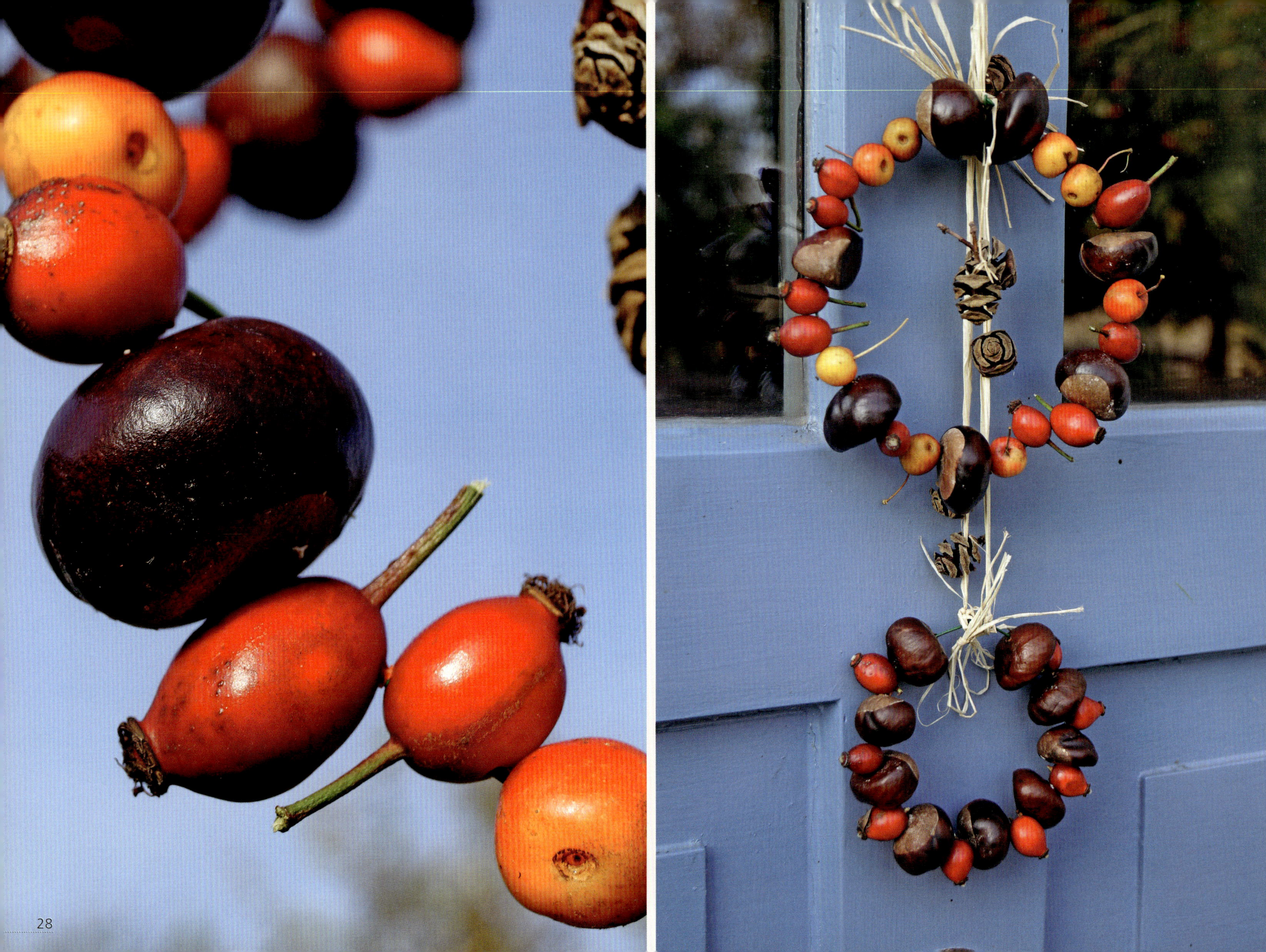

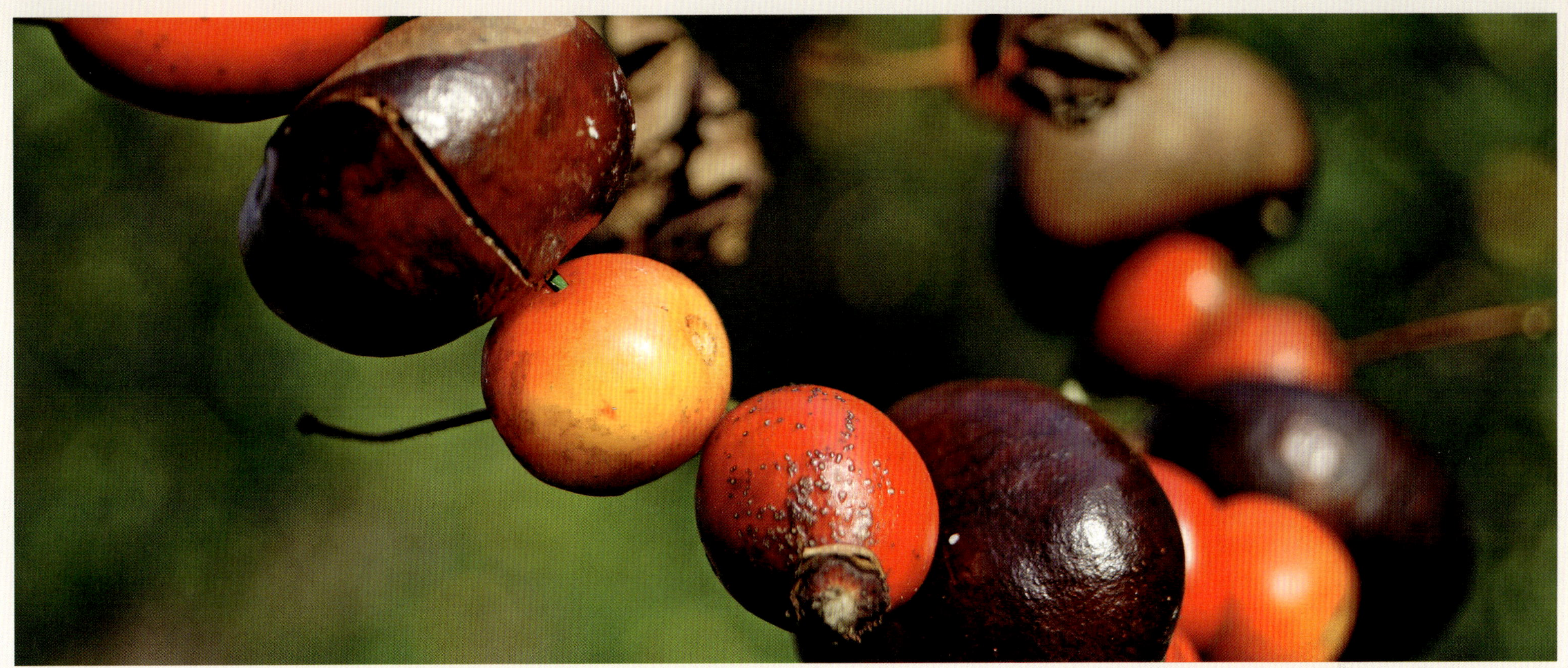

HERBSTKRÄNZCHEN

Kastanien und Hagebutten werden vorgebohrt, Äpfel durchstochen und Zapfen angeknotet. Alle Herbstfrüchte werden auf Draht gefädelt und anschließend rund gebogen. Ein Herbstkränzchen ziert jede Haustüre und ist ein wunderschönes Mitbringsel.

MATERIAL:

- Draht
- Kastanien
- Hagebutten
- Zier-/Wildäpfel
- Erlen-/Lerchenzapfen
- Bast

TECHNIKEN:

- Bohren
- Fädeln
- Biegen
- Verdrahten
- Knoten / Schleife binden

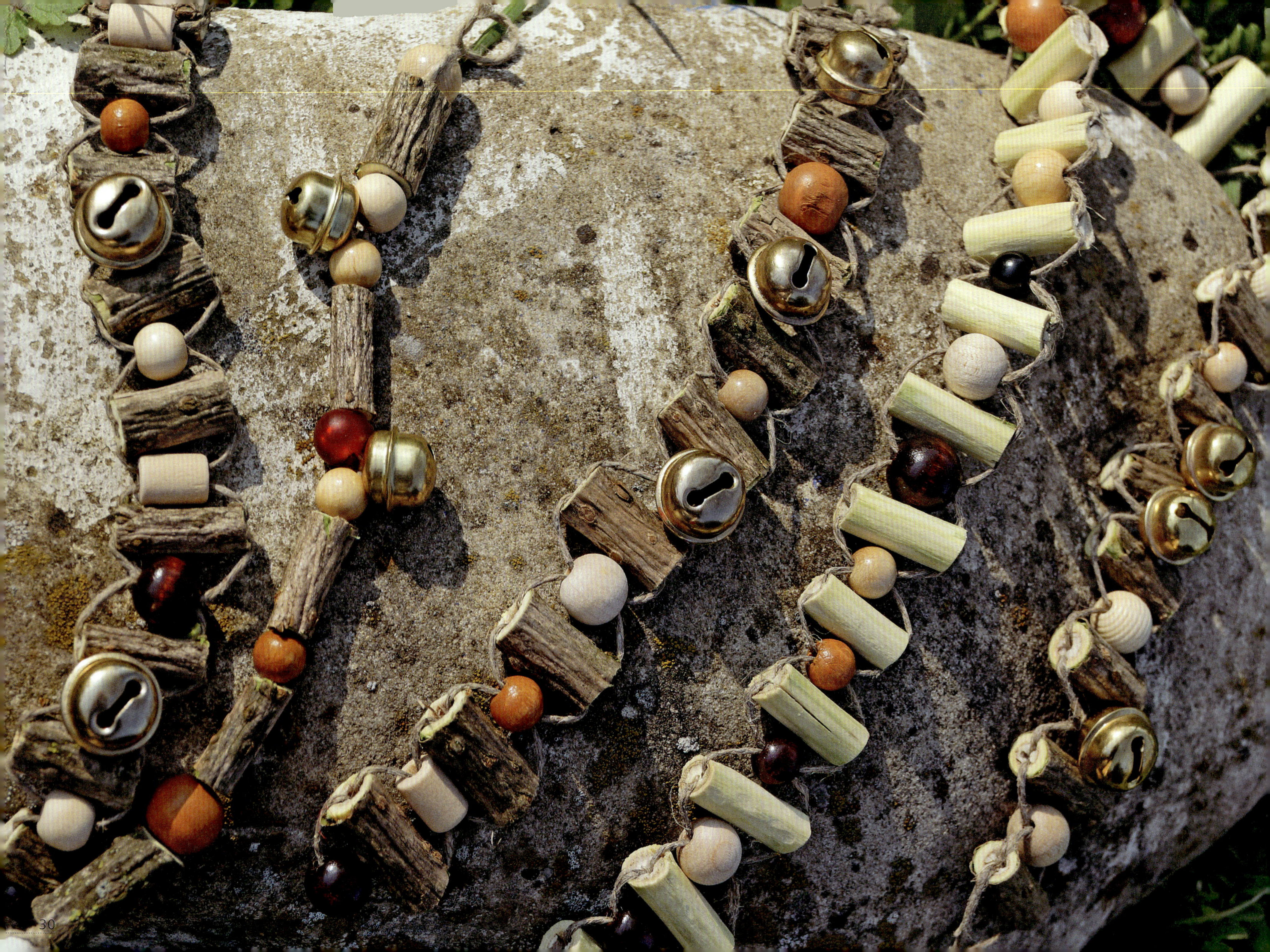

HOLUNDERSCHMUCK

MATERIAL:

- Holunderholz
- Holzperlen
- Glöckchen
- Sisalschnüre

TECHNIKEN:

- Sägen
- Bohren / Herausstochern
- Fädeln
- Über Kreuz fädeln
- Knoten

Schon in alten Zeiten galt der Holunder als Heil- und Schutzbaum. Alle seine Pflanzenteile sind essbar. Das weiche Mark im Inneren des Holzes lässt sich leicht mit einem Stäbchen herausstochern. Die frische Rinde kann man ganz einfach schälen. Mit all diesen Eigenschaften ist das Holunderholz der ideale Werkstoff für Kinder.

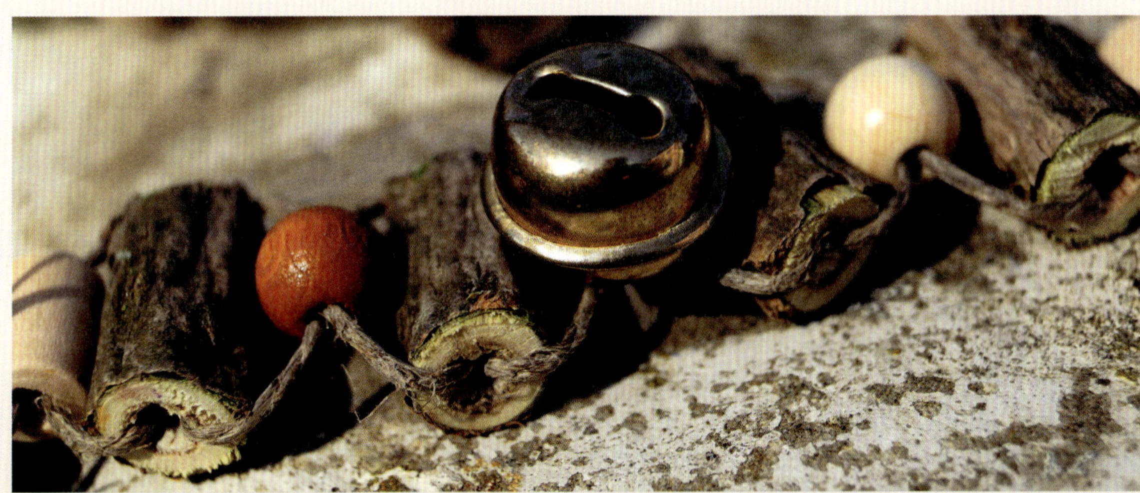

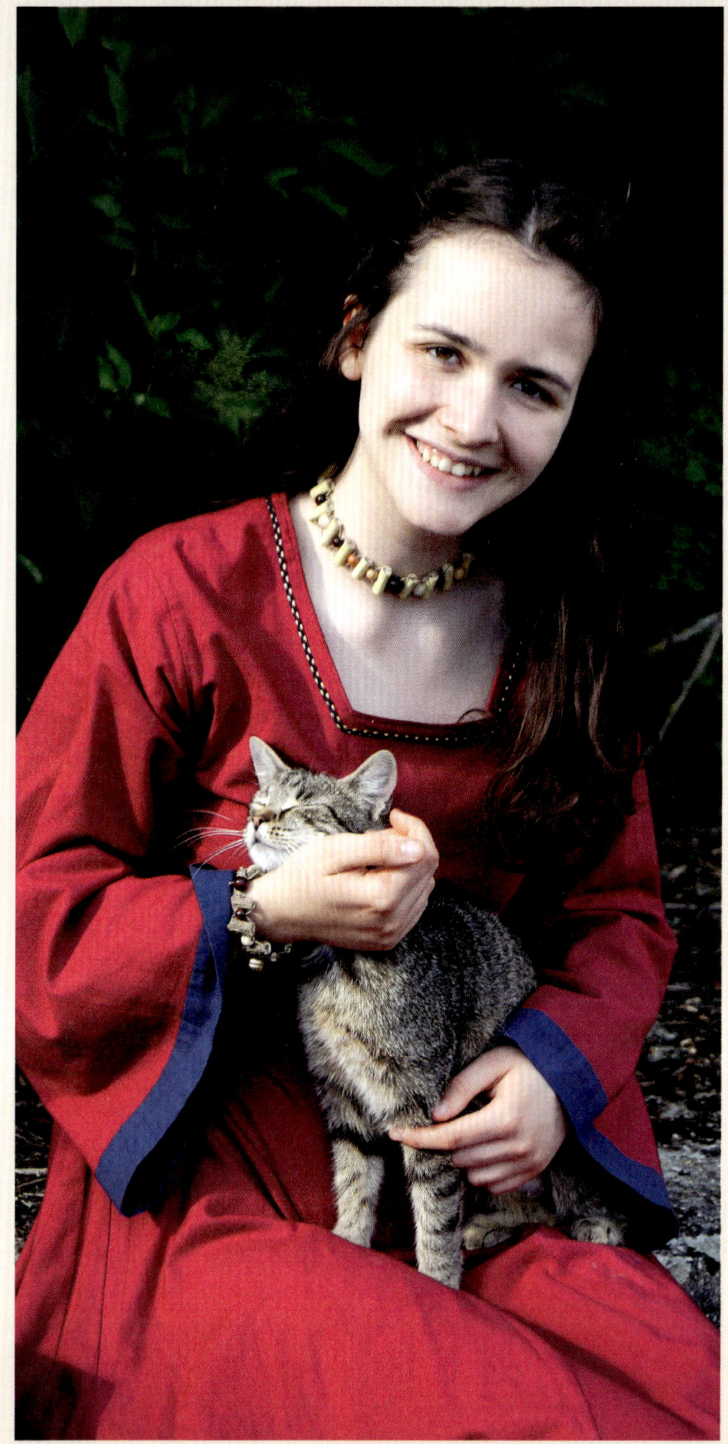

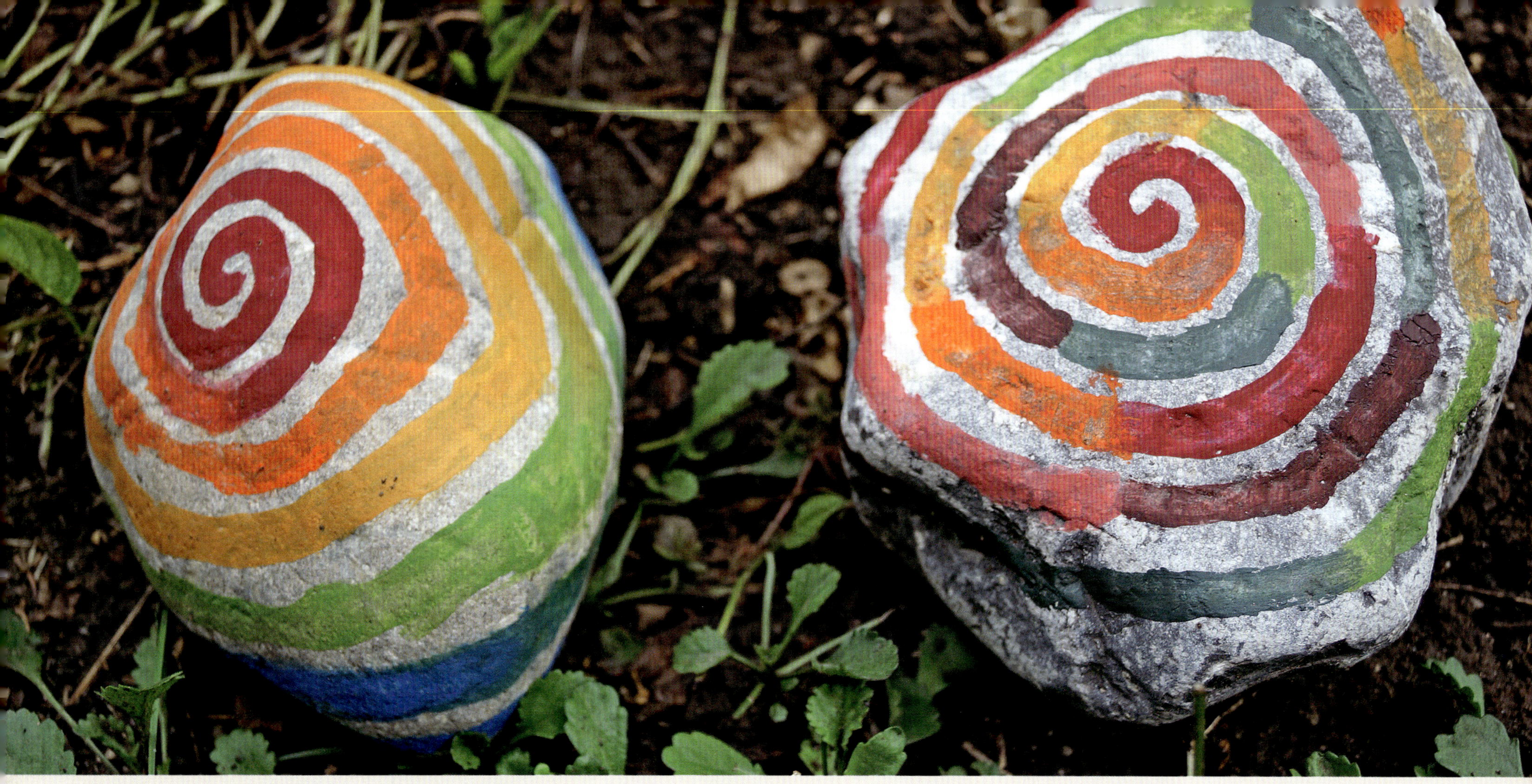

REGENBOGENSTEINE

MATERIAL:

Große Flusskiesel

Wasserfeste Flüssigfarbe

TECHNIKEN:

Waschen / Bürsten

Malen

Ein Regenbogenstein ist ein einfaches, aber wirkungsvolles Geschenk. Ob im Gartenbeet, als Türstopper oder als dekoratives Objekt auf dem Fensterbrett – er zieht alle Blicke auf sich. An jedem Fluss kann man wunderbare Steine finden. Das ist doch einen Ausflug wert!

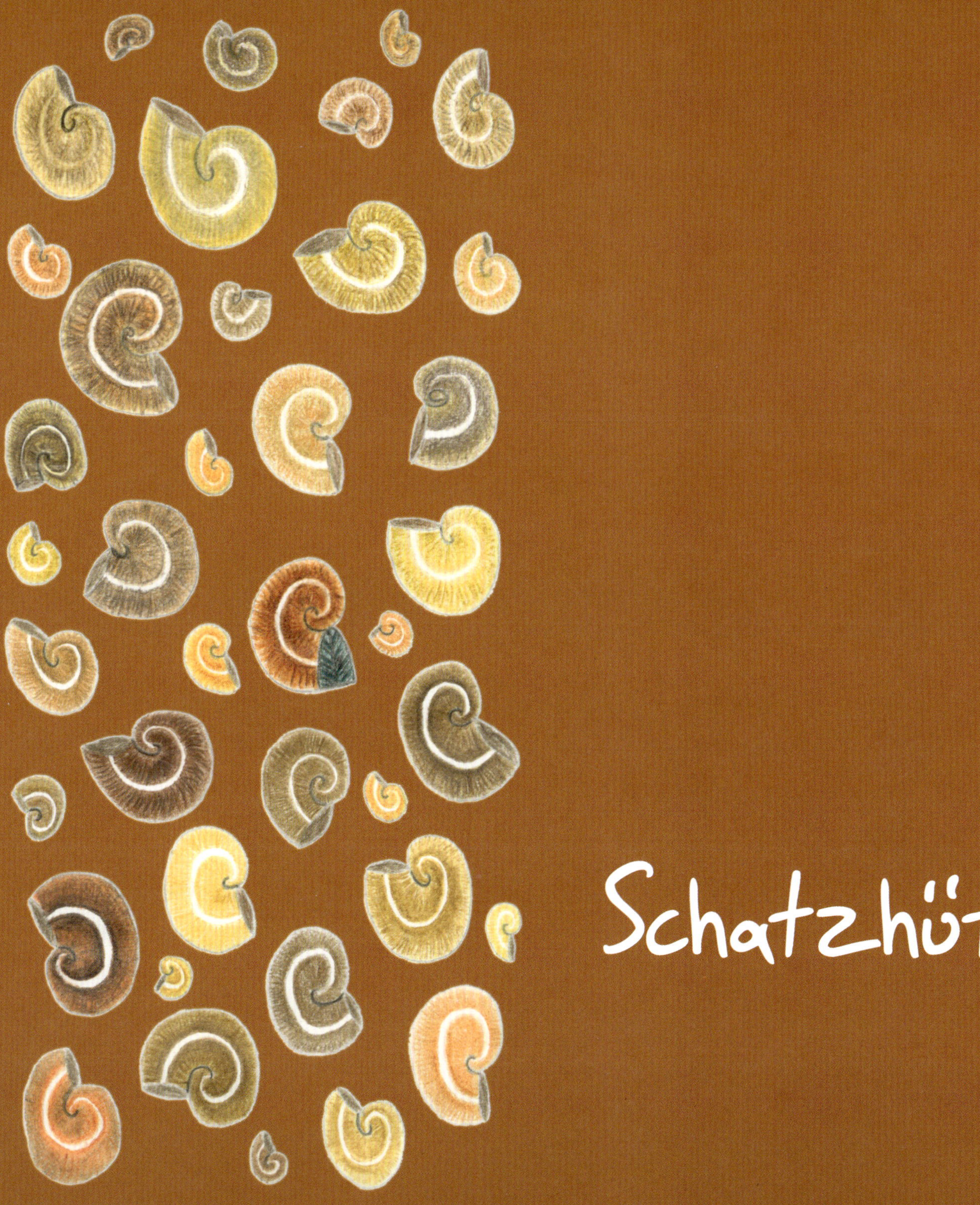

Schatzhüter

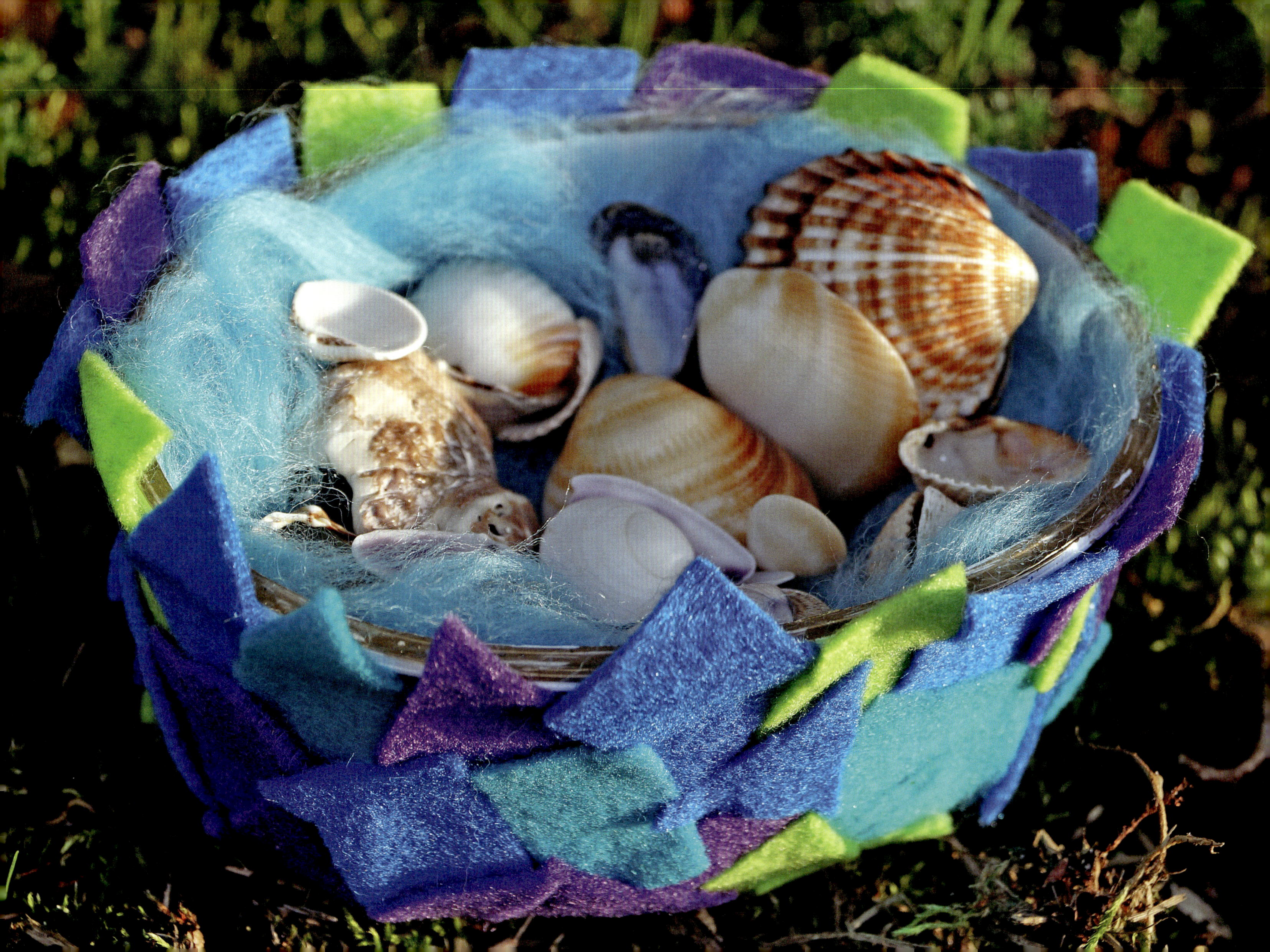

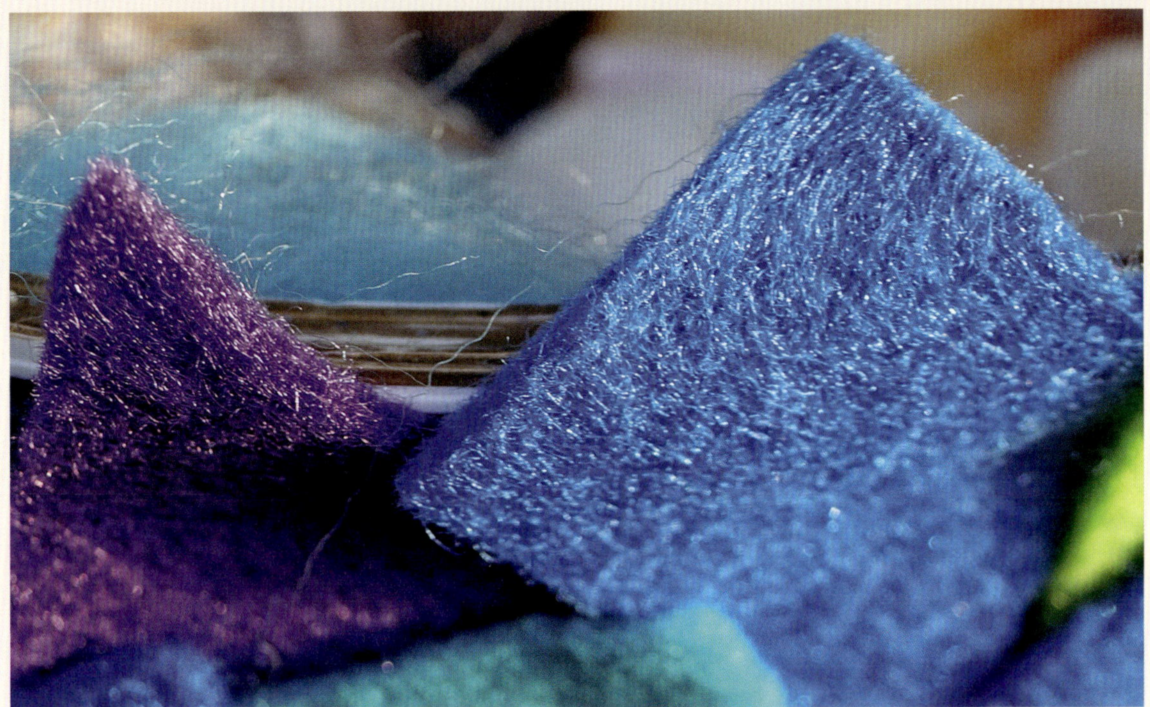

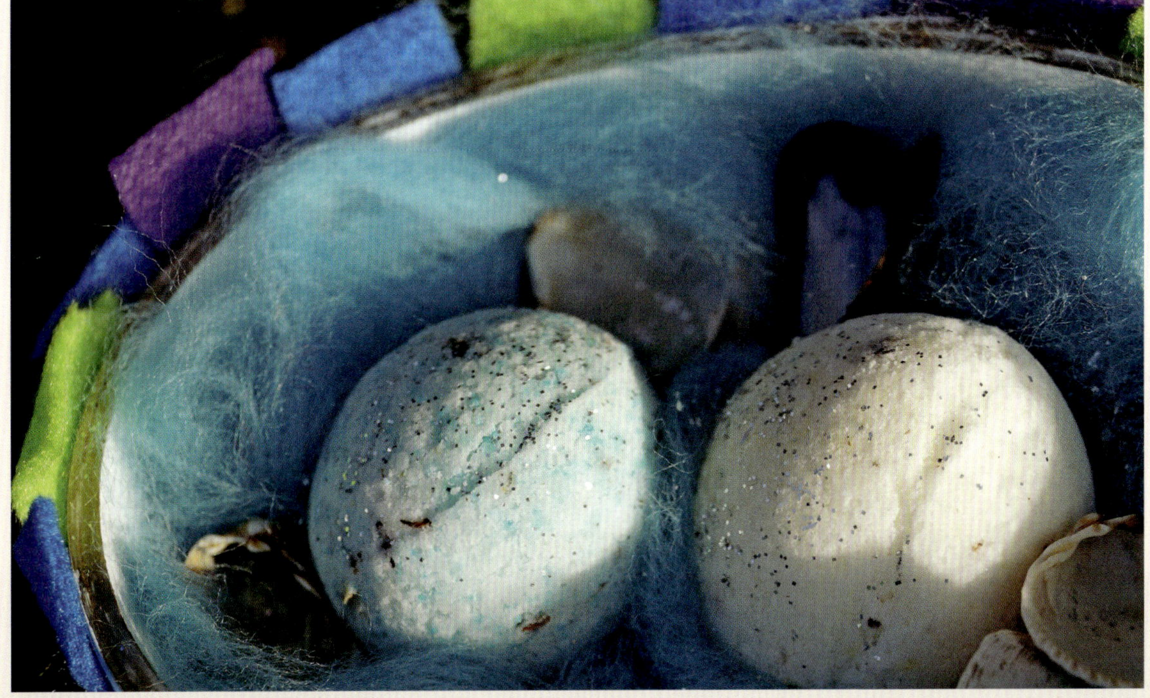

MEERES-SCHÄLCHEN

MATERIAL:

- Frischkäse-Schälchen
- Doppelseitiges Klebeband
- Filzreste
- Goldstift
- Filzwolle
- Muscheln / Badekugeln

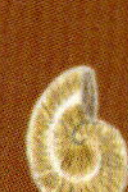

TECHNIKEN:

- Schneiden
- Kleben
- Malen

Die leere Verpackung eines Frischkäses wird mit doppelseitigem Klebeband versehen und mit Filzresten beklebt. Der aufgemalte Goldrand verleiht dem Schälchen eine edle Note. Für Muschelsammler oder „Badekugel-Verschenker" ein schönes Behältnis.

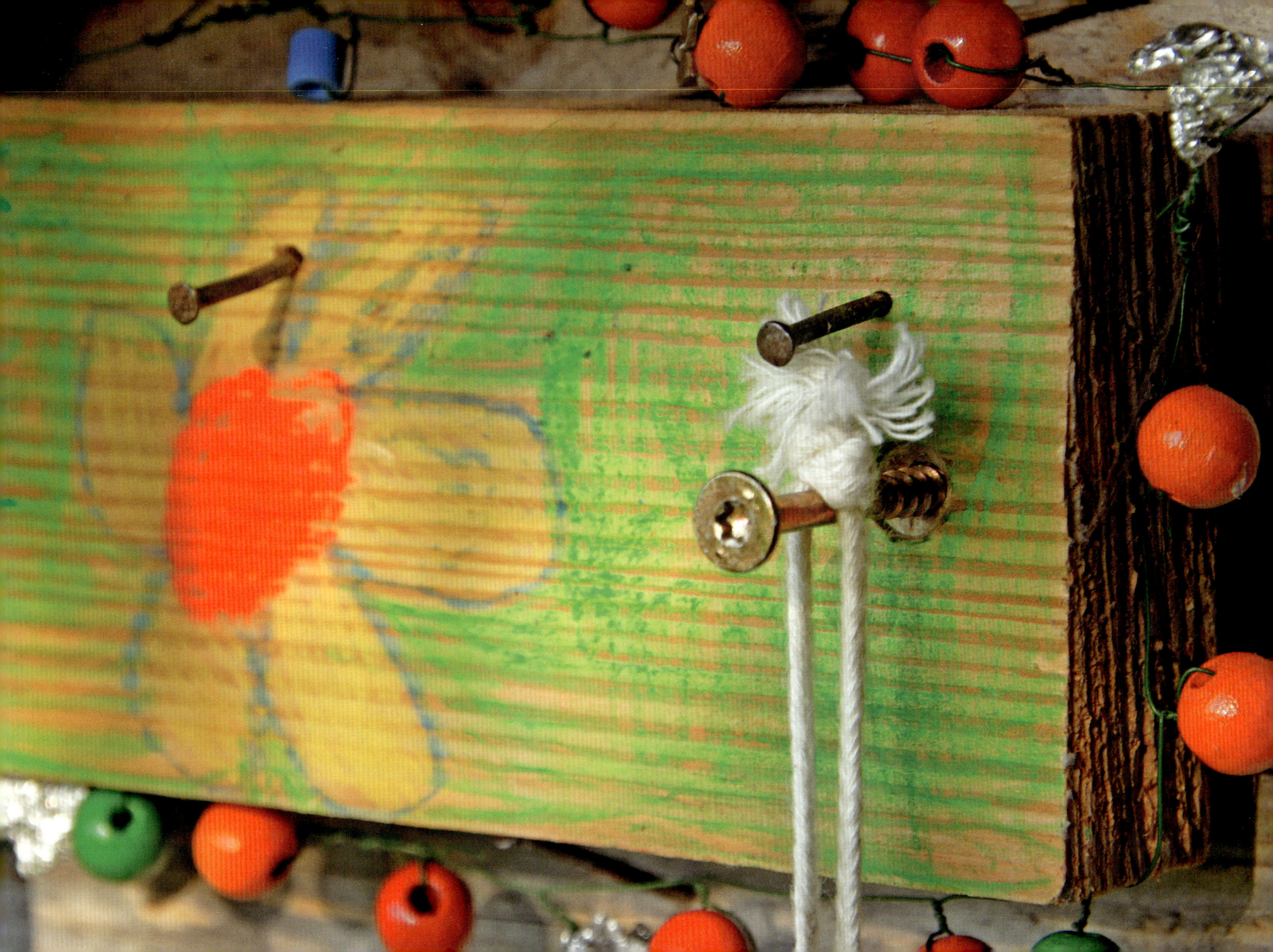

SCHLÜSSELBRETT

MATERIAL:

- Holzbrett
- Schleifpapier
- Wasserfeste Flüssigfarbe / Buntstifte
- Nägel / Schrauben / Haken
- Draht / Perlen
- Federn

TECHNIKEN:

- Schleifen
- Malen
- Hämmern / Bohren
- Verzieren

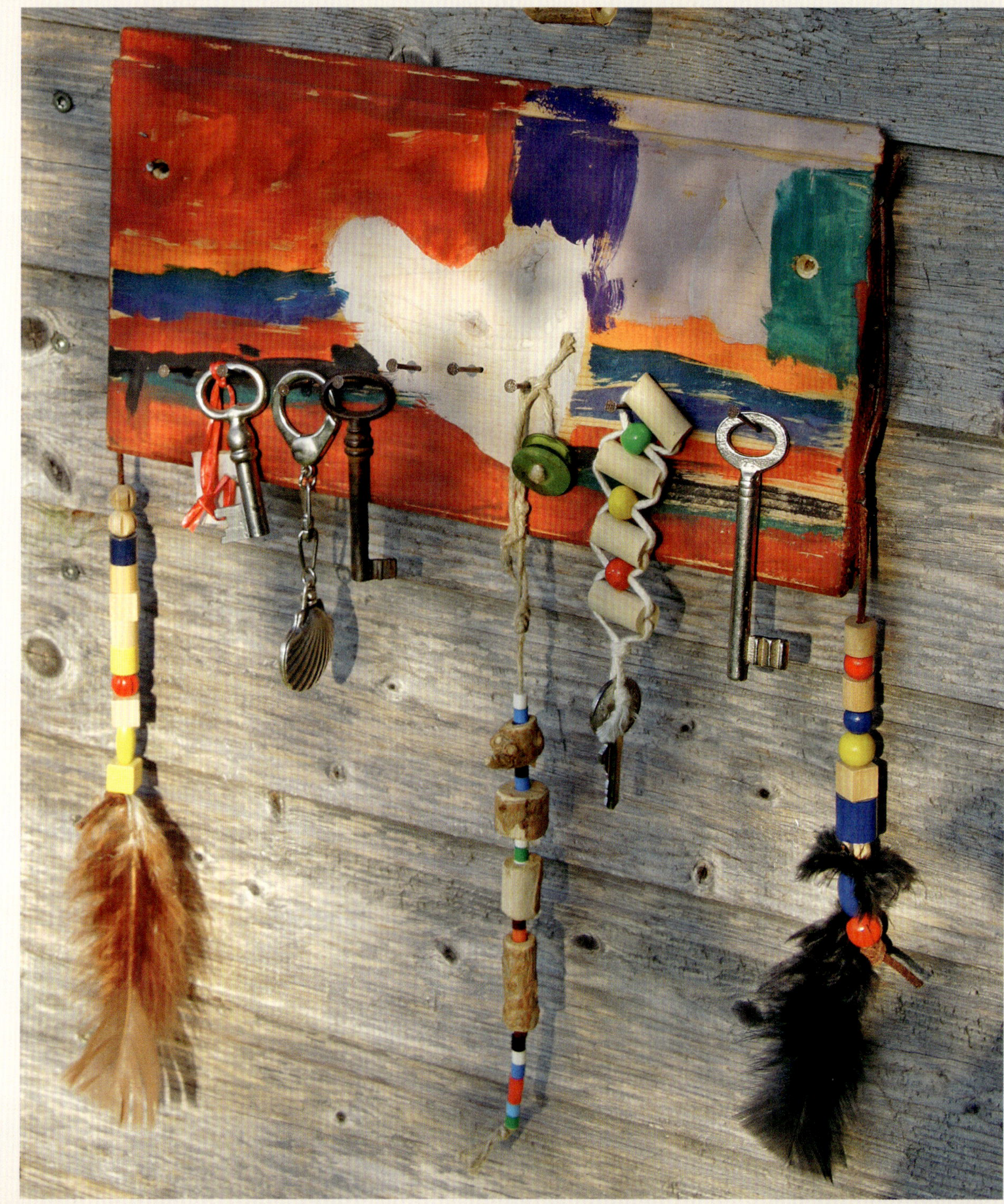

Aus jedem Holzrest kann ein Schlüsselbrett entstehen. Wer eines hat, muss seine Schlüssel endlich nicht mehr suchen.

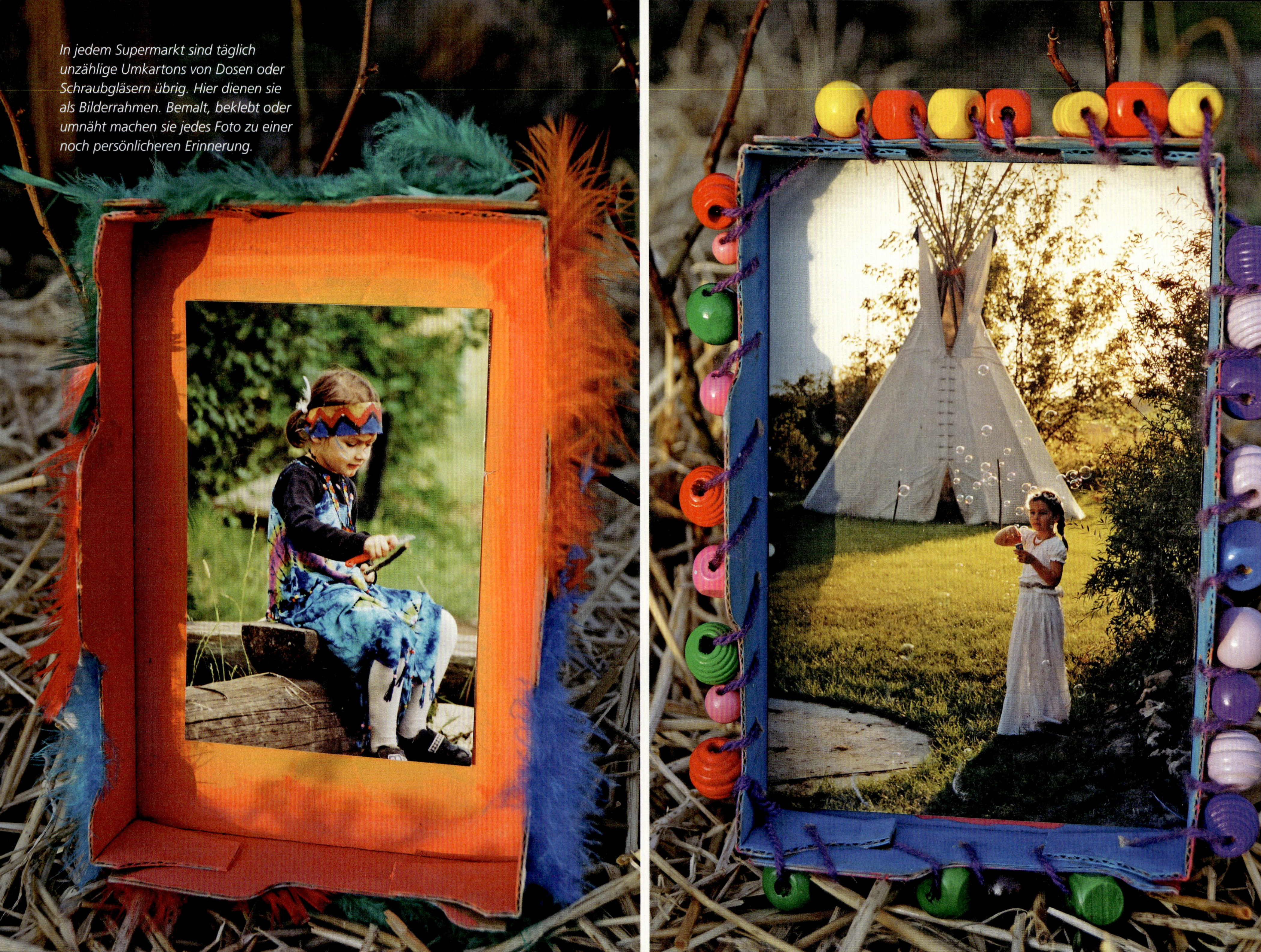

In jedem Supermarkt sind täglich unzählige Umkartons von Dosen oder Schraubgläsern übrig. Hier dienen sie als Bilderrahmen. Bemalt, beklebt oder umnäht machen sie jedes Foto zu einer noch persönlicheren Erinnerung.

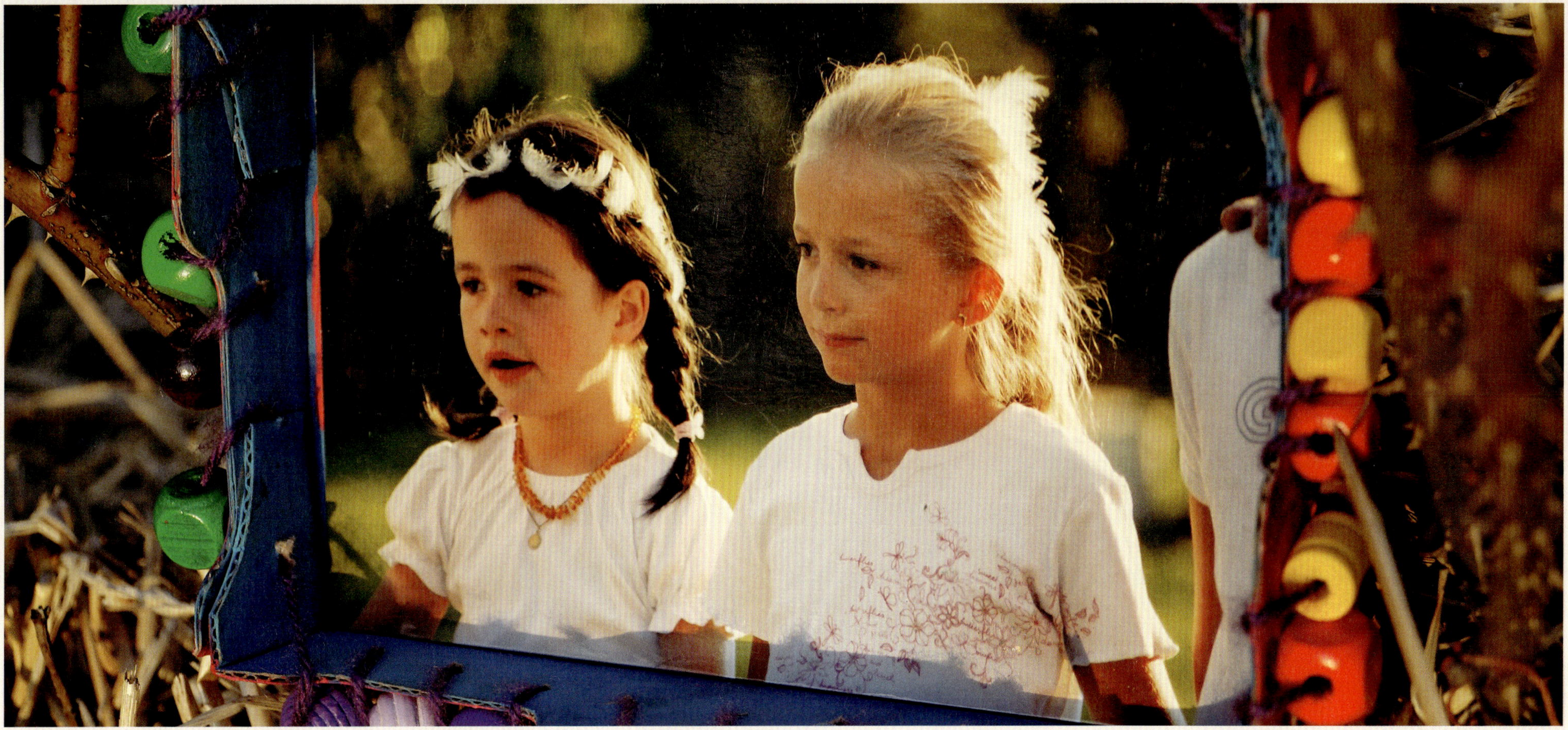

PAPP-BILDERRAHMEN

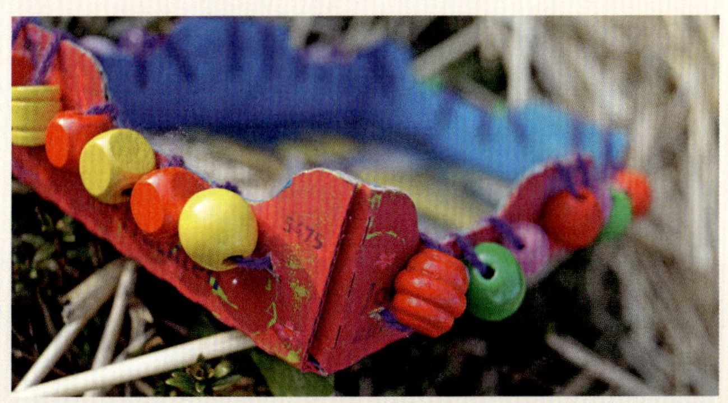

MATERIAL:

- Umkarton von Dosen
- Wasserfarben
- Federn
- Wolle
- Holzperlen
- Kleber
- Foto

TECHNIKEN:

- Malen
- Kleben
- Lochen
- Fädeln
- Nähen
- Kleben

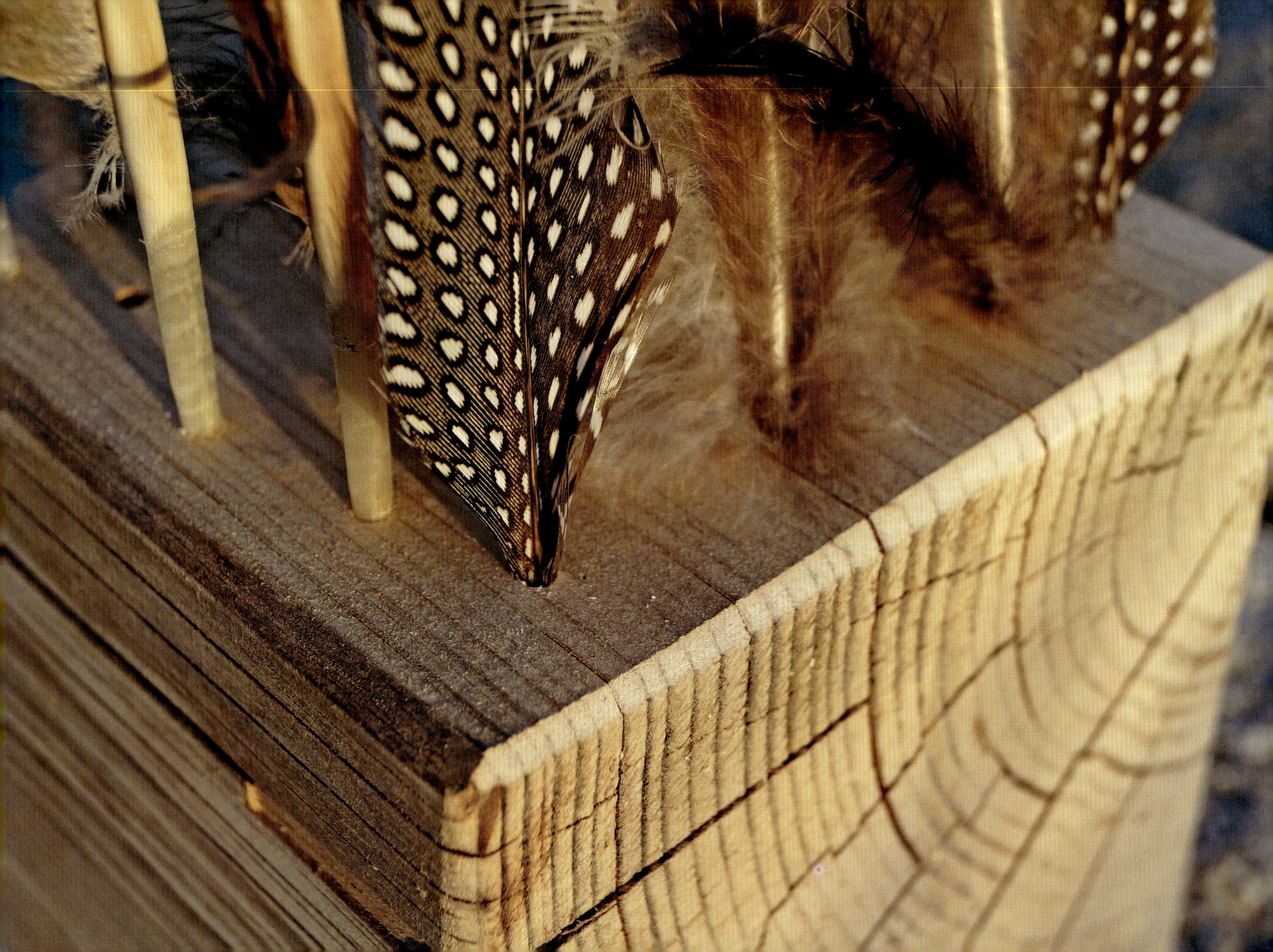

FEDERNSAMMLER

MATERIAL:

Holzbalkenrest / dickes Holzbrett

Schleifpapier

Wasserfarben

Glitzersteine

Kleber

Federn

TECHNIKEN:

Schleifen

Bohren

Malen

Kleben

Stecken

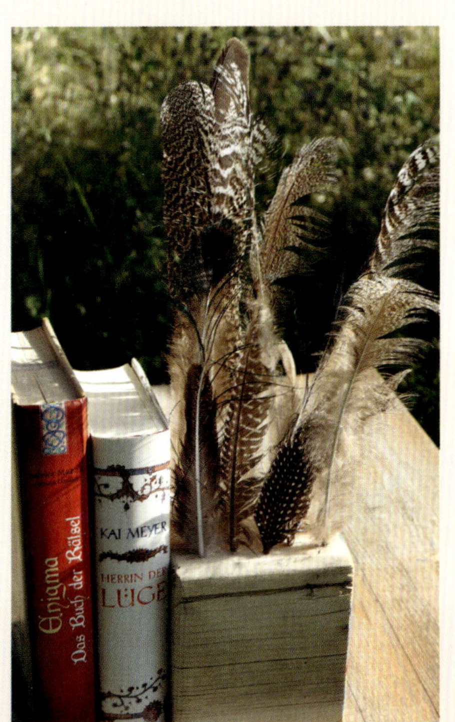

Alle gesammelten Federn brauchen einen ehrwürdigen Platz. Da die Löcher im Abstand von mindestens 2 cm gebohrt sind, werden die Federn nicht verdrückt oder beschädigt. Nebenbei kann der Federnsammler als Buchstütze dienen.

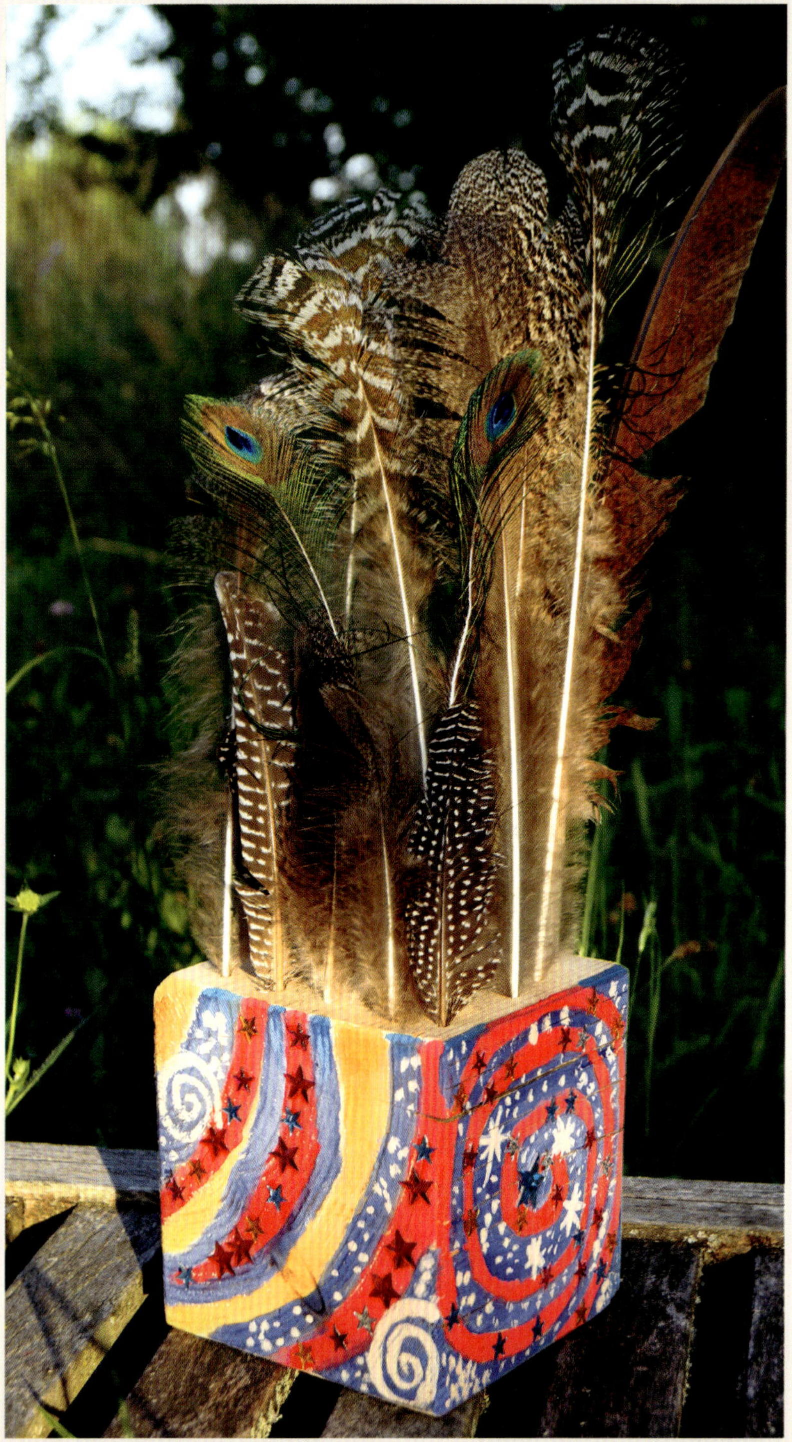

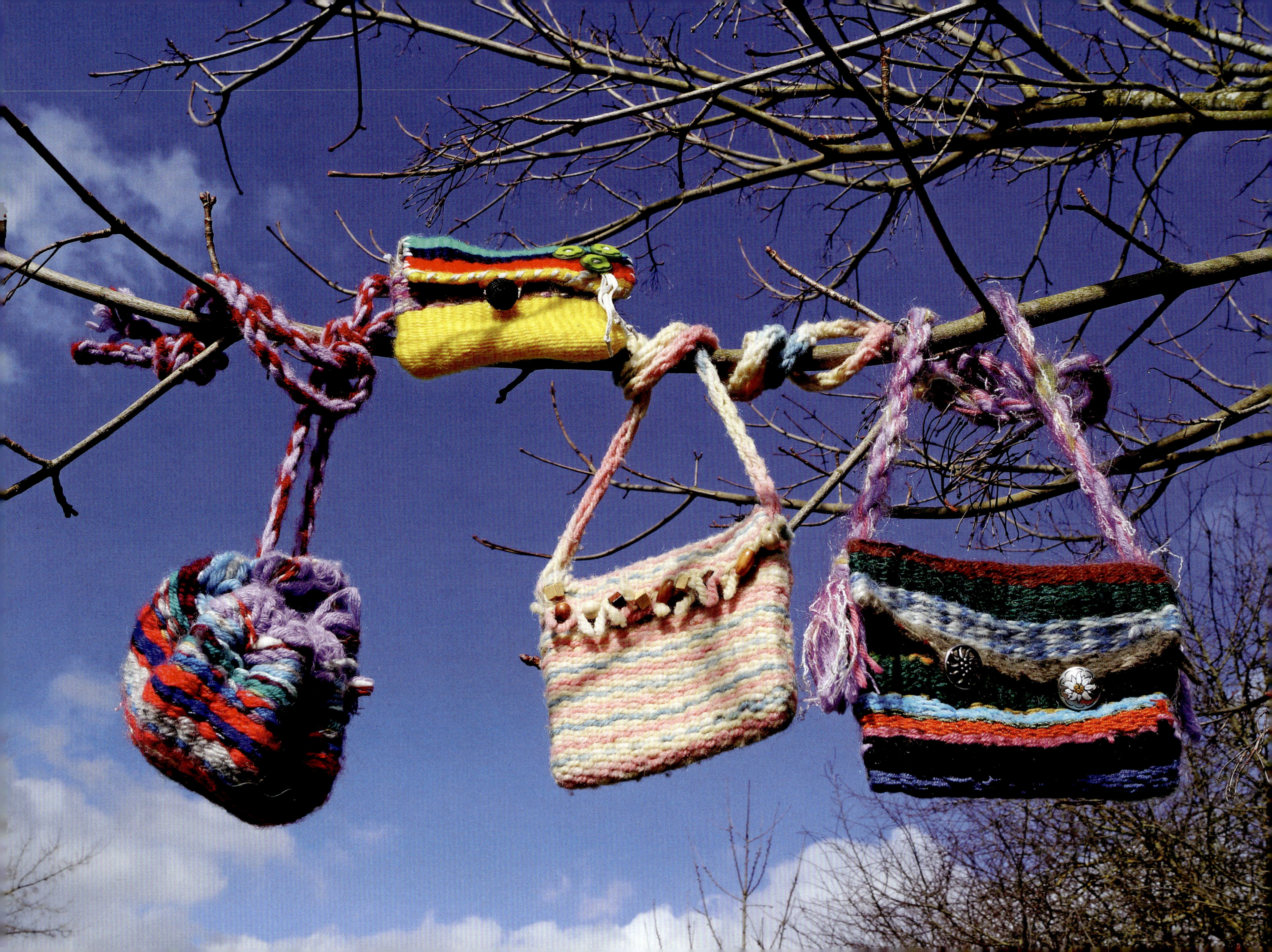

WEBTÄSCHCHEN UND -SÄCKCHEN

MATERIAL:

Webrahmen rund / eckig

Wollreste

Knöpfe

Perlen

TECHNIKEN:

Spannen

Weben

Nähen

Fädeln

Annähen

Kordel drehen

Weben ist eine bei Kindern sehr beliebte Tätigkeit. Aber was wird aus den fertigen Webstücken? Egal ob rund oder eckig, mit ein wenig Fantasie werden zauberhafte Täschchen und Säckchen daraus. Darin können kleine Schätze aufbewahrt werden.

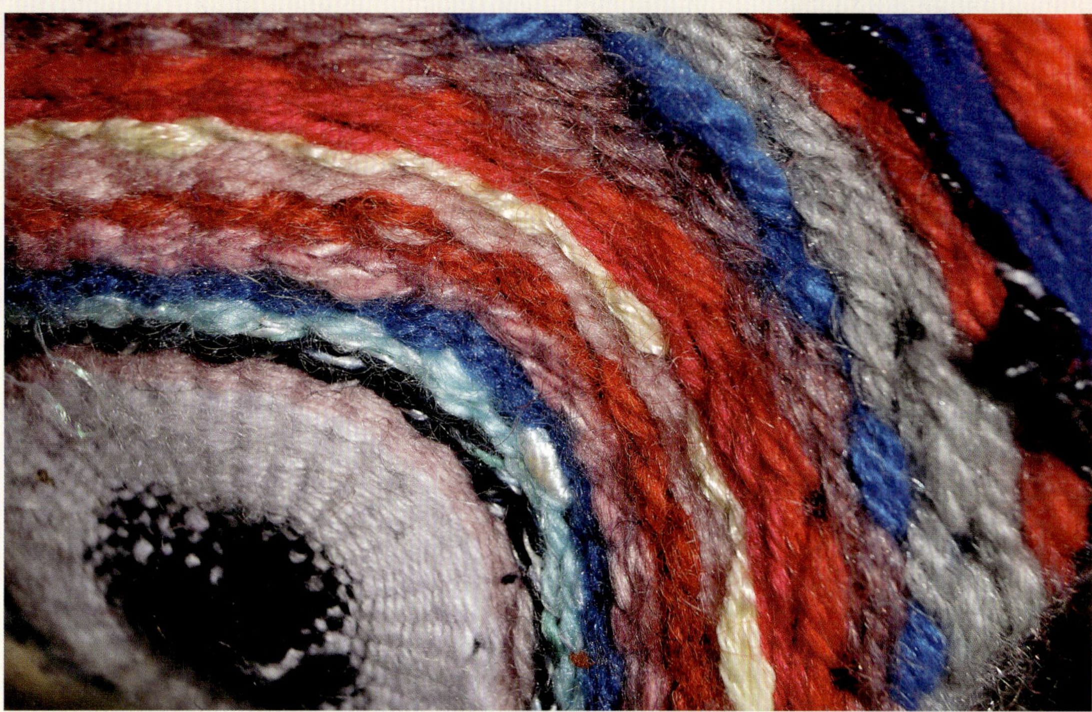

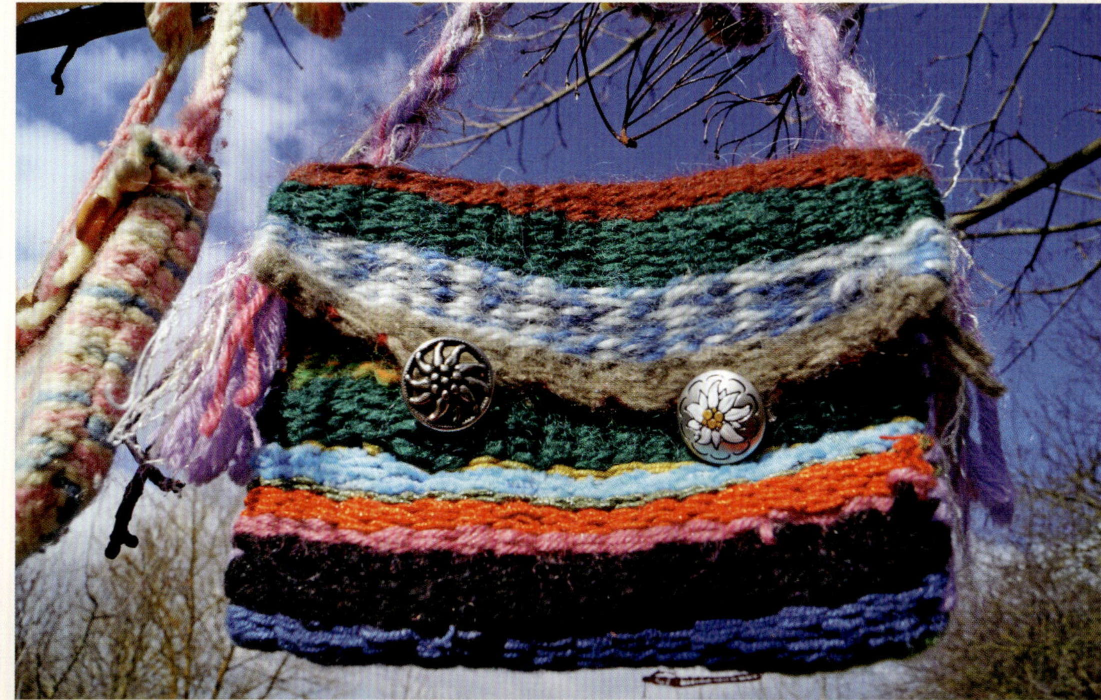

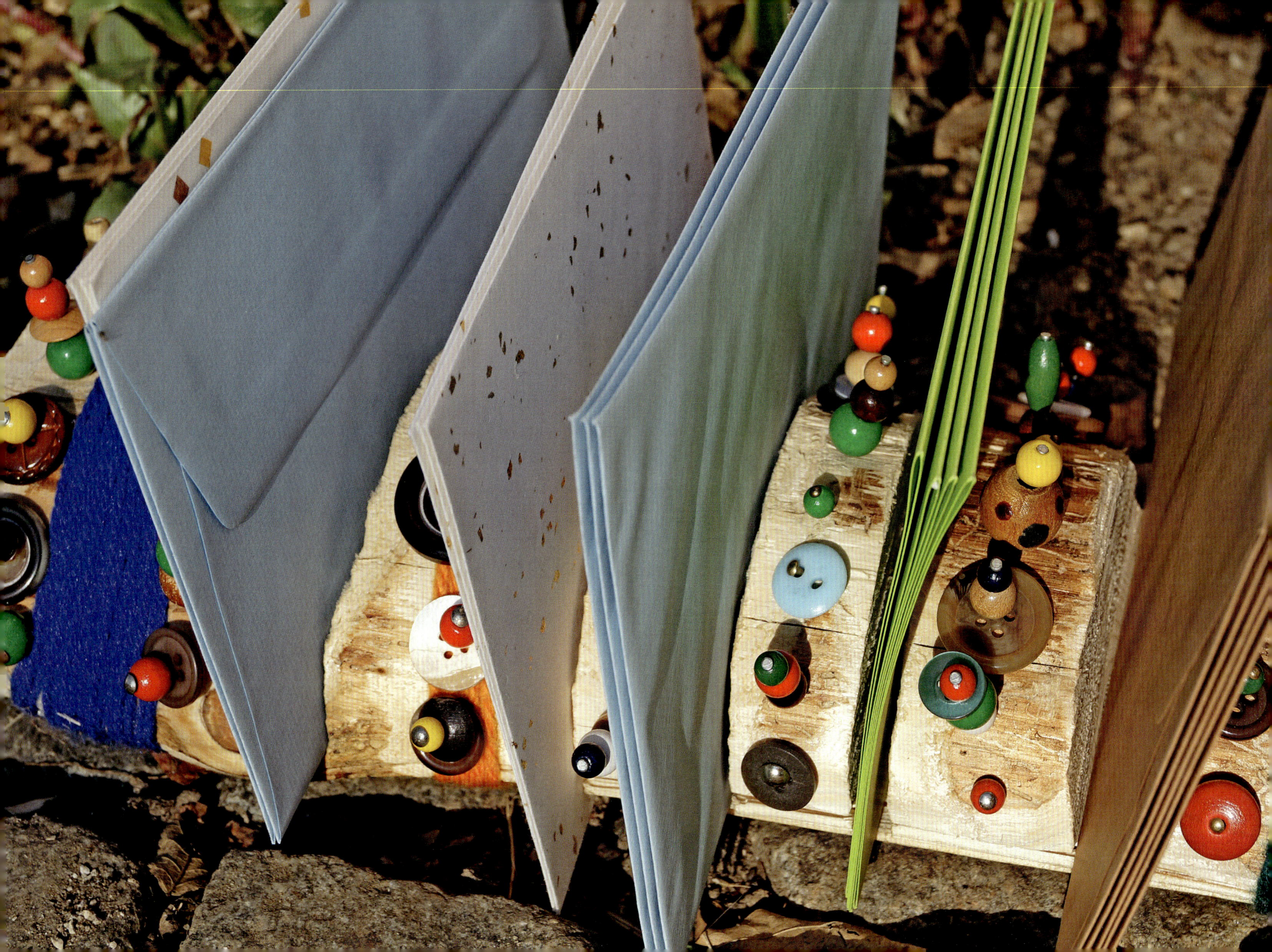

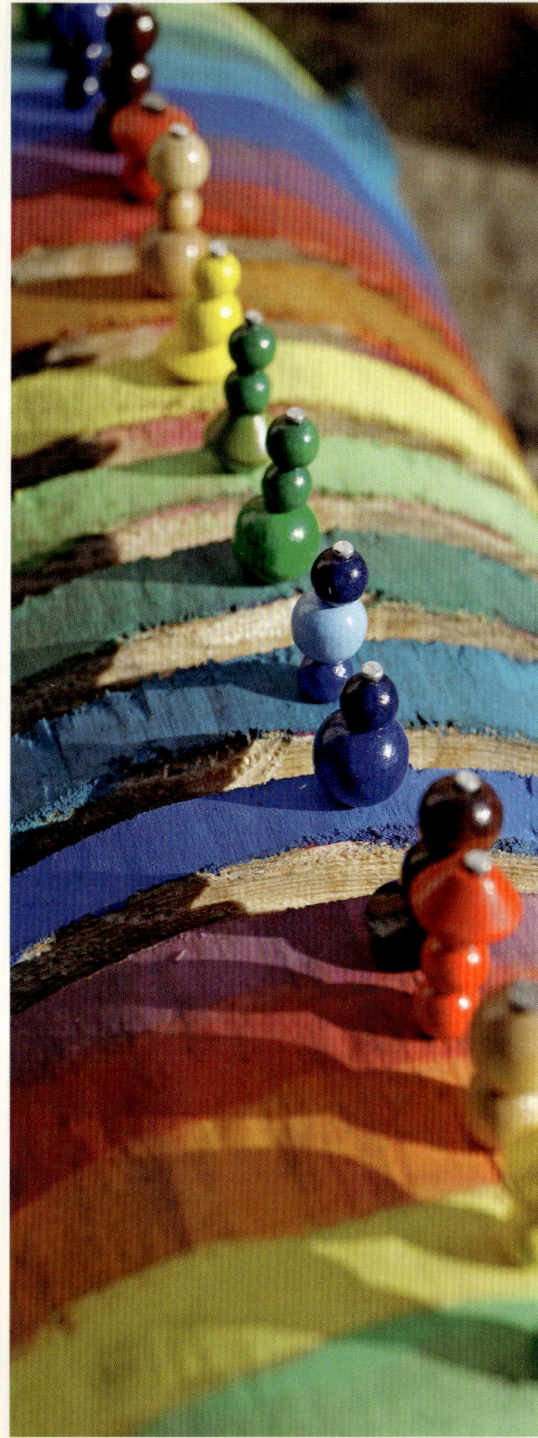

POSTHALTER

MATERIAL:

- Holzscheit (halbrund)
- Schleifpapier
- Wasserfarben
- Nägel / Perlen / Knöpfe
- Glitzersteine / Kleber
- Wollreste
- Karten / Briefumschläge

TECHNIKEN:

- Sägen
- Schleifen
- Malen
- Fädeln
- Hämmern
- Kleben
- Wickeln

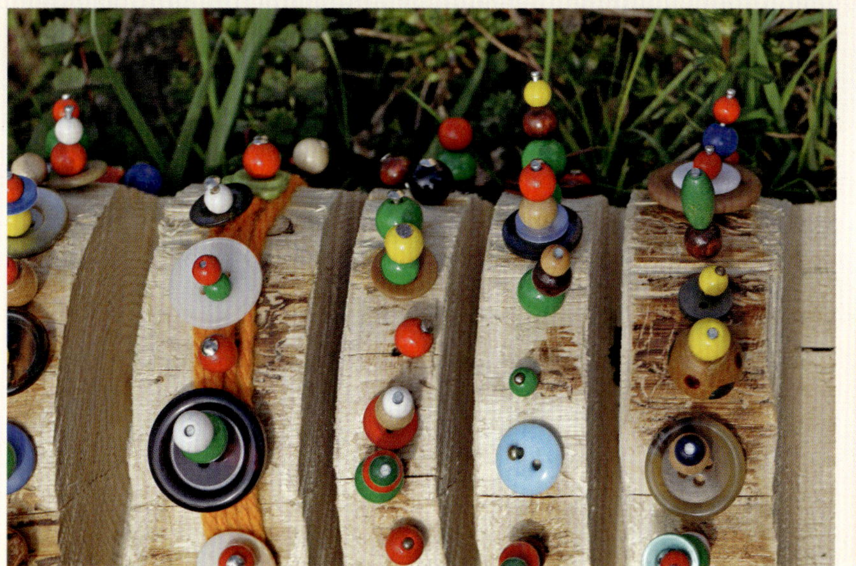

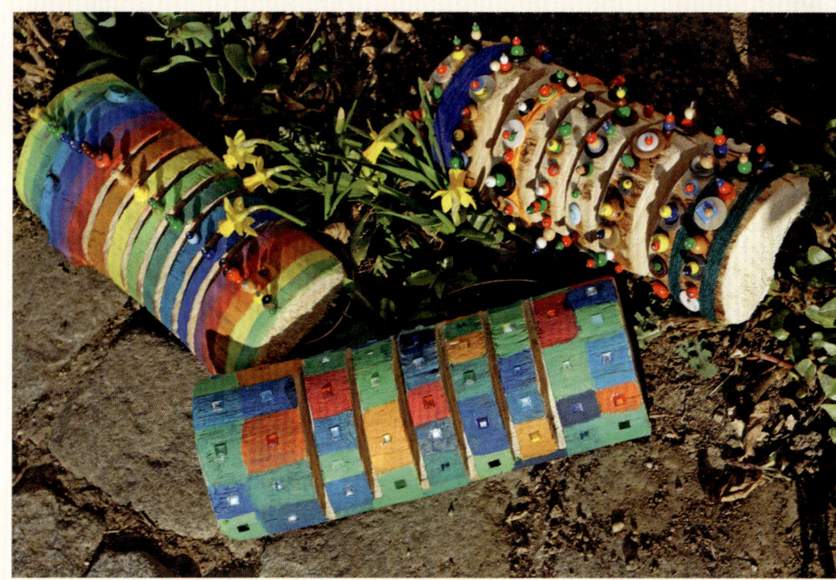

Für das Einsägen der Holzscheite ist ein Profi gefragt. Am besten geht man in die Schreinerei oder lässt sich im Baumarkt helfen. Auch jeder Holzarbeiter kann mit der Motorsäge die Schnitte ausführen. Aus Sicherheitsgründen dürfen den Kindern nur vorgeschnittene Holzscheite angeboten werden. Ist diese Hürde geschafft, können die Posthalter kreativ bemalt und weitergestaltet werden.

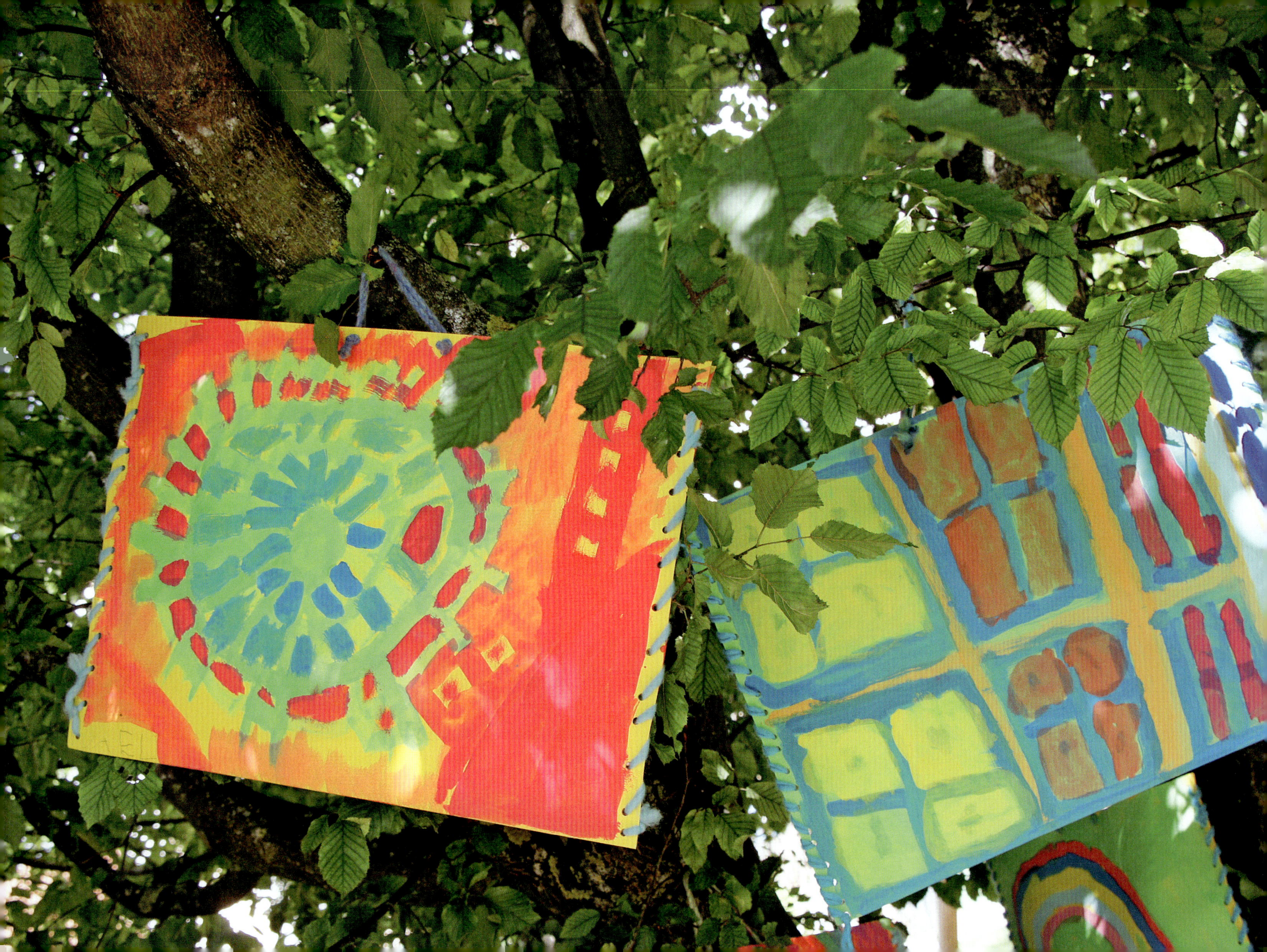

BILDERMAPPEN

MATERIAL:

Zwei Fotokartons

Wolle

Wasserfarben

TECHNIKEN:

Lochen

Nähen

Malen

Kordel drehen

Knoten

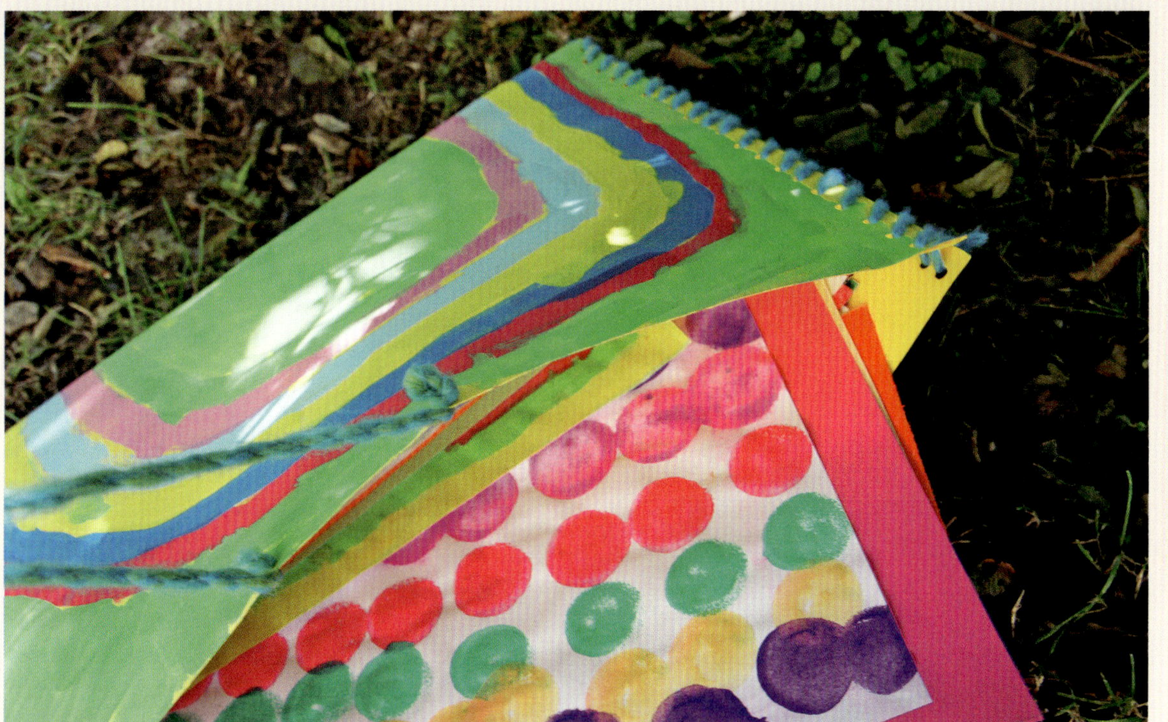

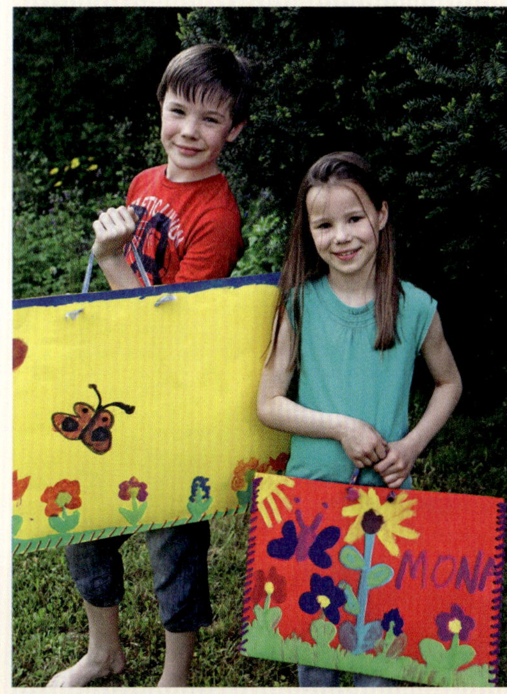

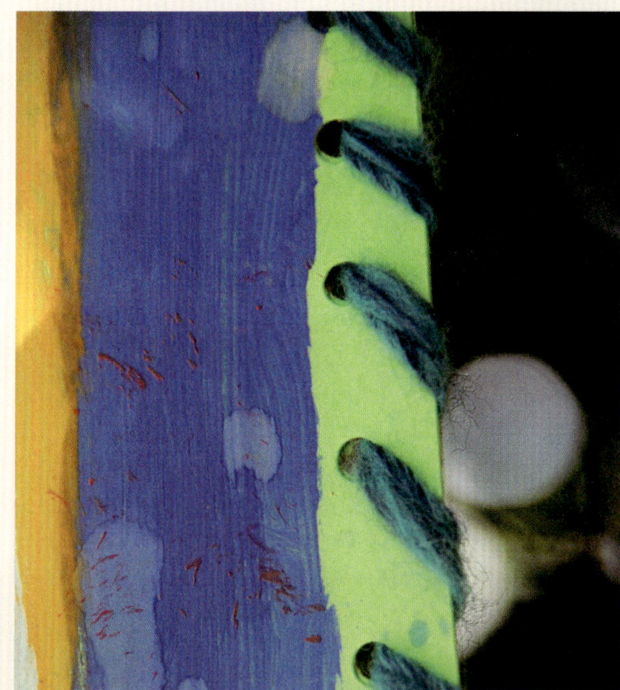

Eine riesige Bildermappe ist ein Muss für alle kleinen Künstler. Wer keine kaufen will, kann ganz einfach eine selbermachen. Die Fotokartons gibt es in jedem Schreibwarengeschäft; sie können aber durch große, feste Kartons aus alten Schachteln ersetzt werden. Diese werden an den Seiten gelocht und zusammengenäht, anschließend bemalt und mit einer Kordel als Griff versehen – fertig ist die individuelle Sammelmappe, die bestimmt nicht verwechselt wird.

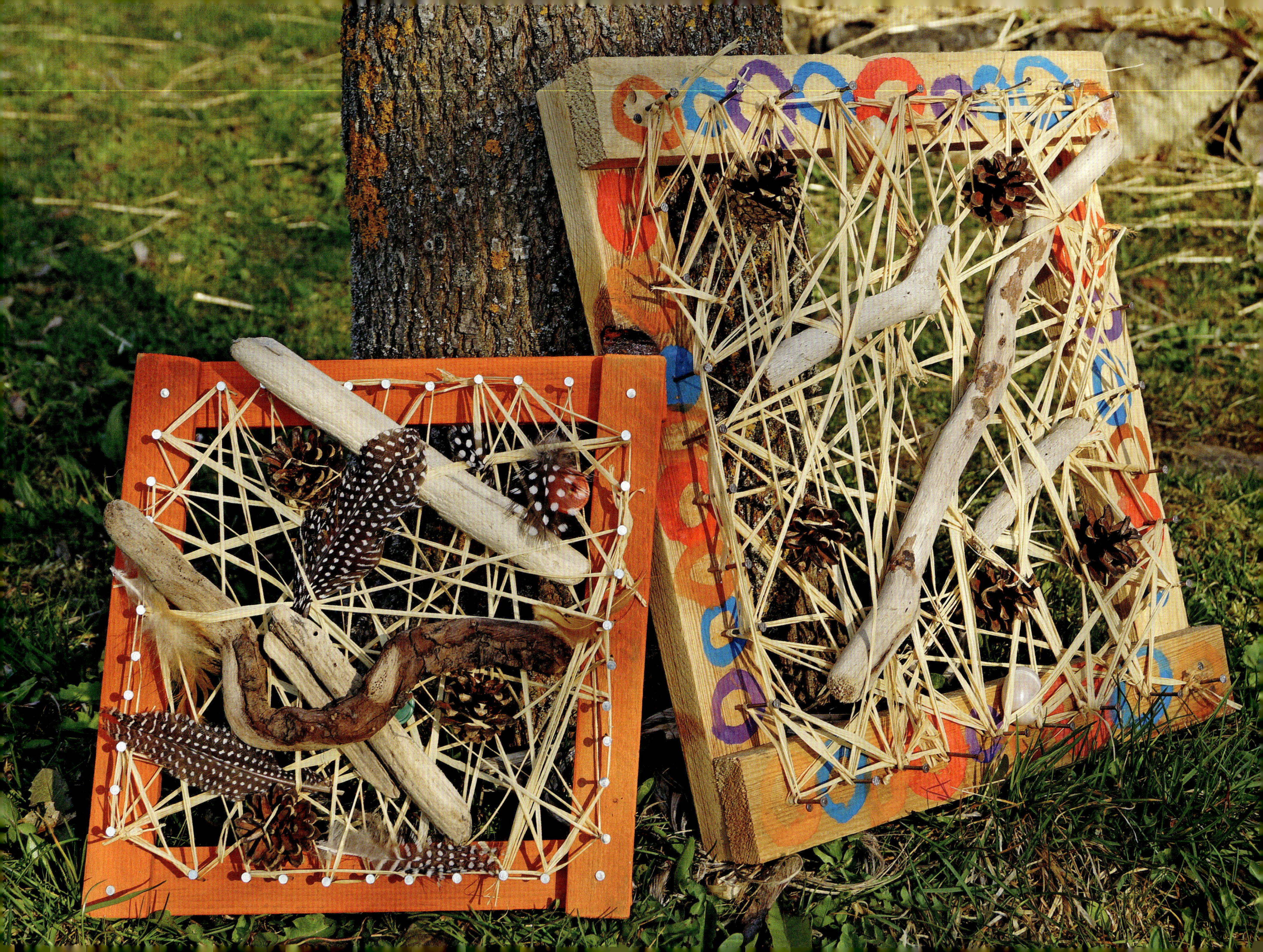

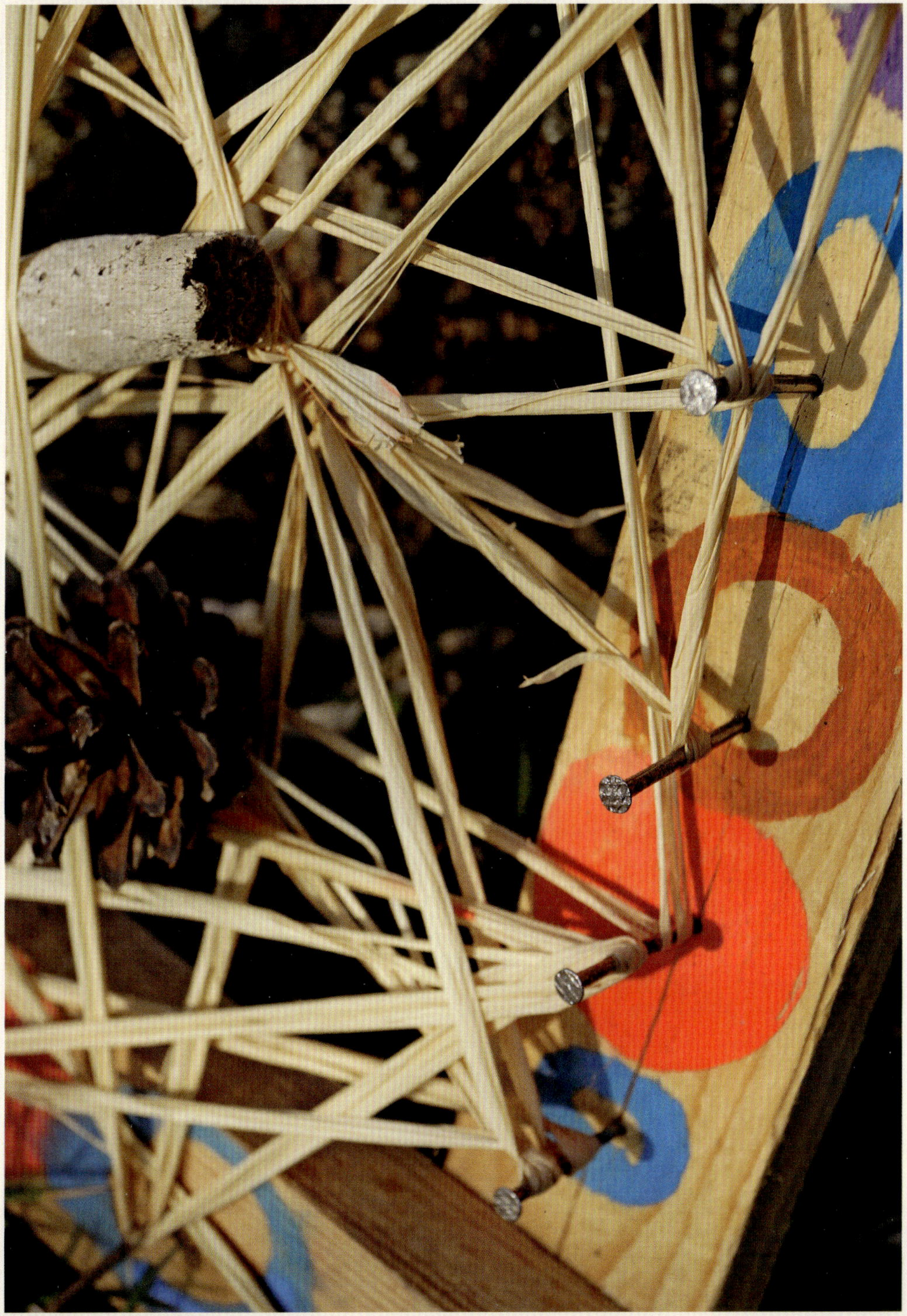

NATURSPANNRAHMEN

MATERIAL:

- Holzleisten
- Schleifpapier
- Wasserfarben
- Nägel
- Naturbast
- Naturfundstücke

TECHNIKEN:

- Schleifen
- Malen
- Hämmern
- Spannen
- Knoten
- Fädeln
- Einklemmen

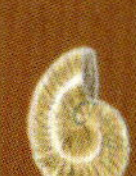

Um den Fundstücken aus der Natur einen Ehrenplatz zu geben, wurden hier Spannrahmen gebaut. Am besten passt als Spannschnur Naturbast.

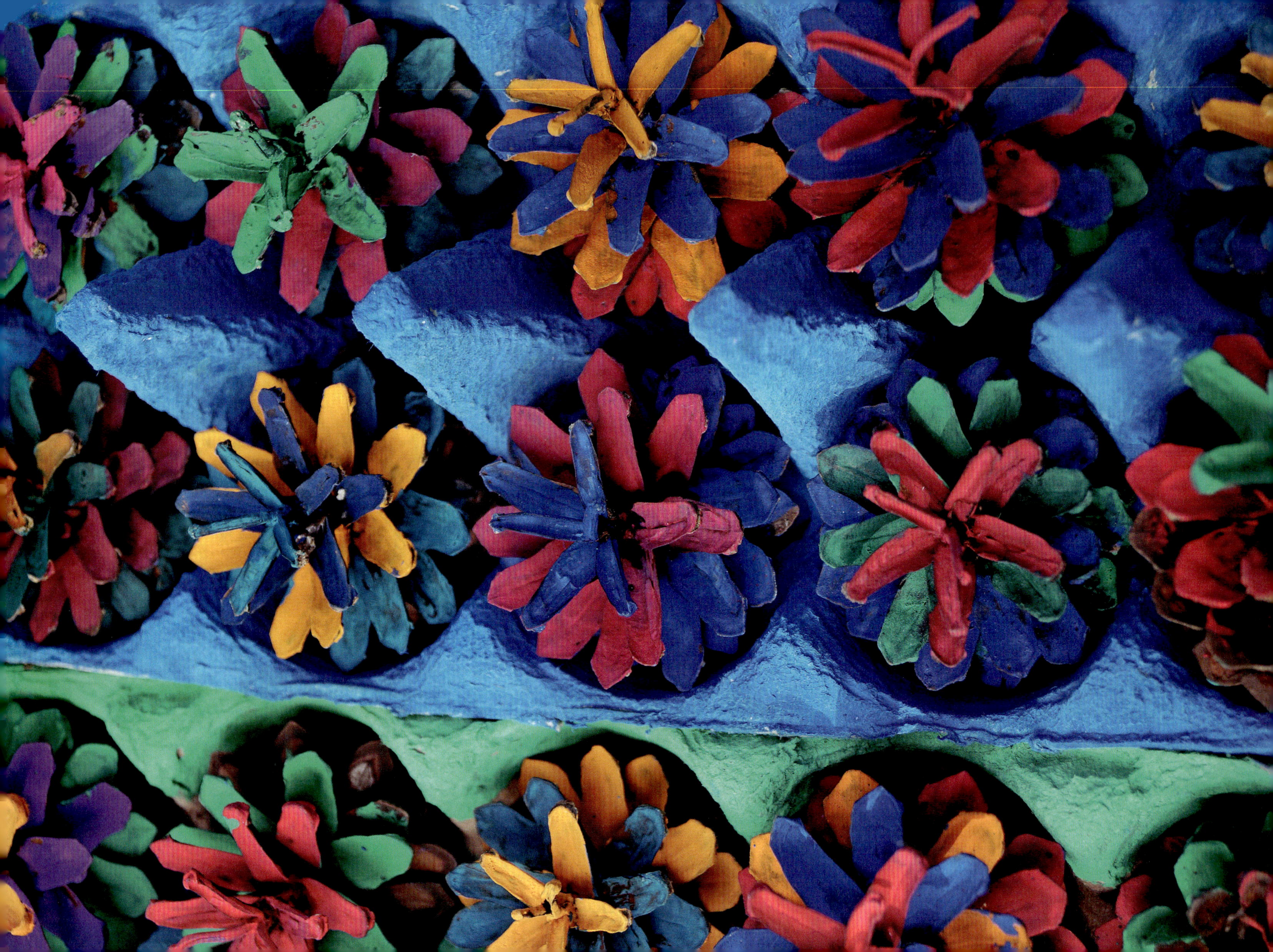

ZAPFENSTREICH

MATERIAL:

- Kiefernzapfen
- Wasserfarben
- Eierkartons
- Holzkistchen
- Moos

TECHNIKEN:

- Malen
- Dekorieren

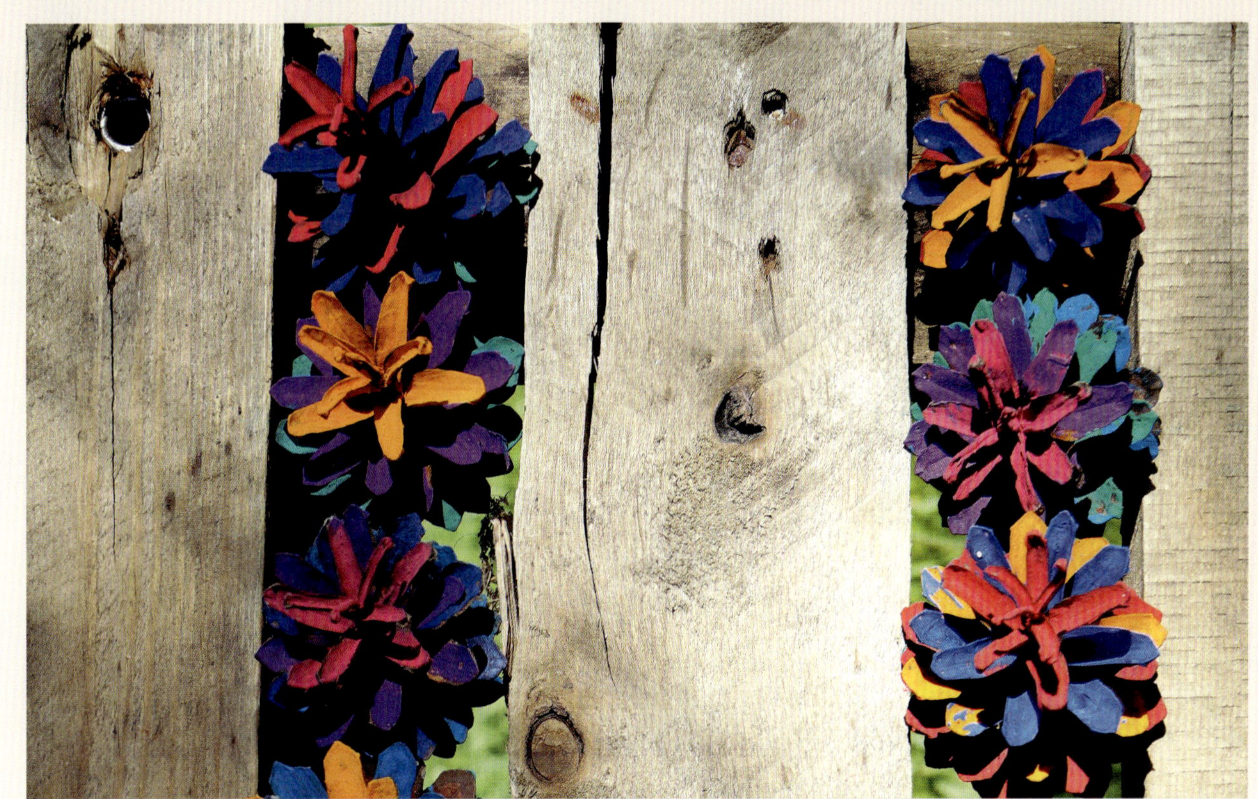

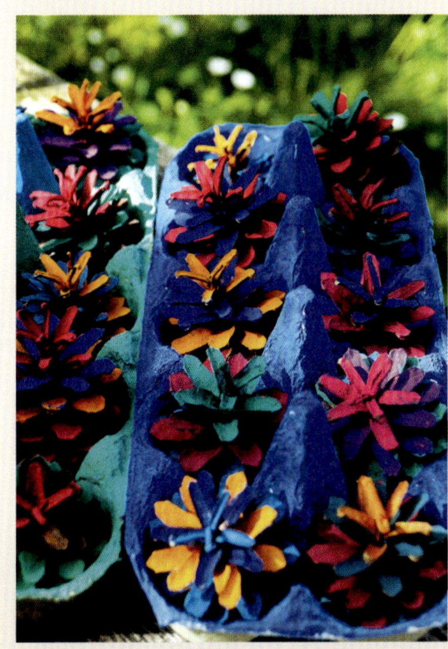

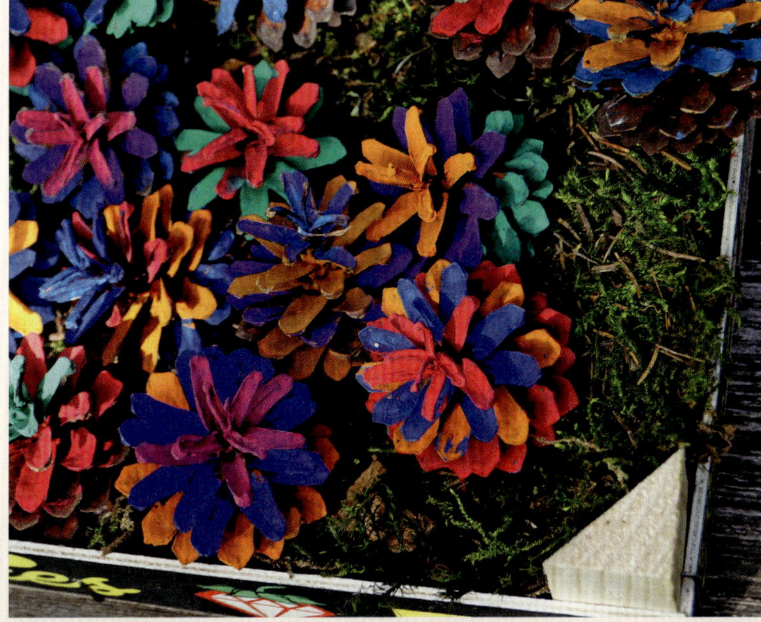

Wer einem Naturwunder zusehen möchte, legt geschlossene, feuchte Zapfen in die Sonne oder auf die warme Heizung. „Zapfen öffne dich“, lautet das Motto. Ein Schauspiel, das sich unendlich wiederholen lässt und Kinder, aber auch Erwachsene zum Staunen bringt. Wie lange die Zapfen brauchen, um sich zu öffnen, soll jeder selbst erleben. Die kleinen Naturwunder können mit Wasserfarben bunt bemalt werden und sehen als Tischschmuck bei einem Fest bezaubernd aus.

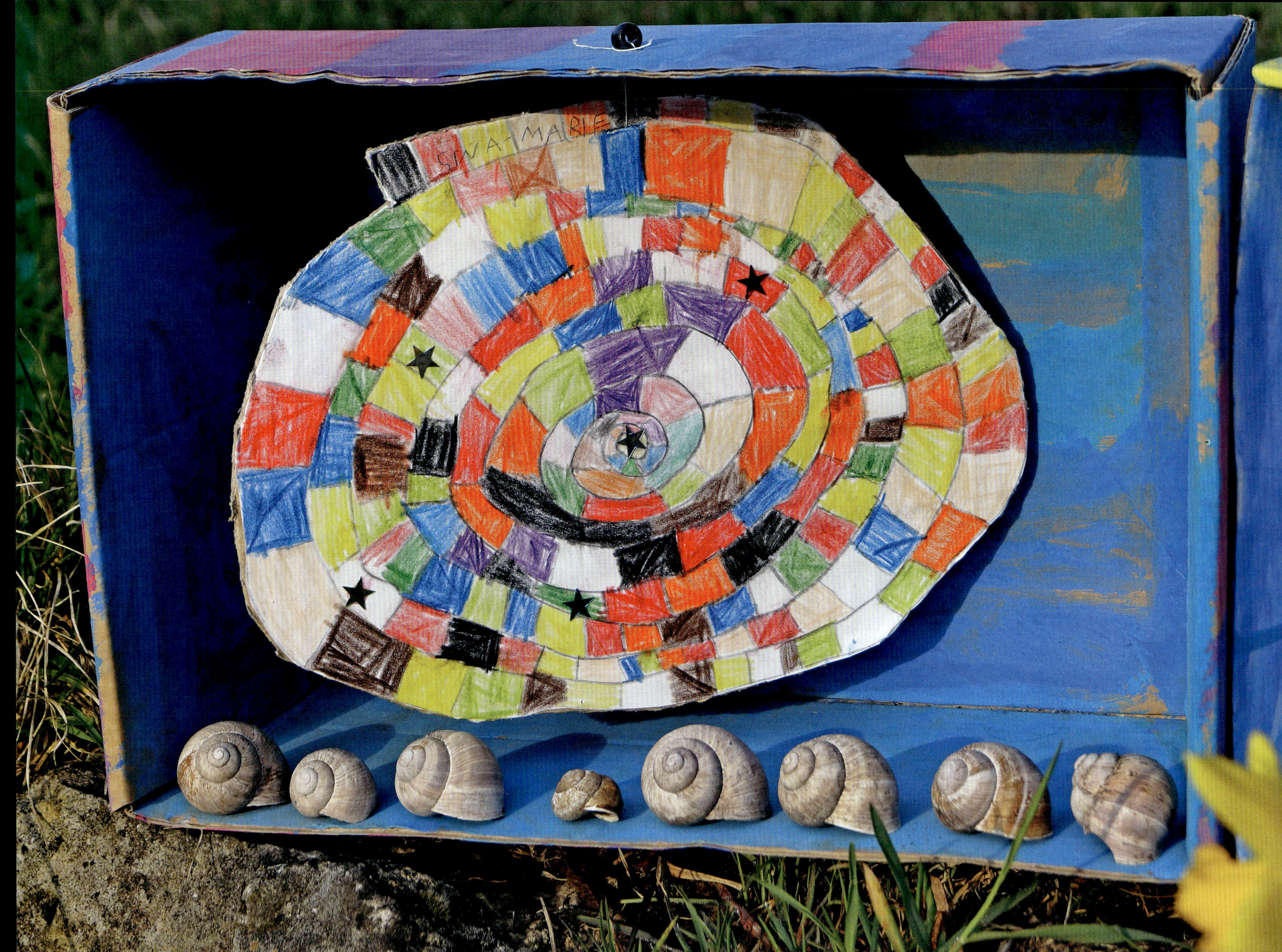
SINA-MARIE

SCHNECKENHAUS

MATERIAL:

- Schuhkartons
- Schleifpapier
- Papier
- Kartonstück
- Bleistift / Buntstifte
- Glitzersterne
- Kleber
- Faden
- Schneckenhäuser

TECHNIKEN:

- Schleifen
- Malen
- Zeichnen
- Schneiden
- Kleben
- Aufhängen
- Legen

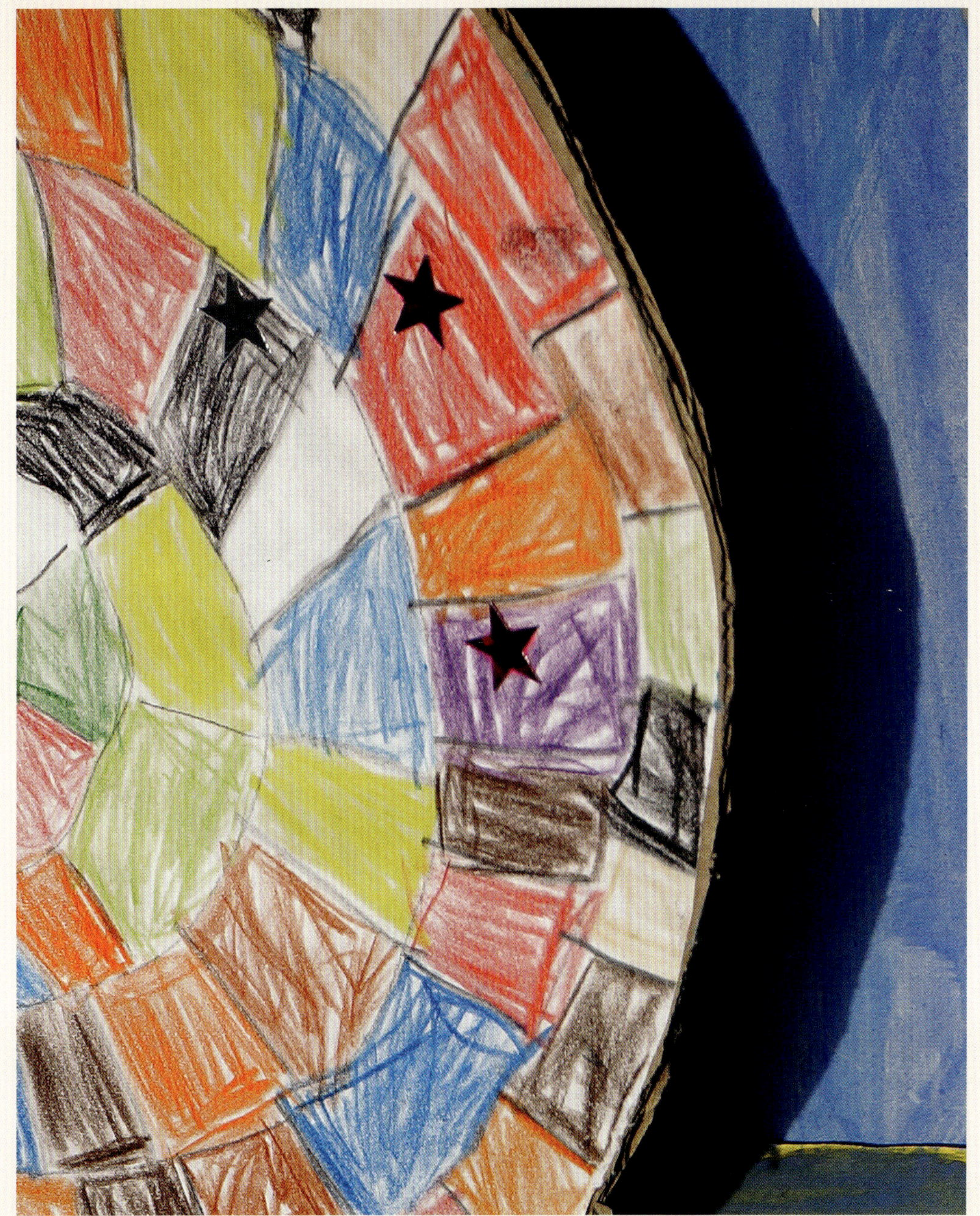

Lackierte Schuhkartons werden vor dem Bemalen mit dem Schleifpapier aufgeraut, damit die Farbe besser hält. Im oberen Teil des Kartons wird mit einem Faden die gezeichnete und auf Pappe geklebte Schnecke aufgehängt. Weil sie sich immer wieder leicht hin- und herdreht, wirkt das Ganze sehr lebendig. Gesammelte Schneckenhäuser können im selbstgebauten Schneckenhaus wohnen.

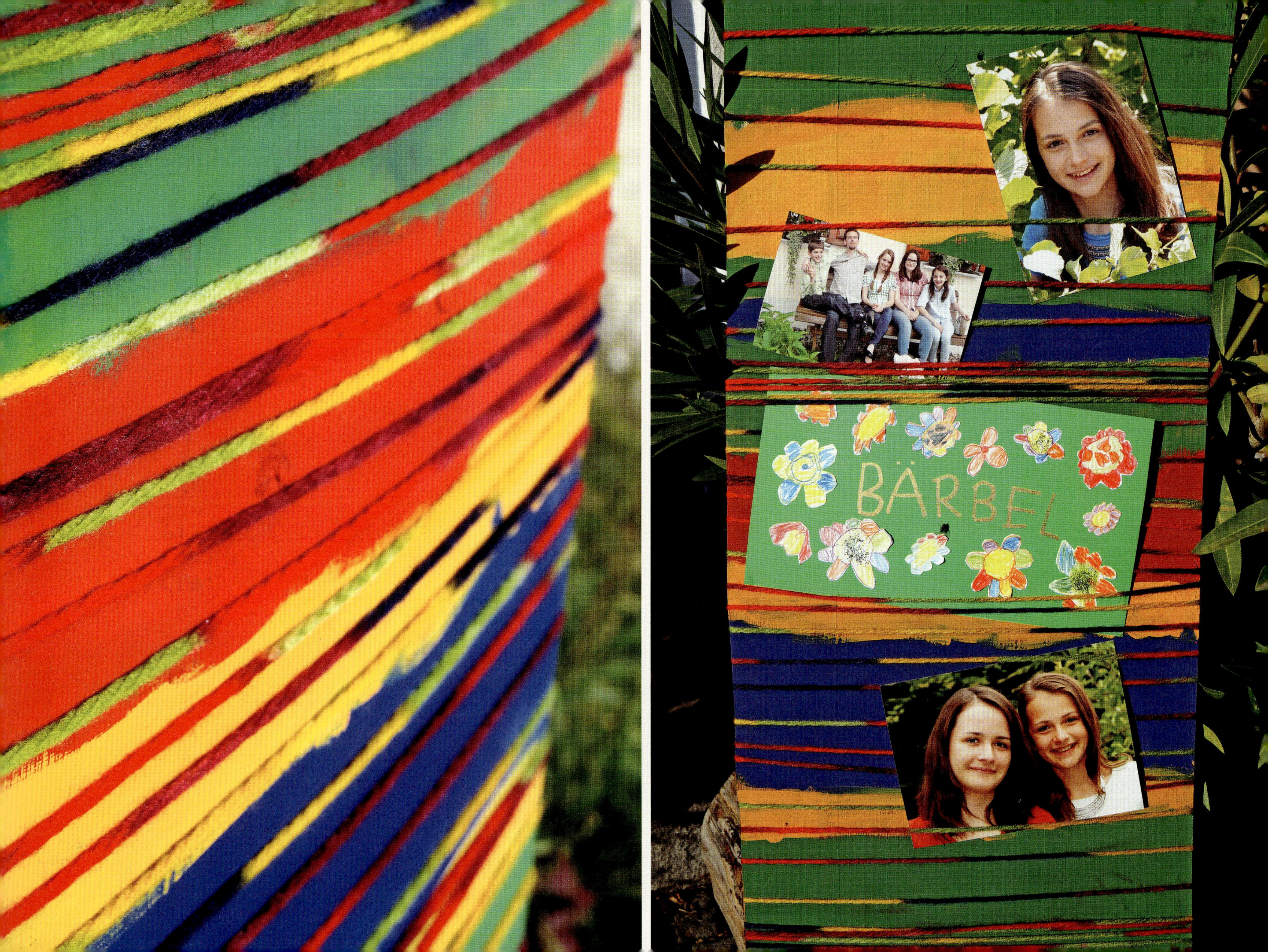
BÄRBEL

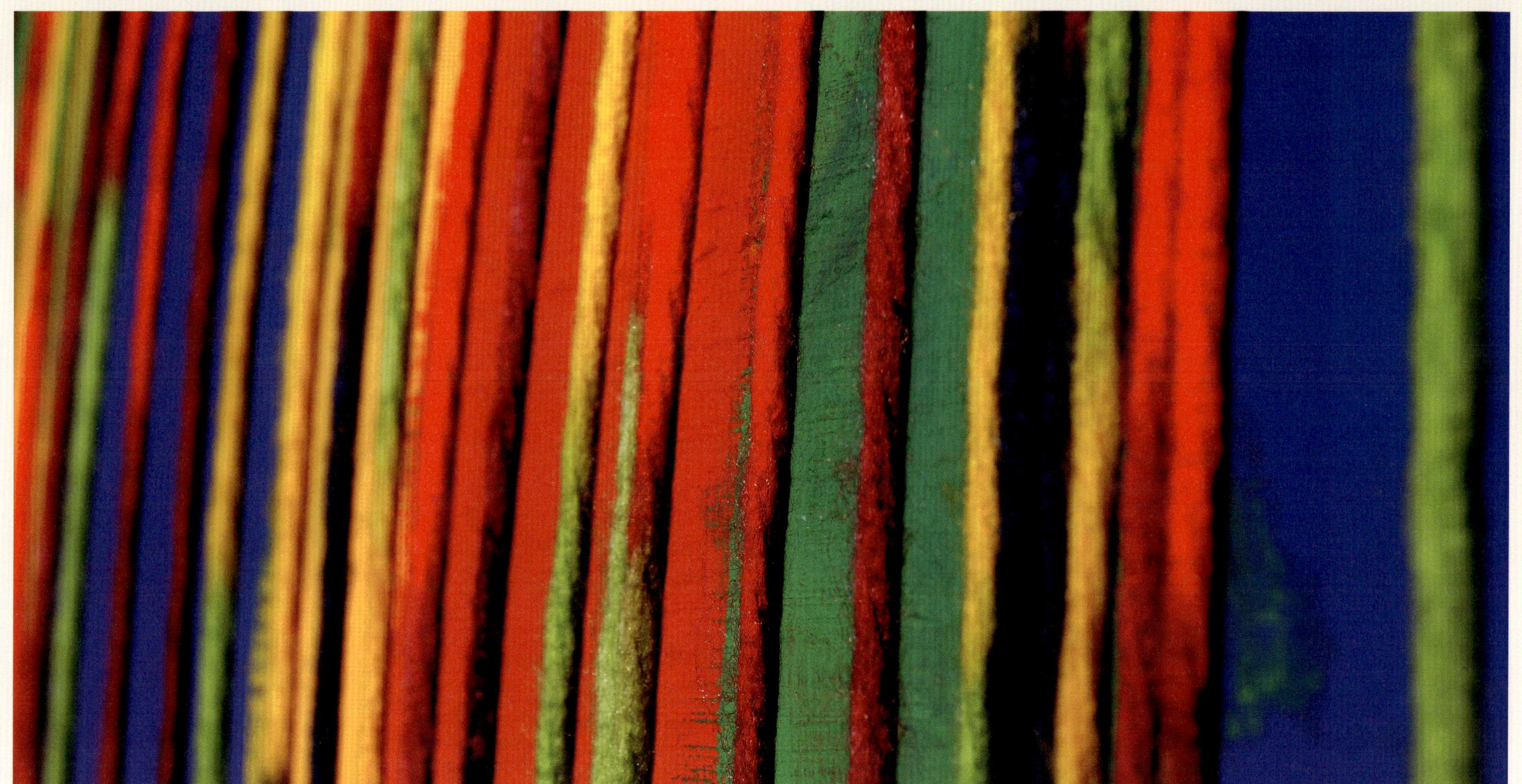

WICKELBRETT

Ein großes Brett wird hier zur Pinnwand. Das bemalte Brett wird unter Spannung mit Wolle umwickelt und hinten verknotet. Fotos, Erinnerungen und Notizen werden unter die Wollfäden geschoben. Ob hoch oder quer gehängt, erfüllt es seinen Zweck und sieht selbst ohne Bestückung sehr interessant aus.

MATERIAL:

- Großes Holzbrett
- Schleifpapier
- Wasserfeste Flüssigfarbe
- Wolle
- Fotos / Postkarten / Notizen

TECHNIKEN:

- Schleifen
- Malen
- Wickeln
- Spannen
- Knoten

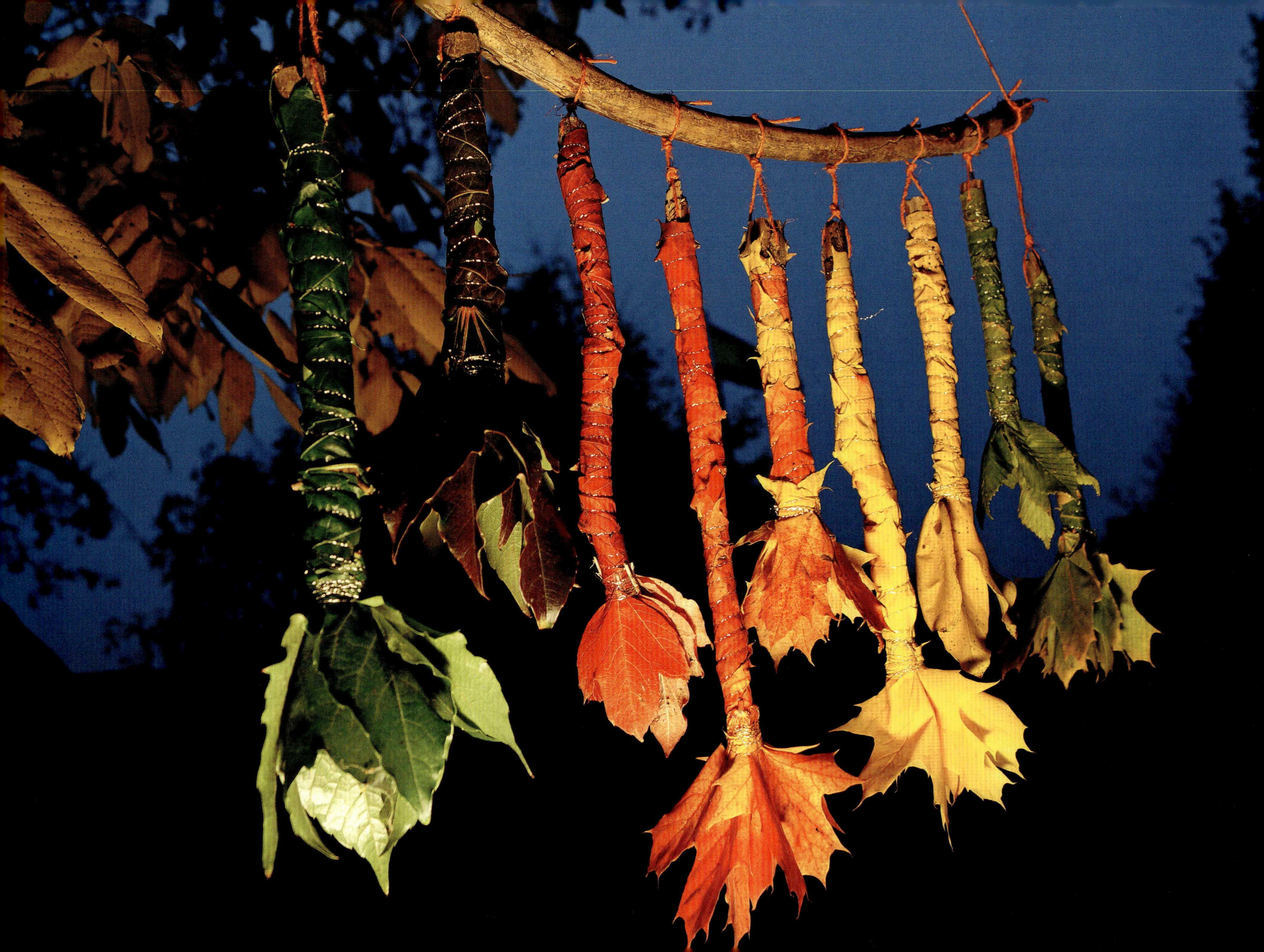

HERBSTBLÄTTER-BOGEN

MATERIAL:

Dicke, gerade Äste

Langer, gebogener Ast

Frisches Herbstlaub

Golddraht

Sisalschnüre

TECHNIKEN:

Bohren

Wickeln

Fädeln

Knoten

Das gesammelte Herbstlaub wird farblich sortiert, um die einzelnen Äste gewickelt und mit Draht fixiert. Das frische Laub trocknet an den Ästen und erinnert noch lange an die bunte Herbstzeit.

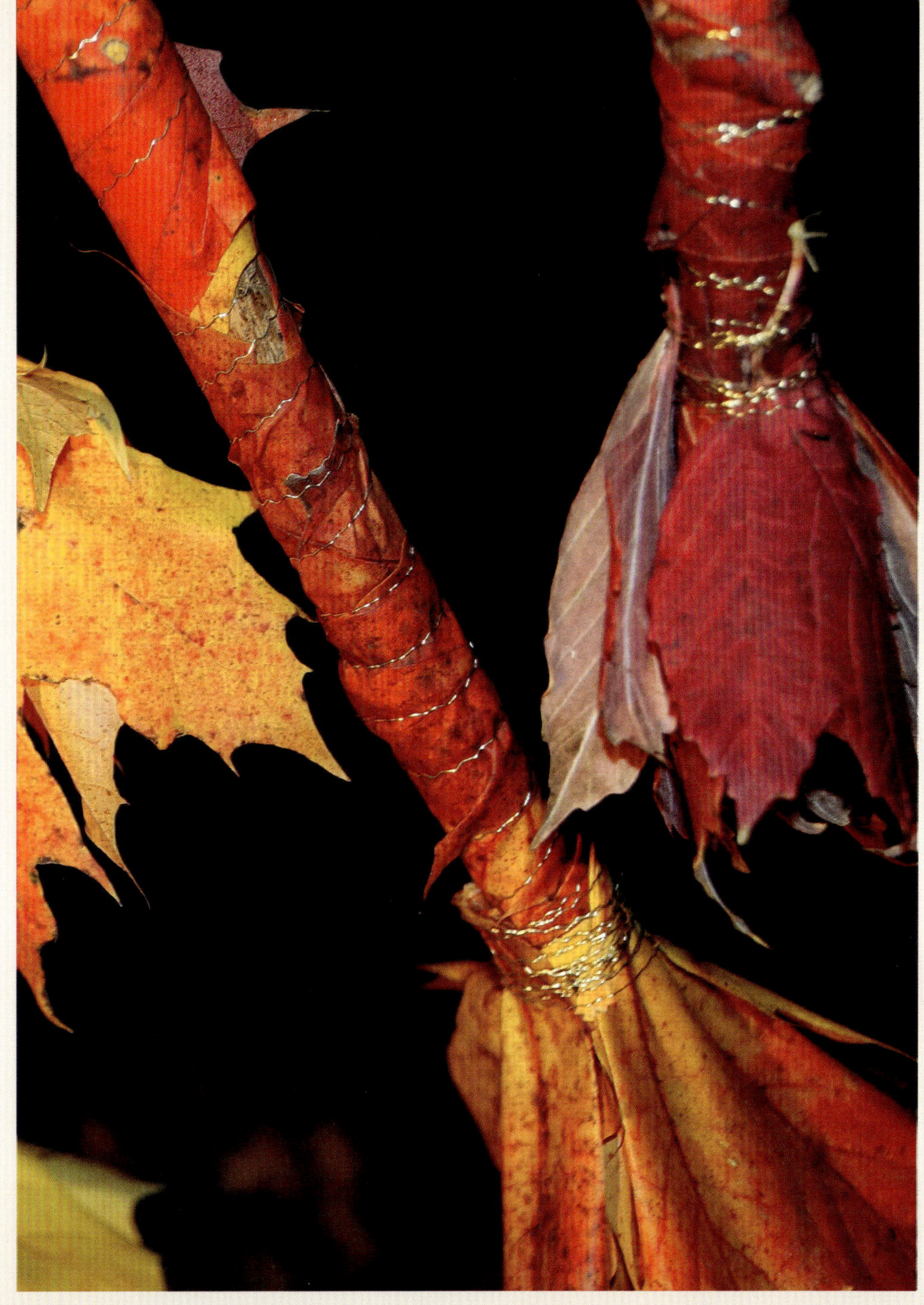

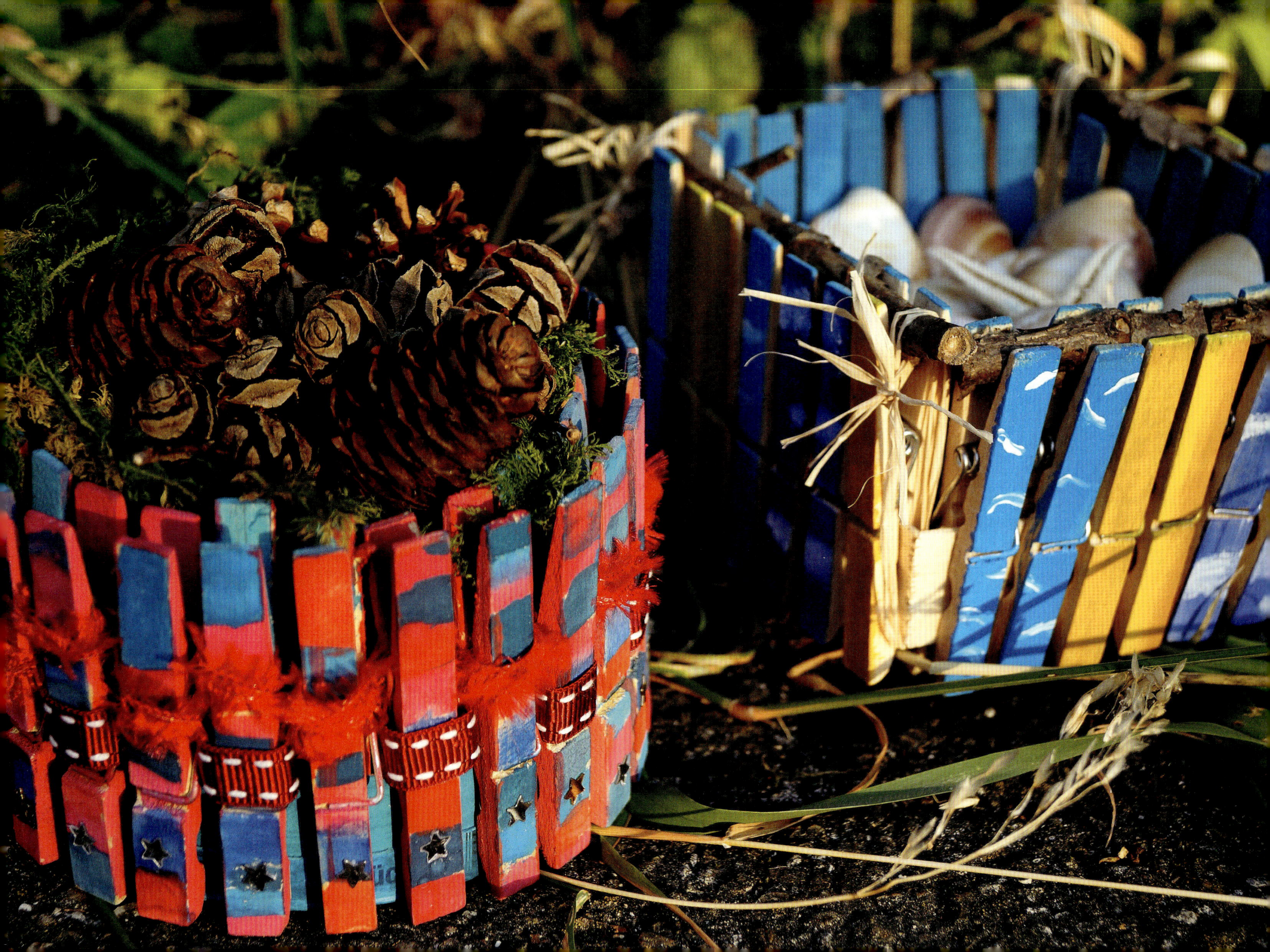

JAHRESZEITENKÖRBCHEN

MATERIAL:

Käseschachtel / Spankörbchen

Wäscheklammern

Wasserfarben

Kleber

Sommerkörbchen:	Weihnachtskörbchen:
Ästchen	Bänder
Sand	Moos
Muscheln	Zapfen
Naturbast	Goldsternchen

TECHNIKEN:

Malen

Festzwicken

Weben / Eindrücken

Kleben

Binden / Knoten

An die Seitenränder niedriger Schachteln oder Kistchen werden die bemalten Wäscheklammern angezwickt. Anschließend mit Bändern verweben oder Äste oben eindrücken. Passend zu den Jahreszeiten kann das Körbchen gestaltet und gefüllt werden. Auch als Osterkörbchen sieht es sehr hübsch aus.

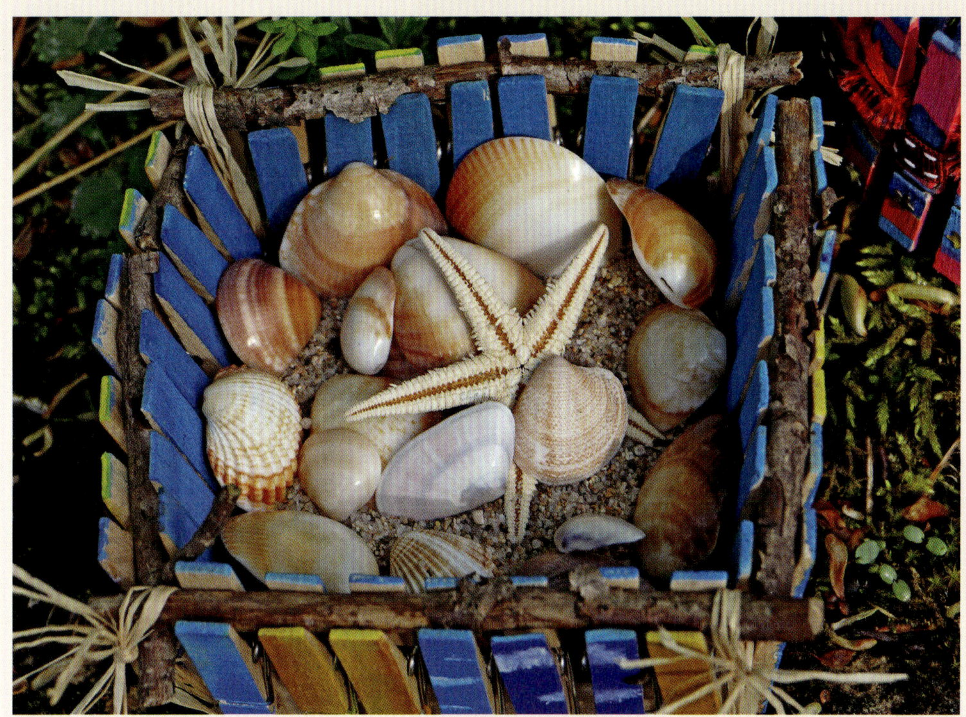

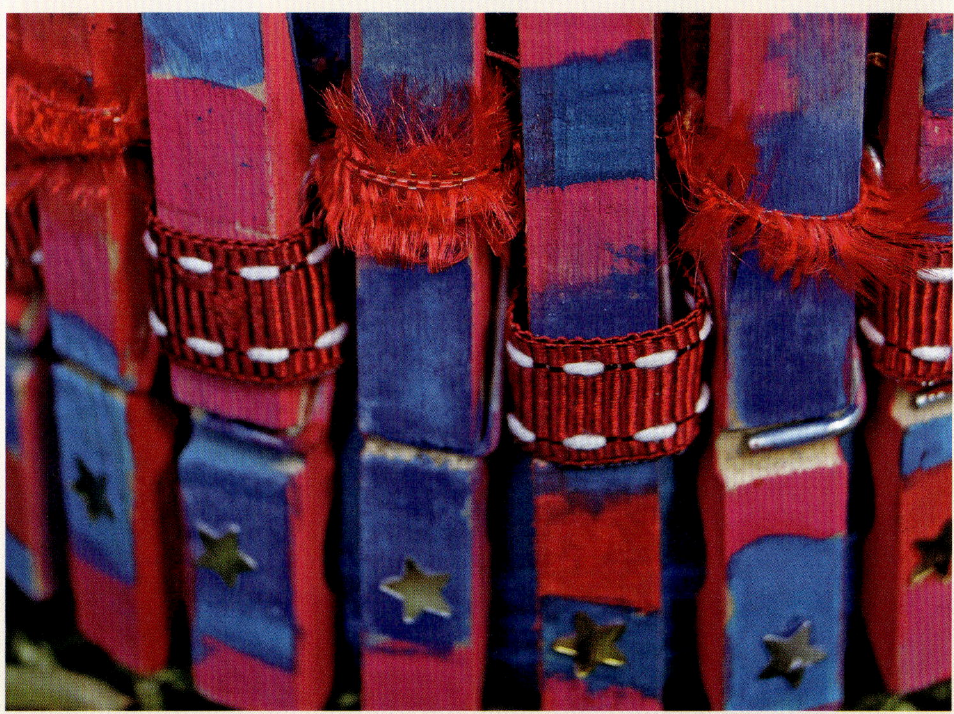

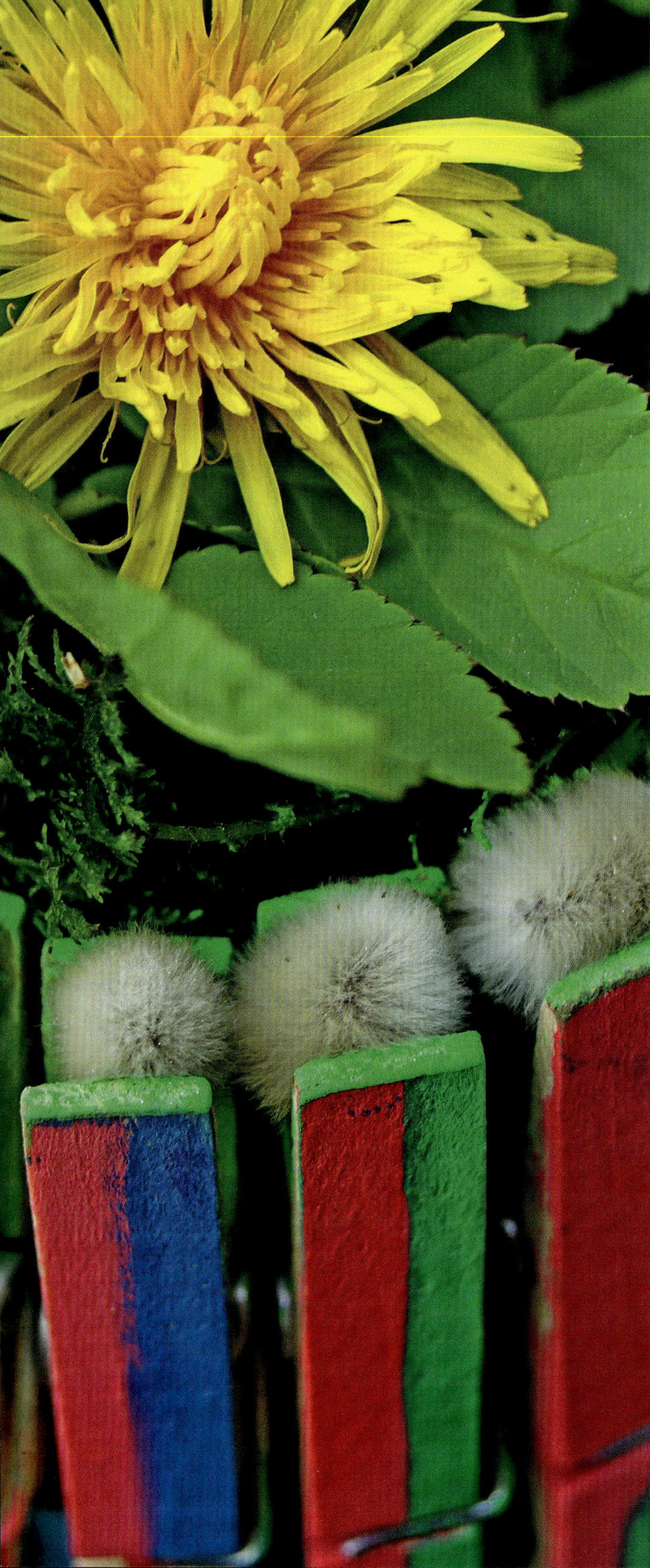

FRÜHLINGS-BLUMENTÖPFCHEN

MATERIAL:

- Käseschachtel
- Wäscheklammern
- Wasserfarben
- Schraubglas
- Weidenkätzchen
- Moos
- Frische Blumen

TECHNIKEN:

- Malen
- Festzwicken
- Eindrücken
- Füllen / Stecken

Eine Variante zum Jahreszeitenkörbchen ist dieses Blumentöpfchen. In die Mitte wird ein mit Wasser und Moos gefülltes Glas gestellt. Die frischen Blumen haben durch das Moos mehr Halt, da es ähnlich wie ein Steckschwamm funktioniert. Die Palmkätzchen vom Osterstrauß kann man trocken gut aufbewahren. Hier zieren sie als Kränzchen den oberen Rand des Blumentöpfchens. Einfach eindrücken – fertig! Da die Palmkätzchen unter Naturschutz stehen, dürfen nur gezüchtete verwendet werden. Diese kann man in der Gärtnerei erwerben.

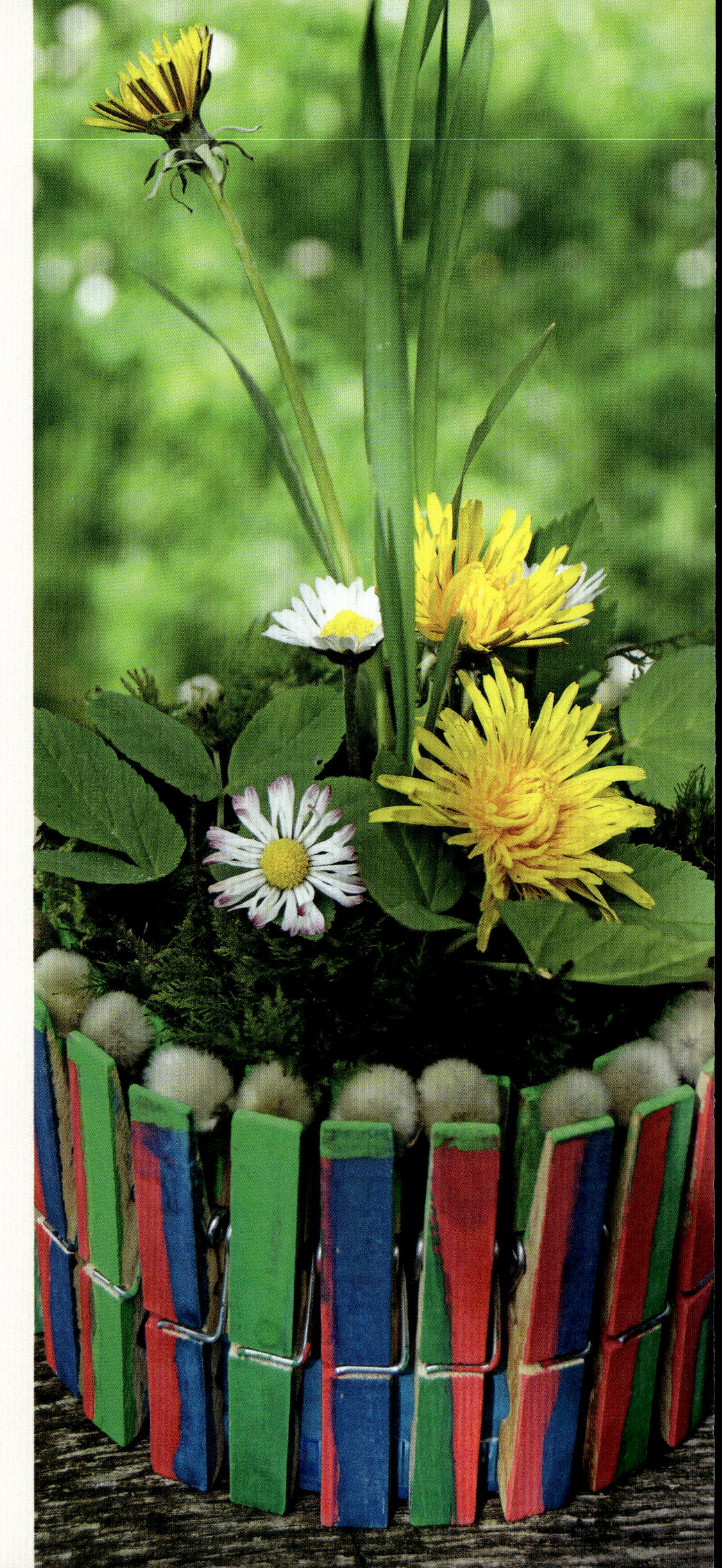

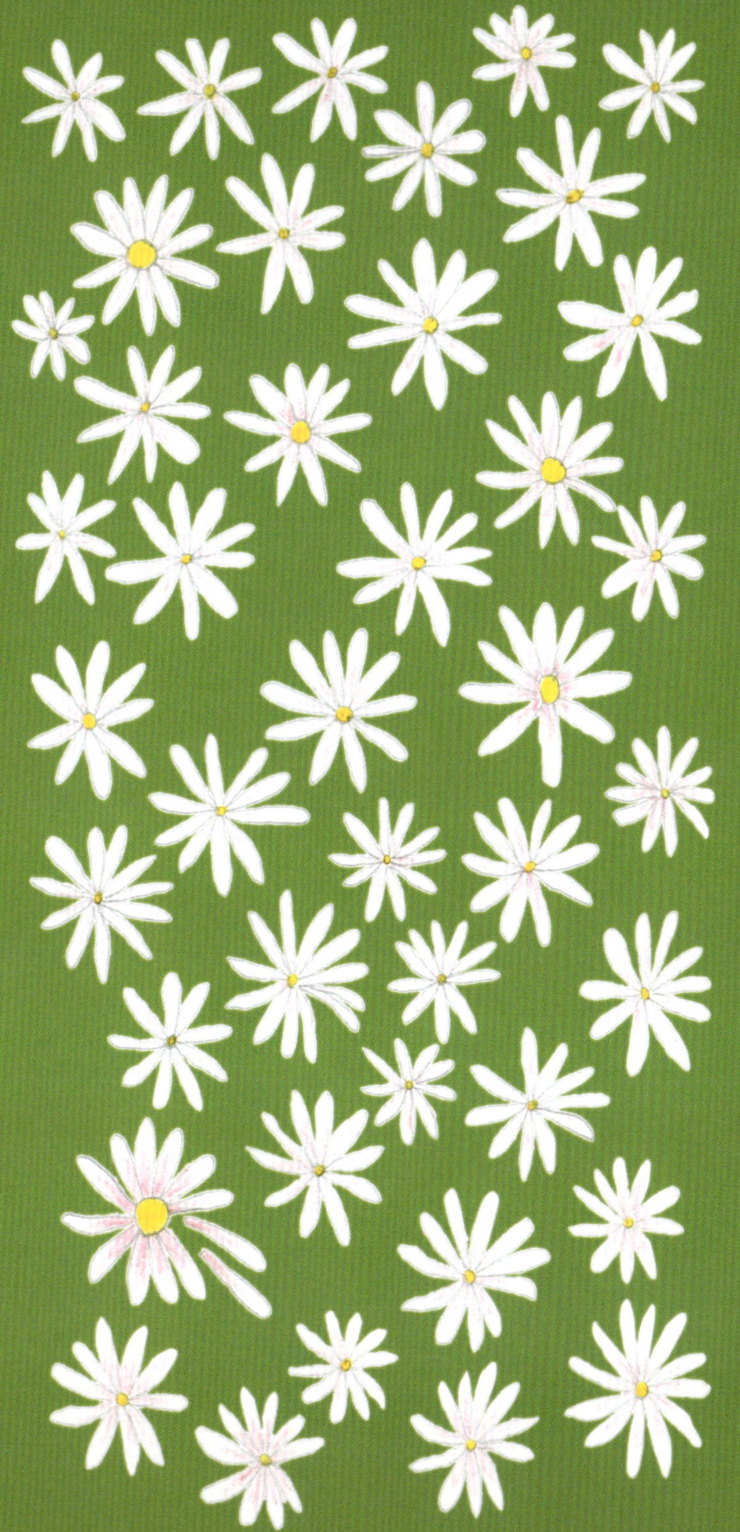

Verwunschenes

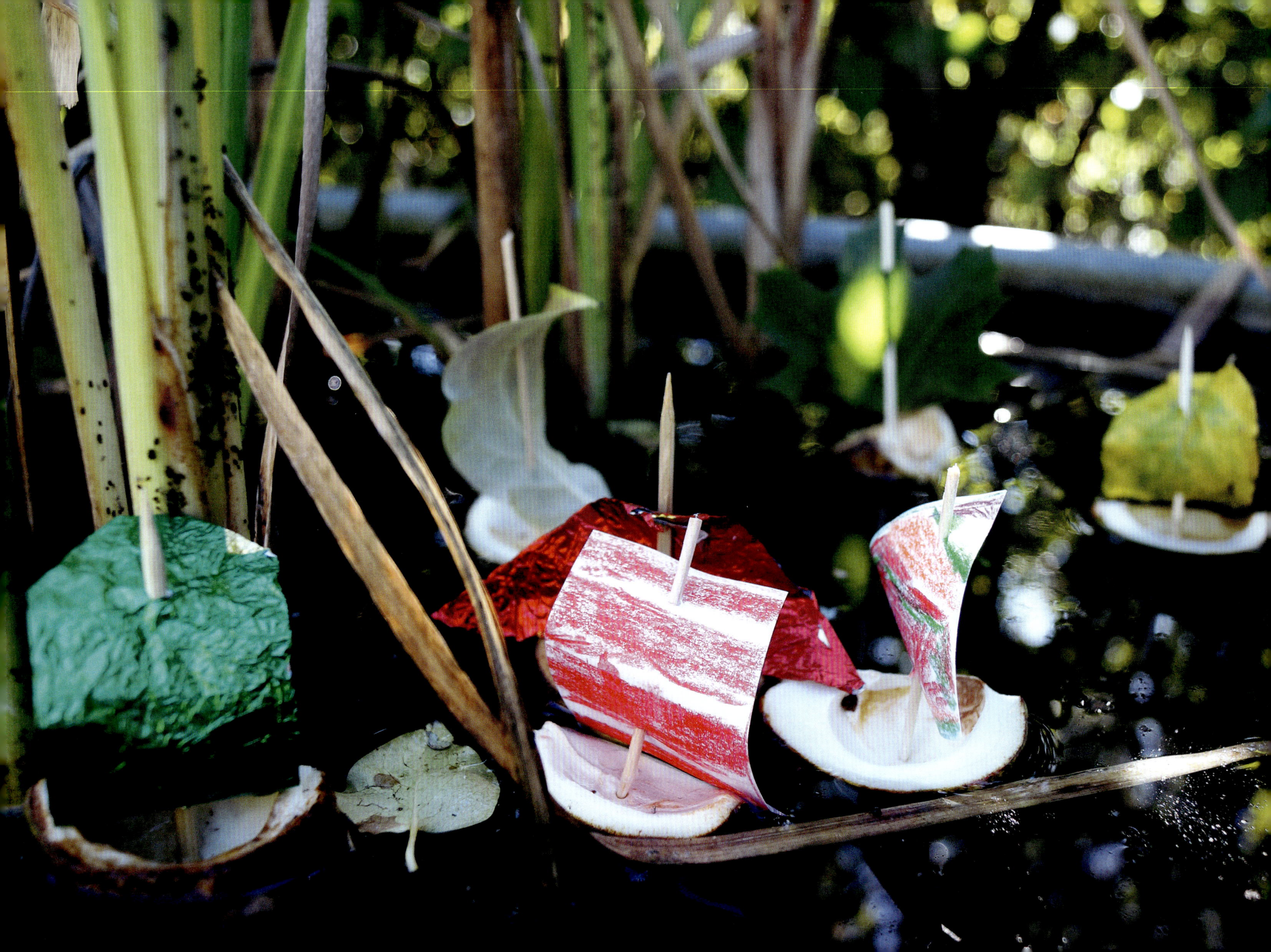

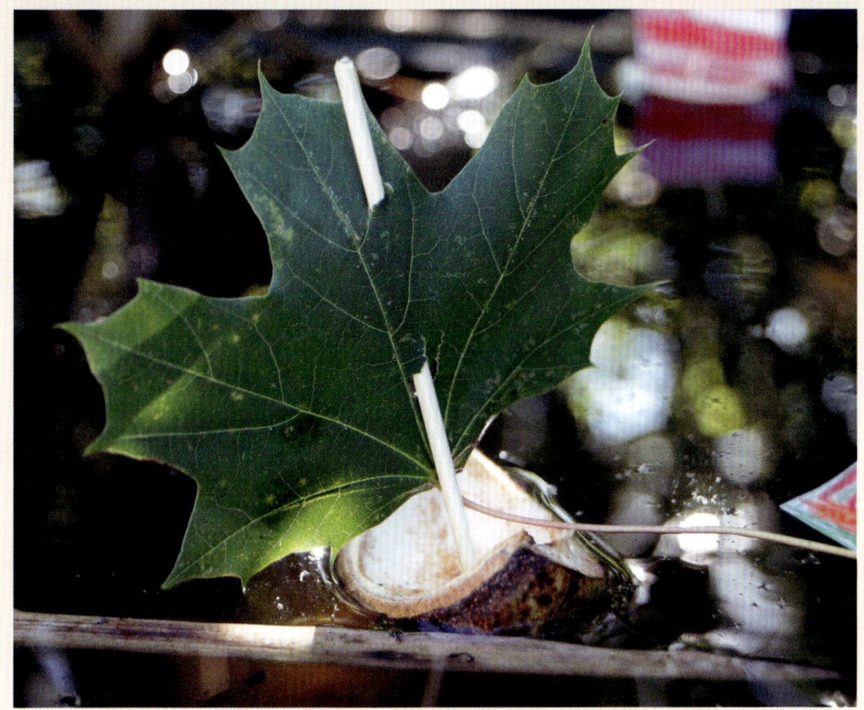

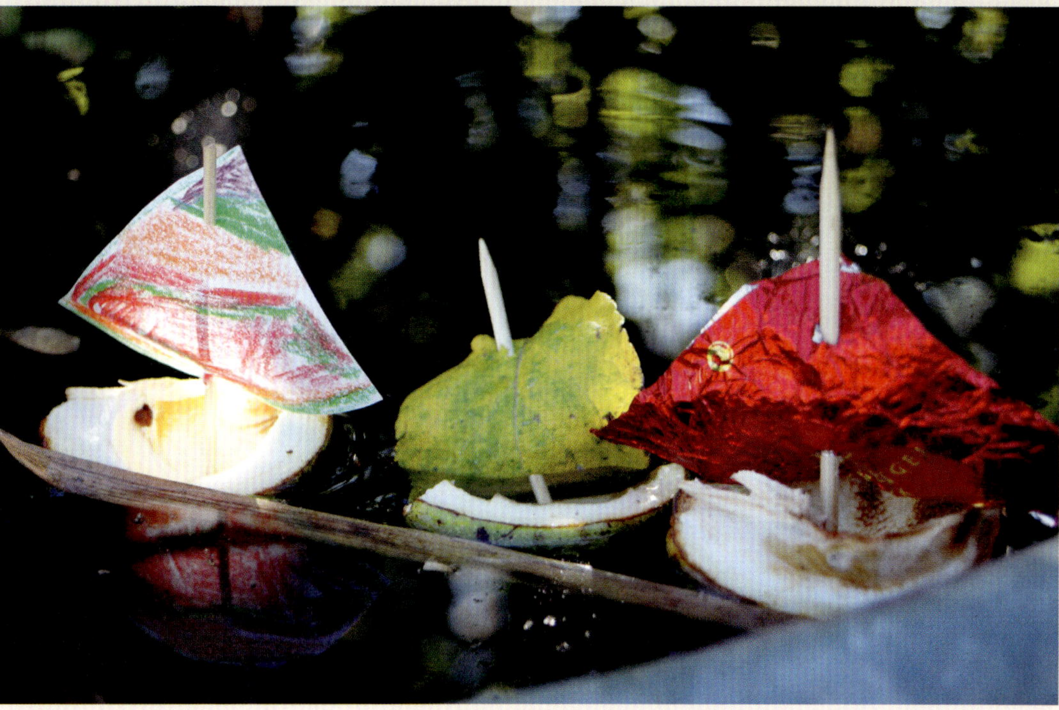

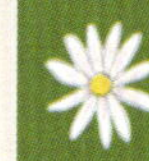

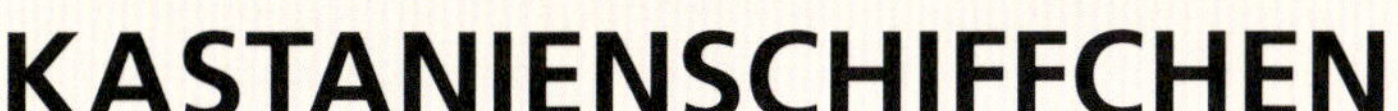

KASTANIENSCHIFFCHEN

MATERIAL:

- Frische Kastanienschalen
- Frisches Laub
- Zahnstocher
- Papierreste
- Bonbonpapiere
- Buntstifte

TECHNIKEN:

- Malen
- Schneiden
- Stecken

Ein paar Kastanienschiffchen, neben Schwimmkerzen in ein weitläufiges Glas mit Wasser gesetzt, sind eine zauberhafte Tischdekoration. Ansonsten können die Schiffchen auch in einer Regentonne ihre Kreise ziehen und erfreuen jeden Gartenbesucher.

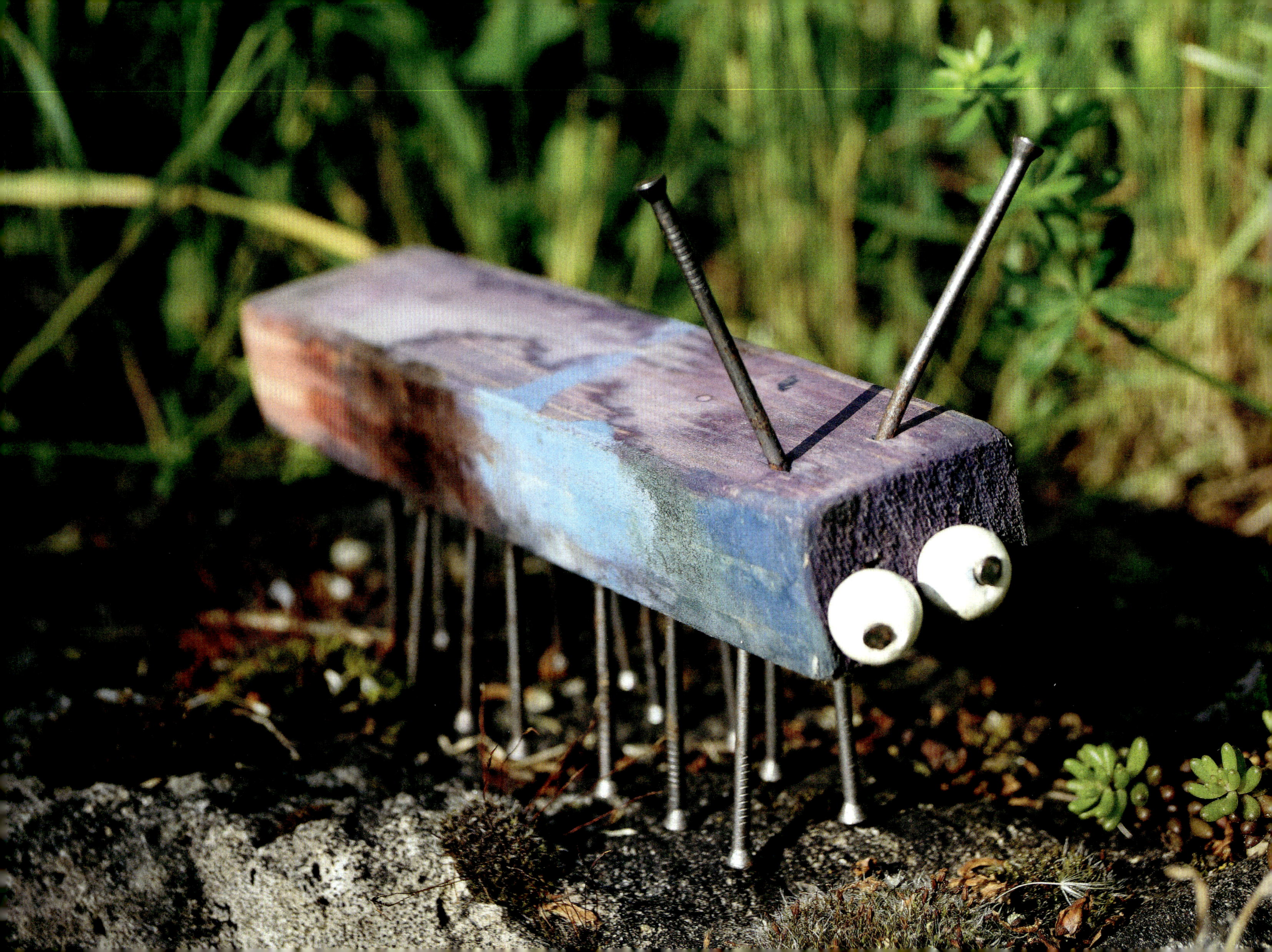

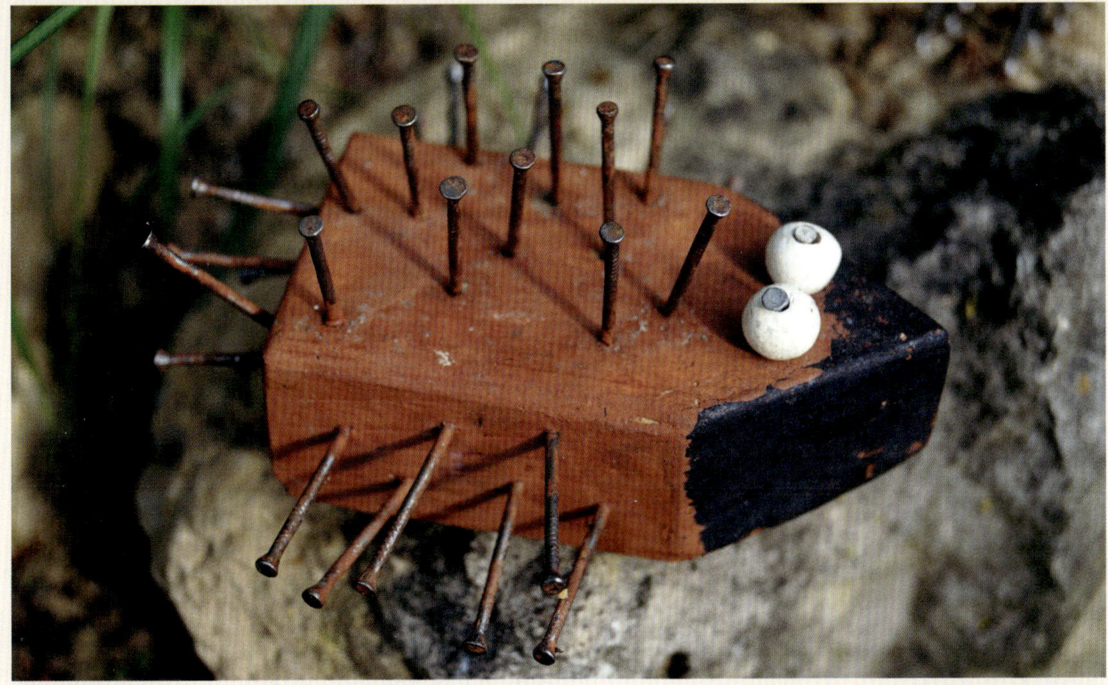

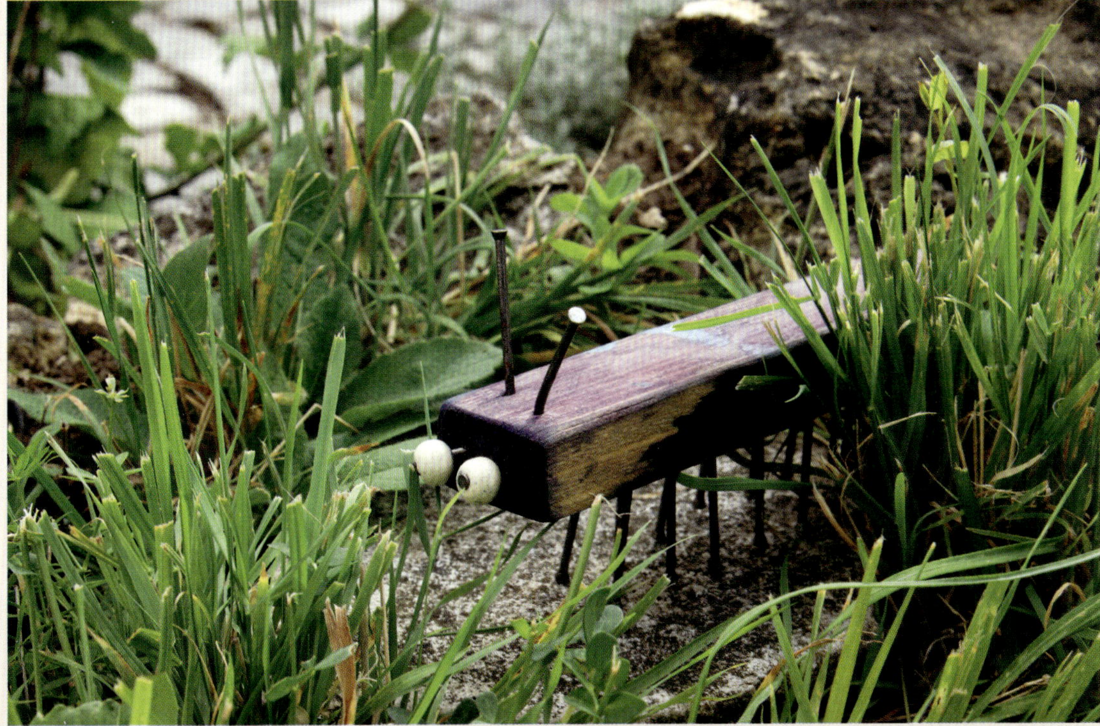

NAGELTIERE

MATERIAL:

- Holzreste/-abschnitte
- Schleifpapier
- Nägel
- Perlen
- Wasserfarben

TECHNIKEN:

- Sägen
- Schleifen
- Hämmern
- Malen

Holzabschnitte eignen sich sehr gut für Nageltiere. Je nach Form können die unterschiedlichsten Tiere entstehen. Wer die kleinen Gartenbewohner draußen aufstellt, braucht statt Wasserfarben eine wasserfeste Flüssigfarbe.

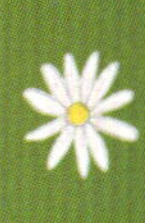

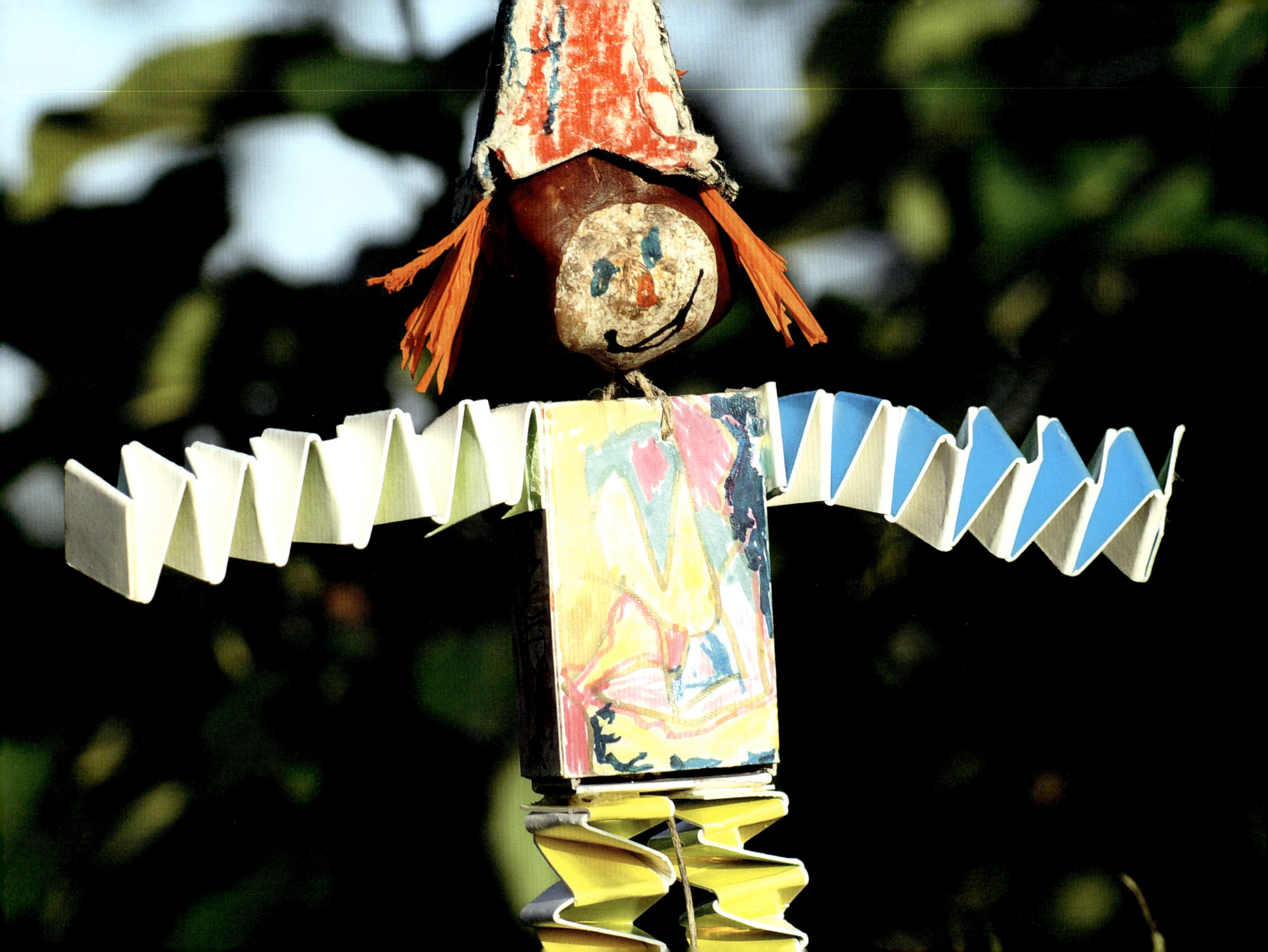

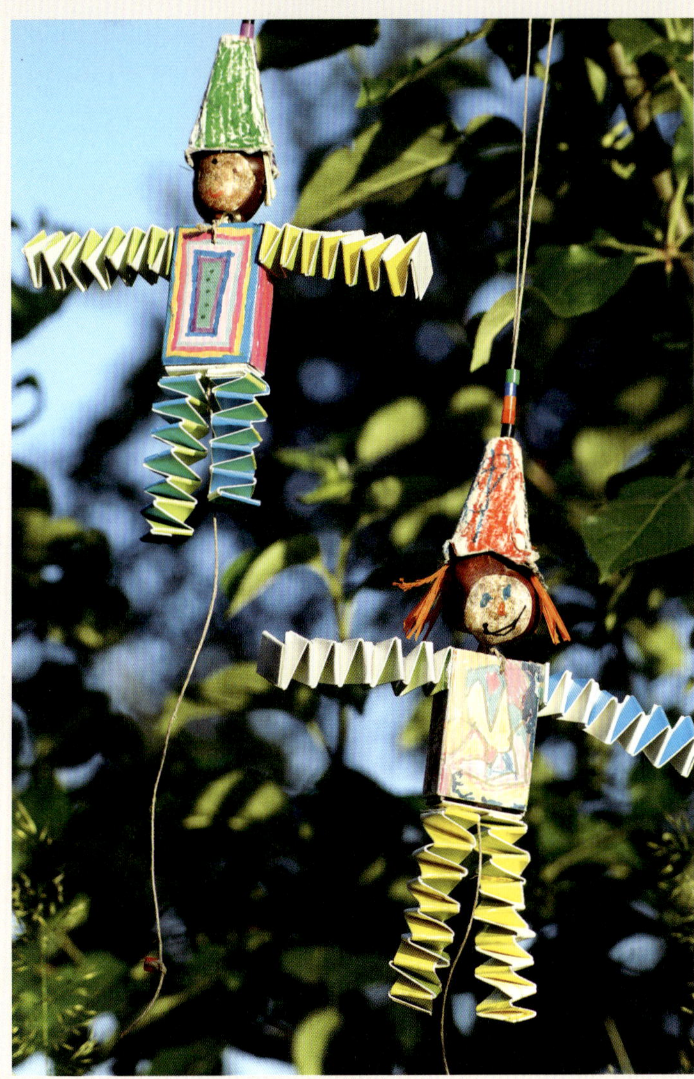

Beim „Hexentreppenfalten" fixiert man zwei Papierstreifen im rechten Winkel und faltet sie abwechselnd zur gegenüberliegenden Seite. Die vier fertigen „Hexentreppen" werden als Arme und Beine an der bemalten Streichholzschachtel befestigt. Eine Spitze von einem Eierkarton dient als Hut. Im Bauch des kleinen Zauberers kann man Winzigkeiten verstecken, ja sogar verzaubern.

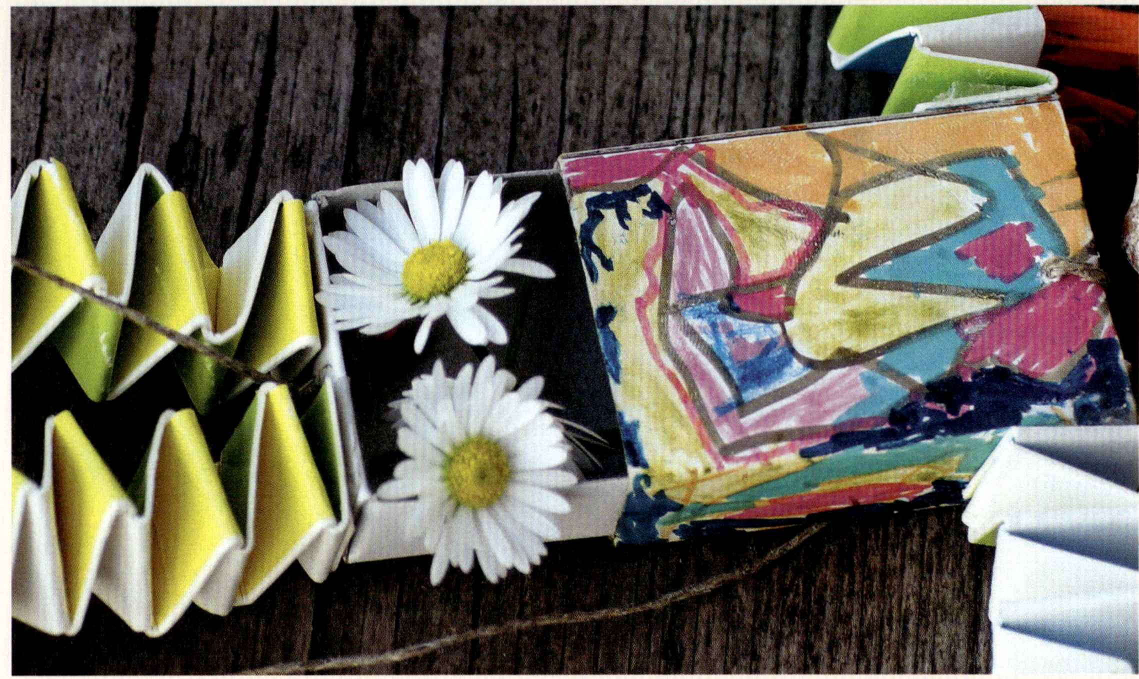

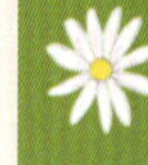

HEXENTREPPEN-ZAUBERER

MATERIAL:

- Papierstreifen, ca. 1 cm breit
- Streichholzschachtel
- Doppelseitiges Klebeband
- Filzstifte
- Kastanie
- Bast / Wolle / Schnur
- Eierkarton
- Perlen

TECHNIKEN:

- Falten
- Malen
- Kleben
- Bohren
- Fädeln
- Knoten

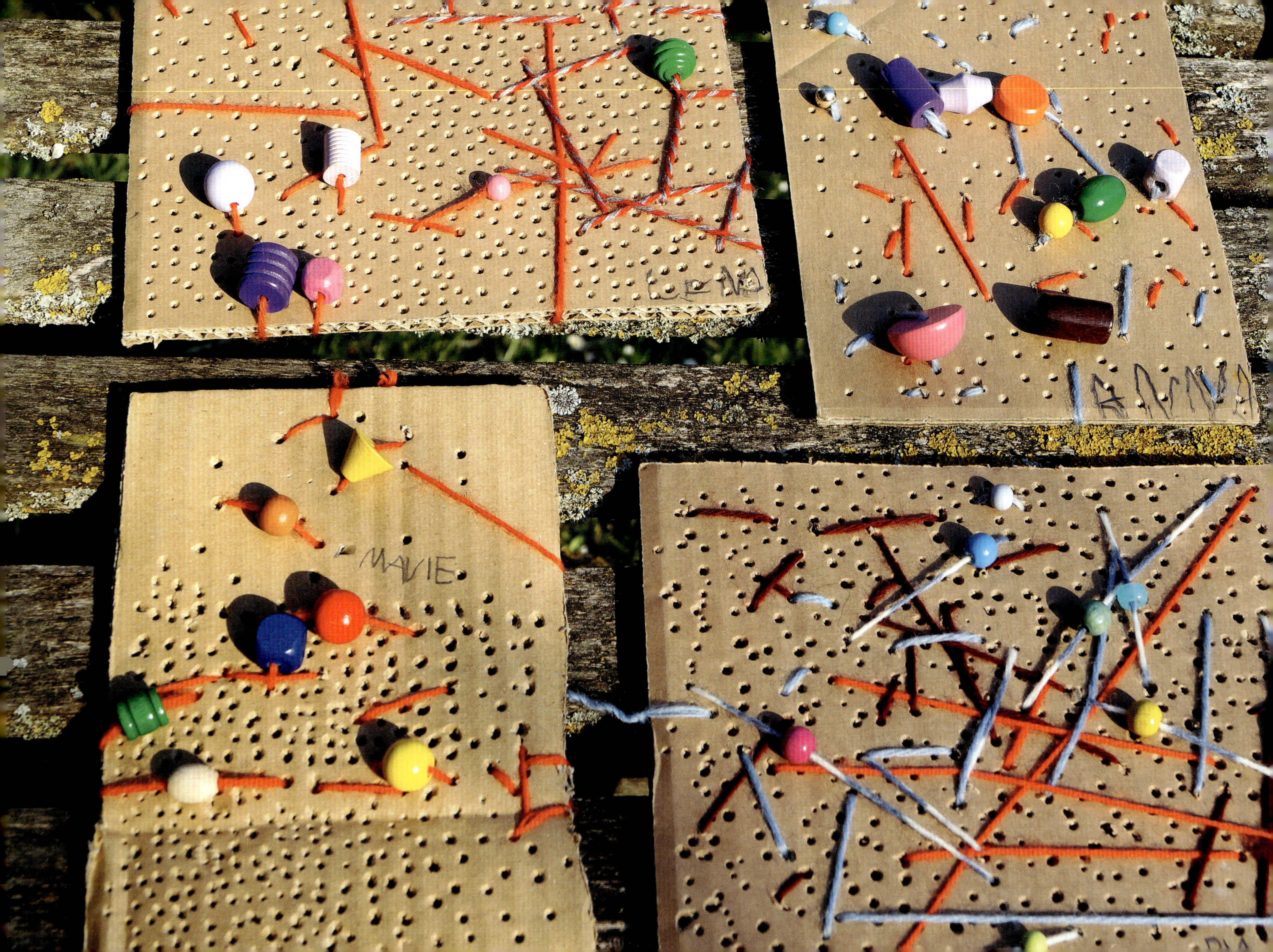

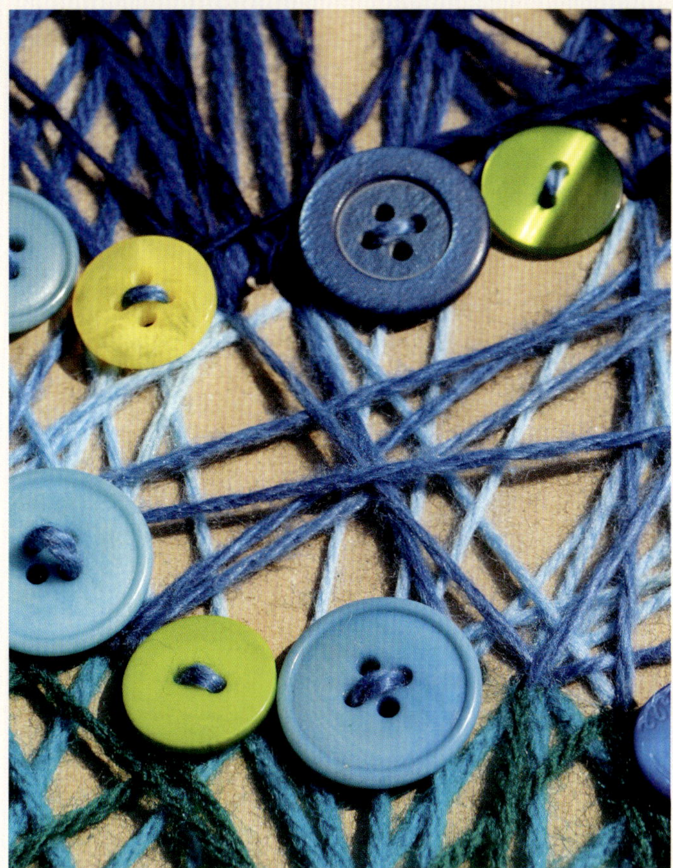

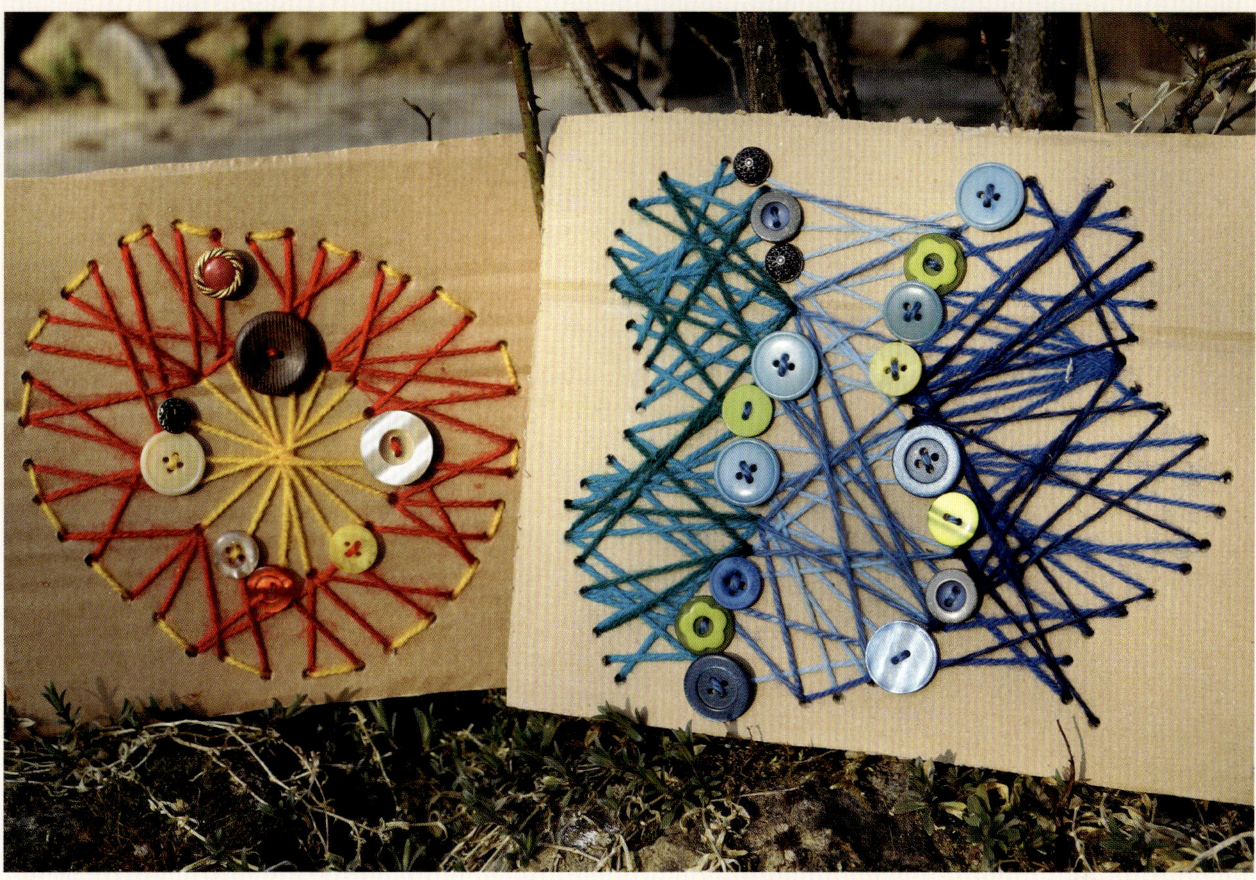

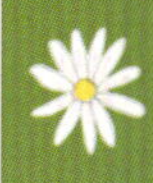

Eine wunderbare Vorübung für Textilarbeiten ist das Nähen und Sticken in Pappkarton. Die Festigkeit des Materials ist im Vergleich zu Stoffen wesentlich handlicher und deshalb auch schon für die Allerkleinsten geeignet. Das Prinzip des Nähens und Stickens kann hier vermittelt werden, ohne dass sich der Untergrund verzieht. Kartonstücke schneidet man aus alten Schachteln. Die Löcher werden einfach mit einem spitzen Gegenstand durchgedrückt; am sichersten geht das auf einer dicken Zeitungsunterlage. Schneiden und Lochen können je nach Erfahrung und Alter von den Kindern selbst durchgeführt werden, aber bitte nicht ohne das Beisein eines Erwachsenen.

FADENZAUBEREI

MATERIAL:

- Dicker Pappkarton
- Wolle / Fäden
- Perlen
- Knöpfe

TECHNIKEN:

- Lochen
- Nähen / Sticken
- Fädeln

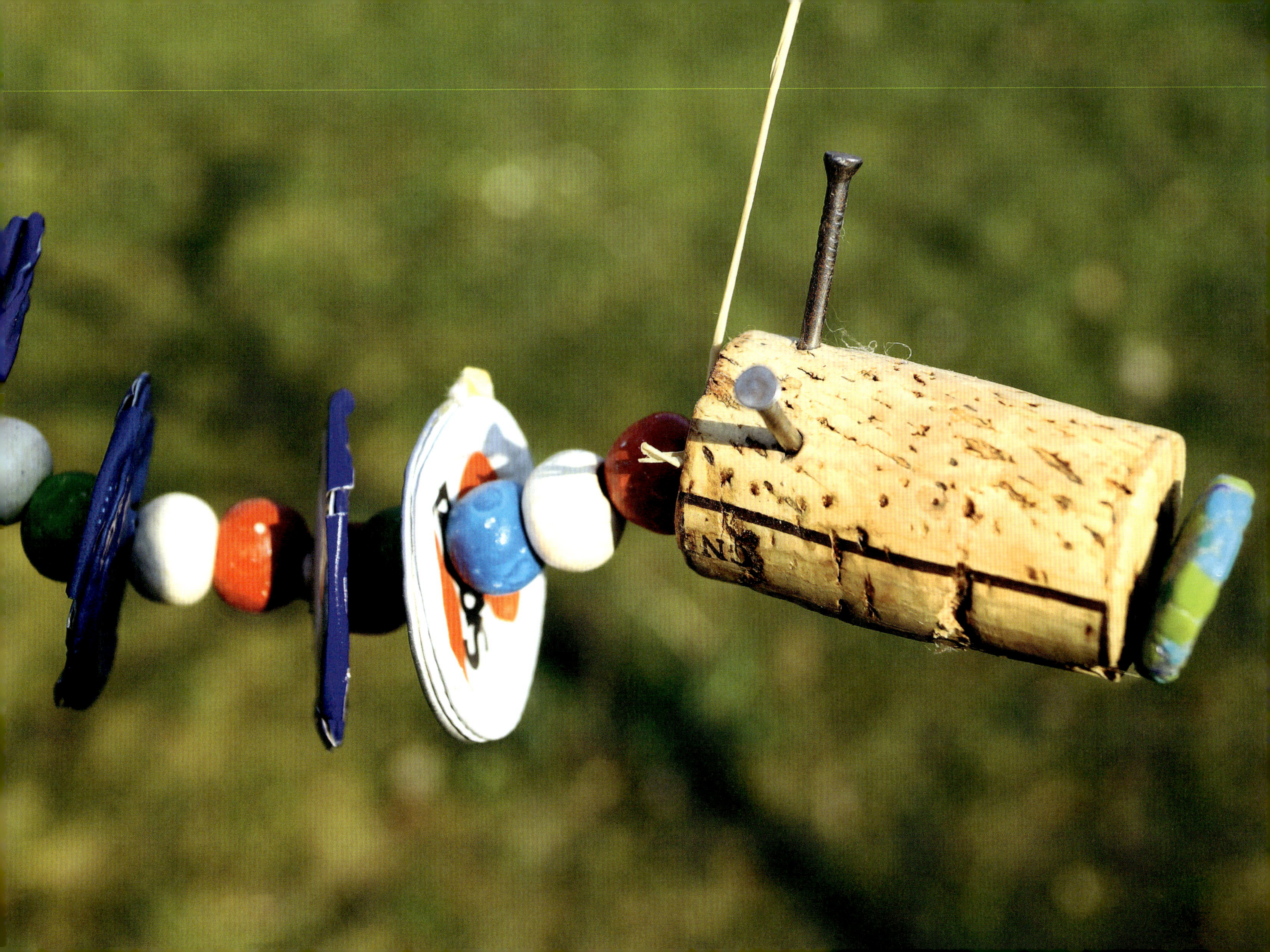

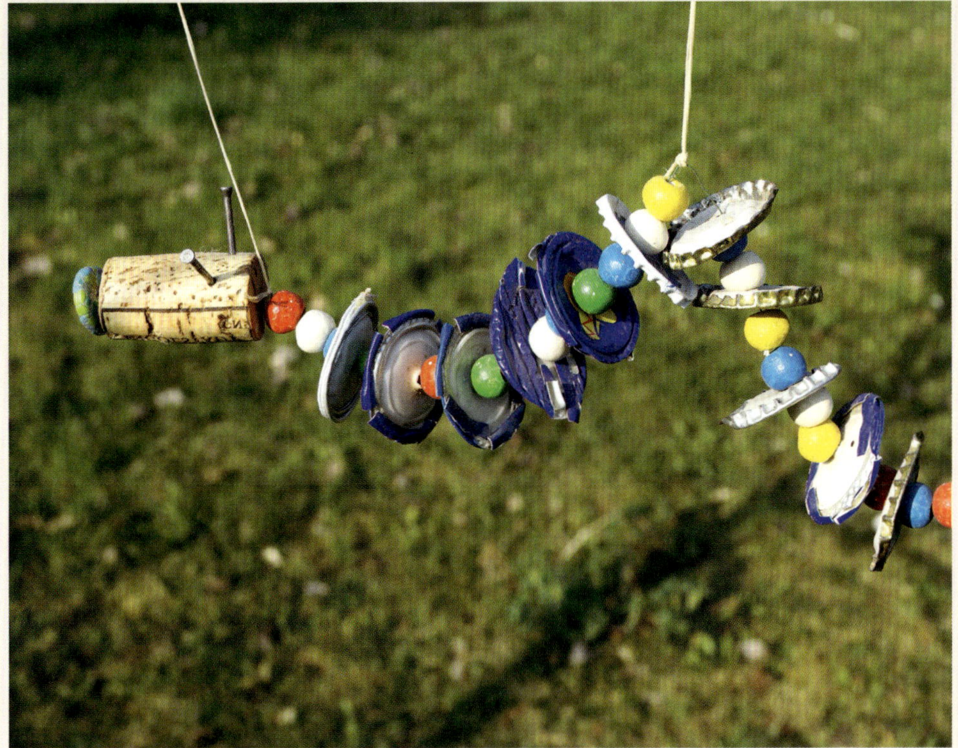

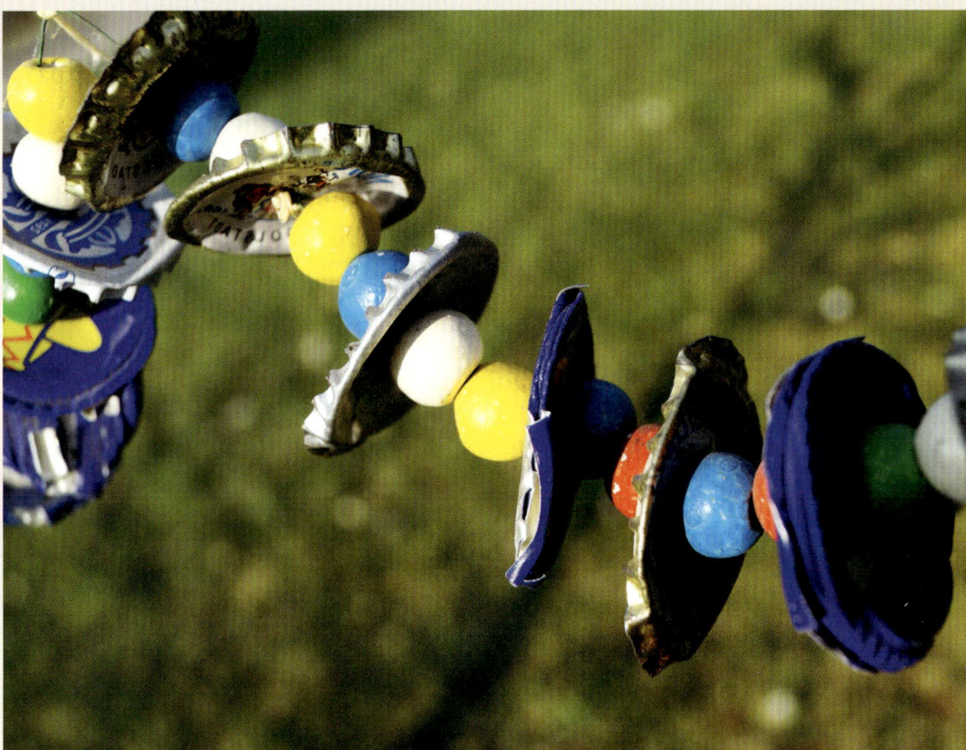

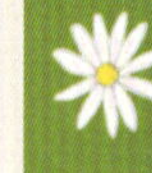

FÄDELRAUPE

Die Kronkorken werden auf einer Holzunterlage platt gehämmert; dadurch verlieren sie ihre scharfen Kanten. Anschließend werden Löcher mit einem „Dorn" eingehämmert. Einen Dorn gibt's im Haushaltswarenbedarf zum Öffnen von Dosen. Am Besten eignen sich Dorne mit Holzgriff.
Alles wird auf Draht gefädelt und der Kopf mit Nägeln und Knopf bestückt. Ein Ästchen dient als Aufhängung und Griff.

MATERIAL:

- Kronkorken
- Perlen
- Korken
- Knöpfe
- Nägel
- Ästchen
- Schnur
- Draht

TECHNIKEN:

- Hämmern
- Lochen
- Fädeln
- Stecken
- Binden / Knoten

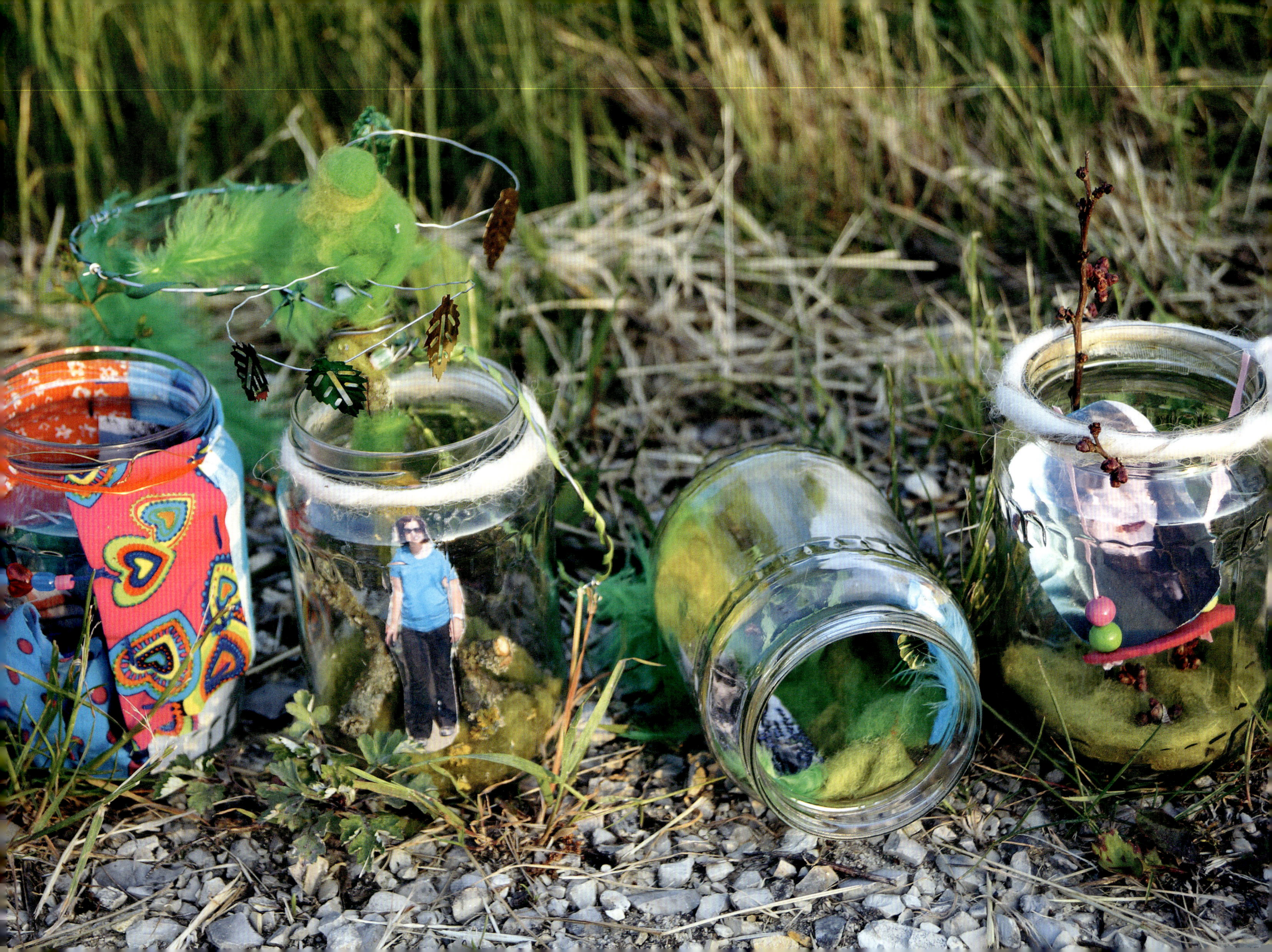

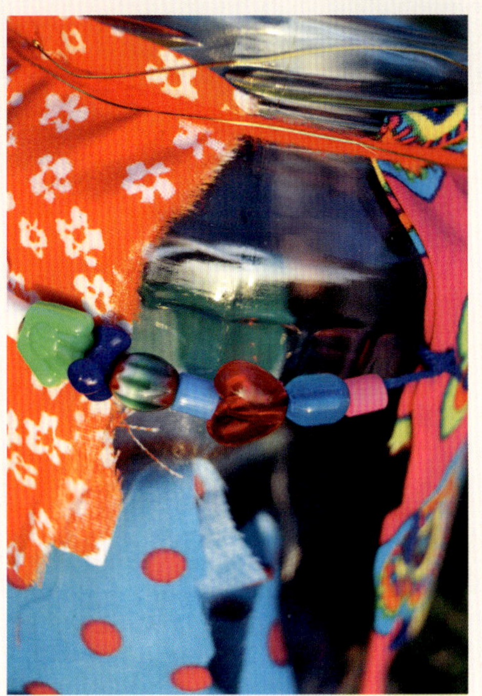

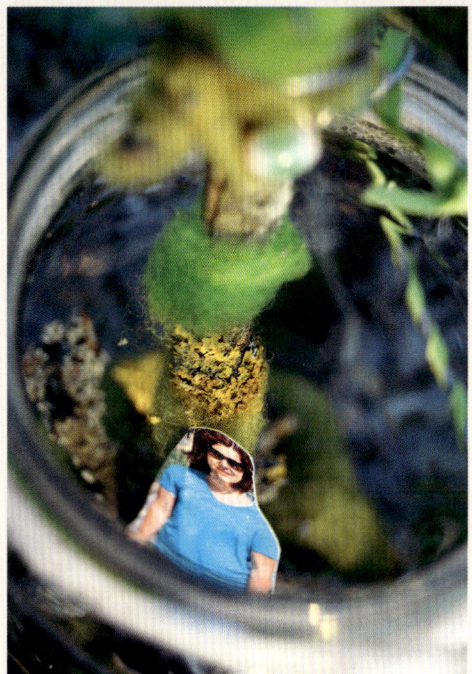

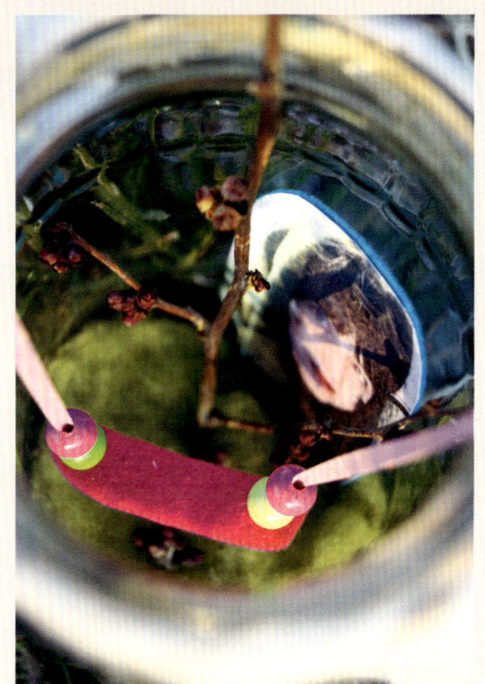

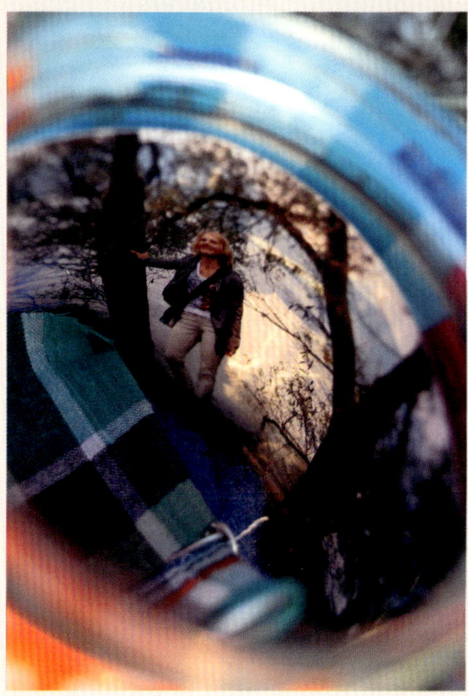

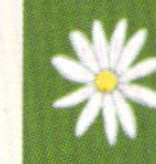

TRAUMLANDGLÄSER

Man kann sich an einen verwunschenen Ort zaubern, indem man sich ein kleines Traumland in ein Glas baut. Selbst wenn man real nicht hinreisen kann – in unserer Fantasie ist es immer möglich.
Nicht vergessen, die Schraubgläser erst nach dem Trocknen zu schließen. Das ist besonders wichtig, wenn mit nassen Farben und Klebern gearbeitet wird.

MATERIAL:

- Großes Schraubglas
- Foto
- Stoffreste
- Zweige
- Sand
- Papierreste
- Kleber
- Draht
- Farbstifte / Wasserfarben

TECHNIKEN:

- Schneiden
- Kleben
- Malen
- Andrahten

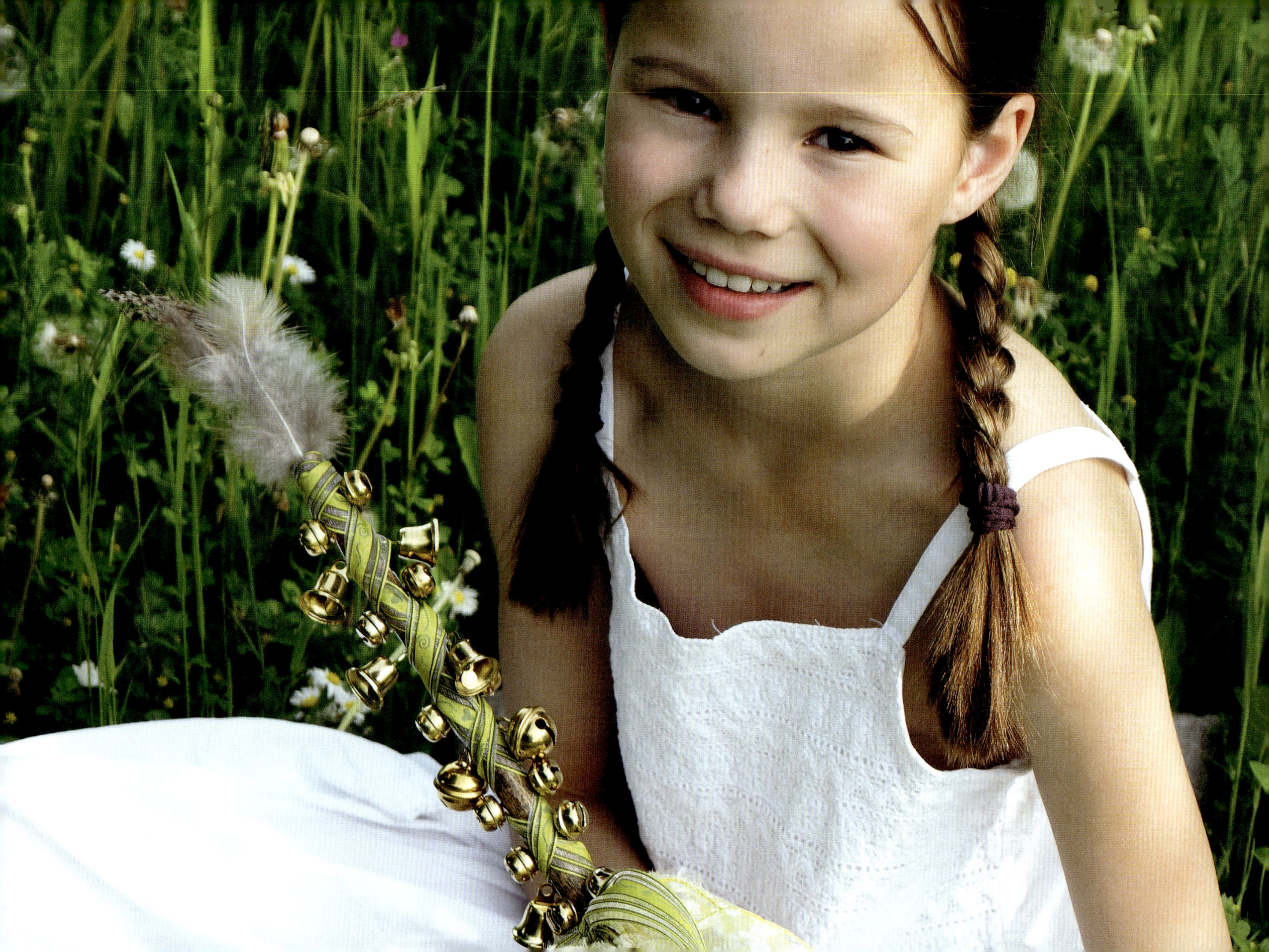

GLÖCKCHENSTÄBE

MATERIAL:

- Gerade Äste
- Draht
- Glöckchen und Schellen
- Bänder
- Federn

TECHNIKEN:

- Bohren
- Fädeln
- Wickeln
- Knoten
- Stecken

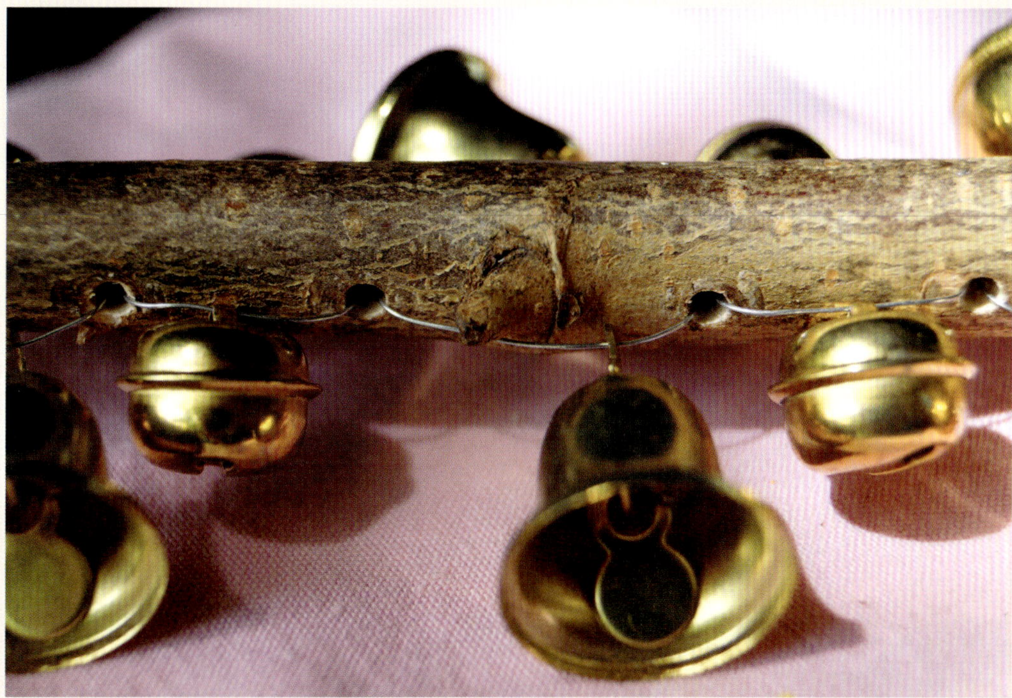

In die Stecken werden Löcher gebohrt, sodass die Glöckchen und Schellen mit Draht befestigt werden können. Anschließend können verschiedene Bänder darüber gewickelt werden. Von oben wird ein Loch für die Federn in das Holz gebohrt. Ein Glöckchenstab ist Zepter und Instrument zugleich.

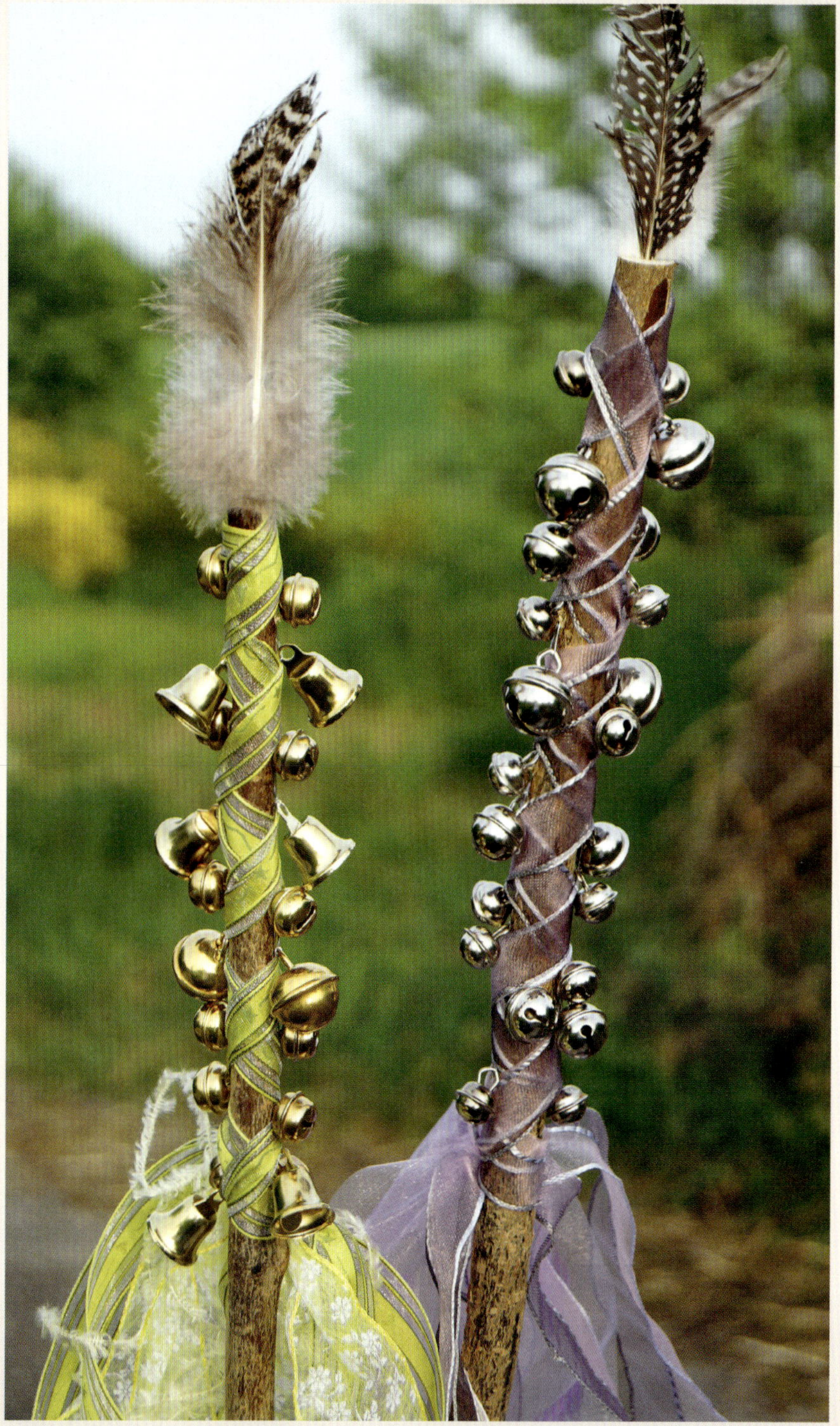

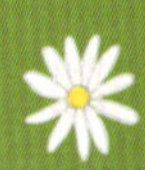

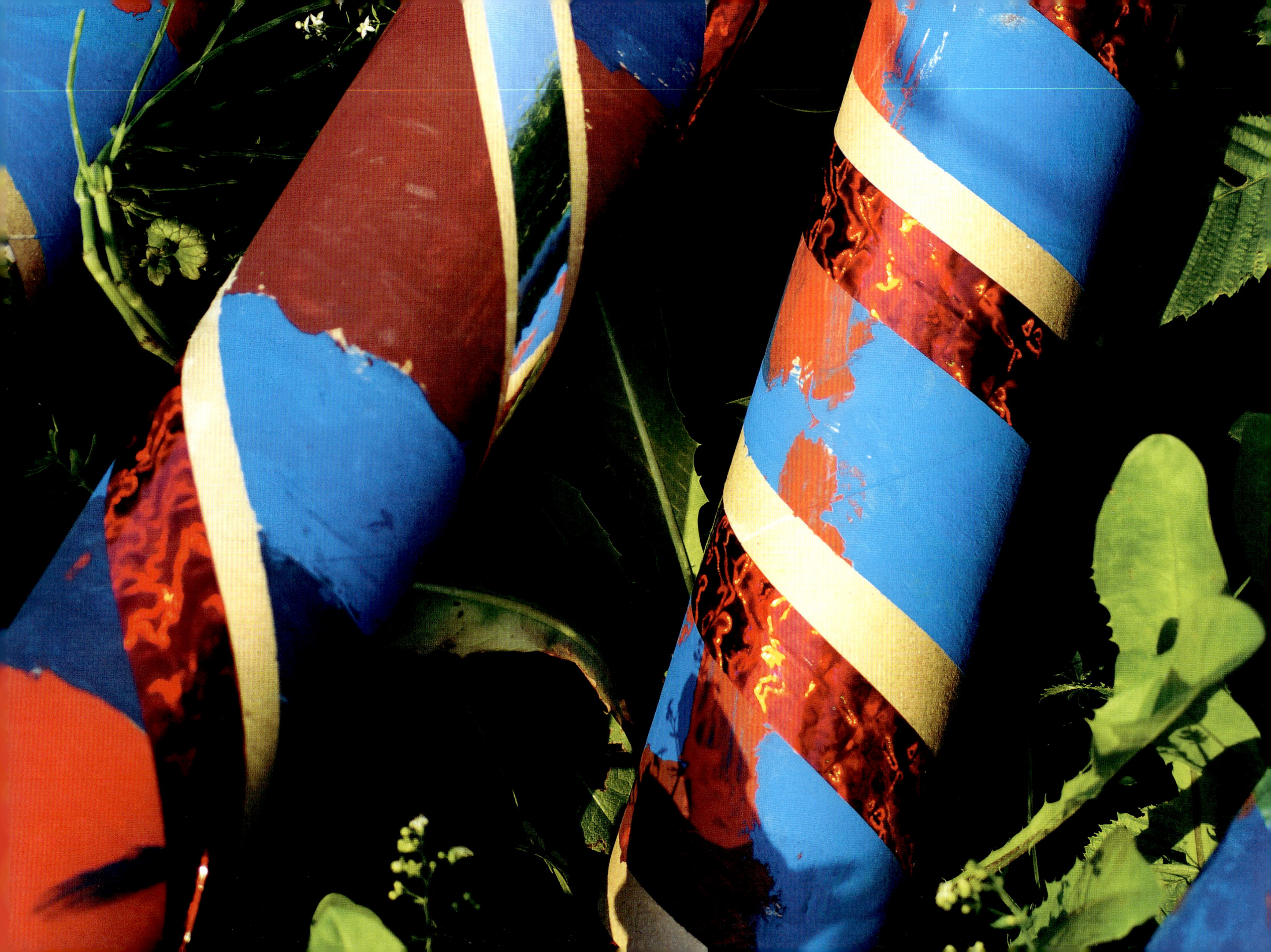

STERNENGUCKER

MATERIAL:

Stabile Papprolle

Kreppklebeband

Glitzerklebeband

Wasserfarben

TECHNIKEN:

Abkleben

Malen

Abziehen

Aufkleben

Vor dem Bemalen wird spiralförmig Kreppklebeband um die Papprolle geklebt. Nach dem Trocknen zieht man das Klebeband ab. Es entsteht ein Spiralmuster, das nun mit Glitzerklebeband erneut abgeklebt wird. Einen schönen Effekt erzielt man, wenn das erste Klebeband breiter als das zweite ist.

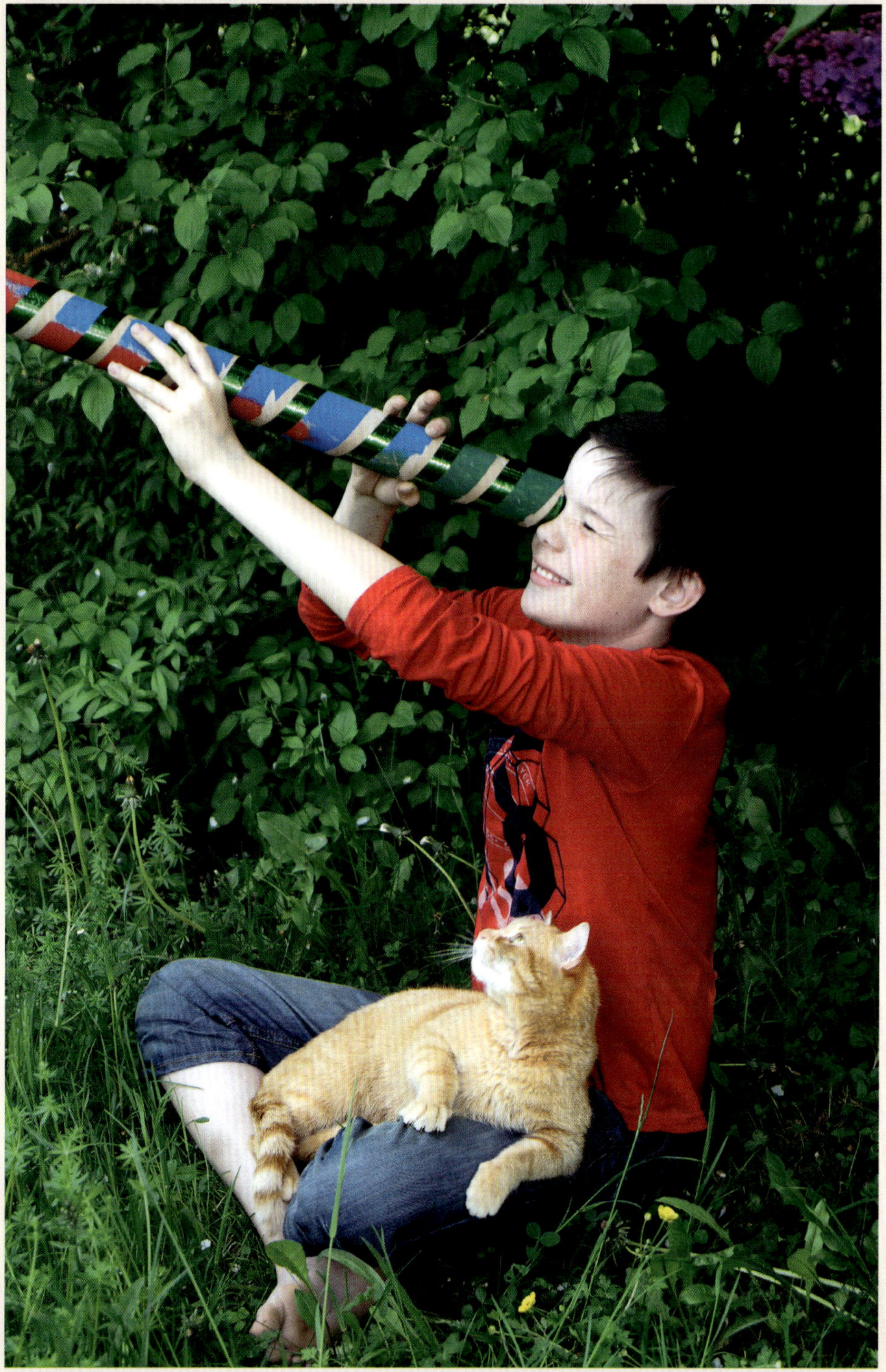

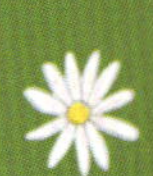

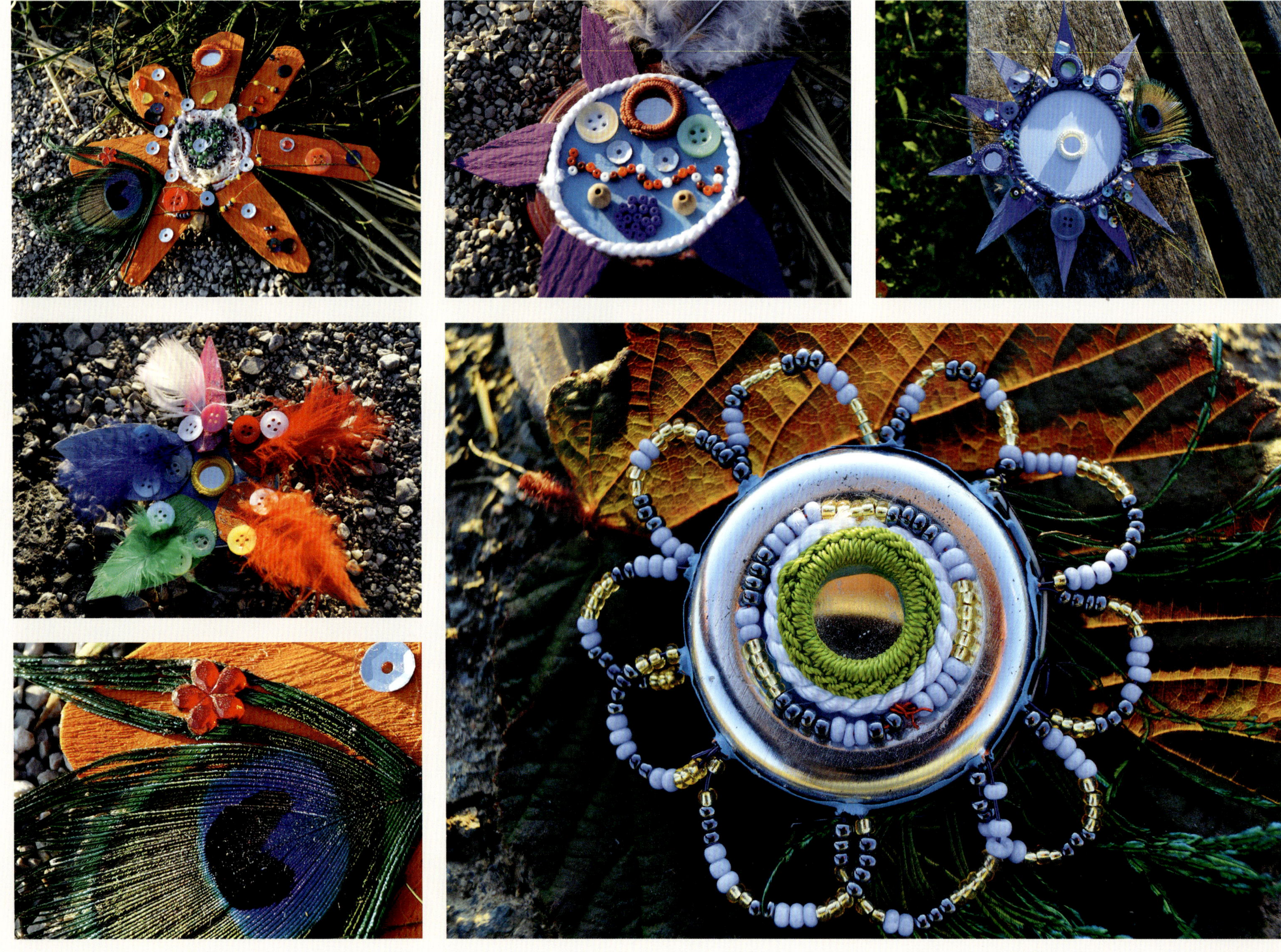

TAUSENDSCHÖN

MATERIAL:

- Schraubdeckel
- Kleber
- Papierreste
- Furnierreste
- Deko-Draht
- Federn
- Perlen
- Knöpfe
- „Glitzer und Gloria"

TECHNIKEN:

- Malen
- Kleben
- Lochen
- Fädeln
- Verzurren

Schraubdeckel sind stabile Träger für Verzierungen aller Art, da man sie bekleben und lochen kann, ohne dass sie aufweichen oder verbiegen. Wer das „Tausendschön" hinten mit einem Magnet versieht, kann es für Magnet-Notiztafeln oder als Kühlschranksticker verwenden.

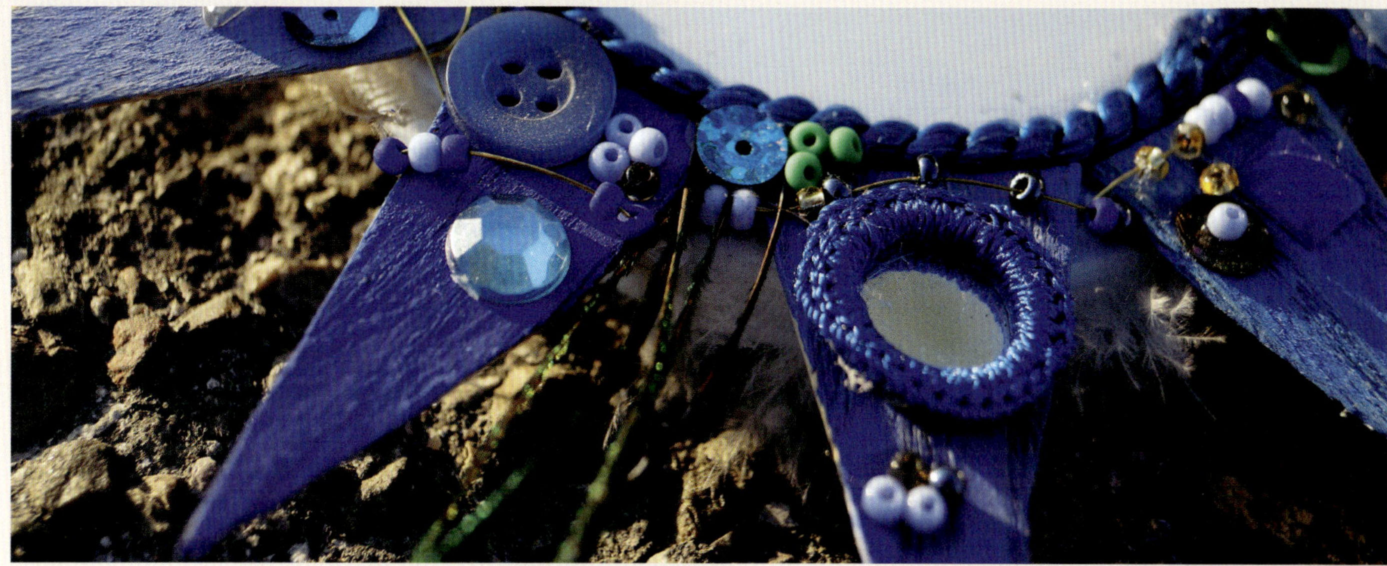

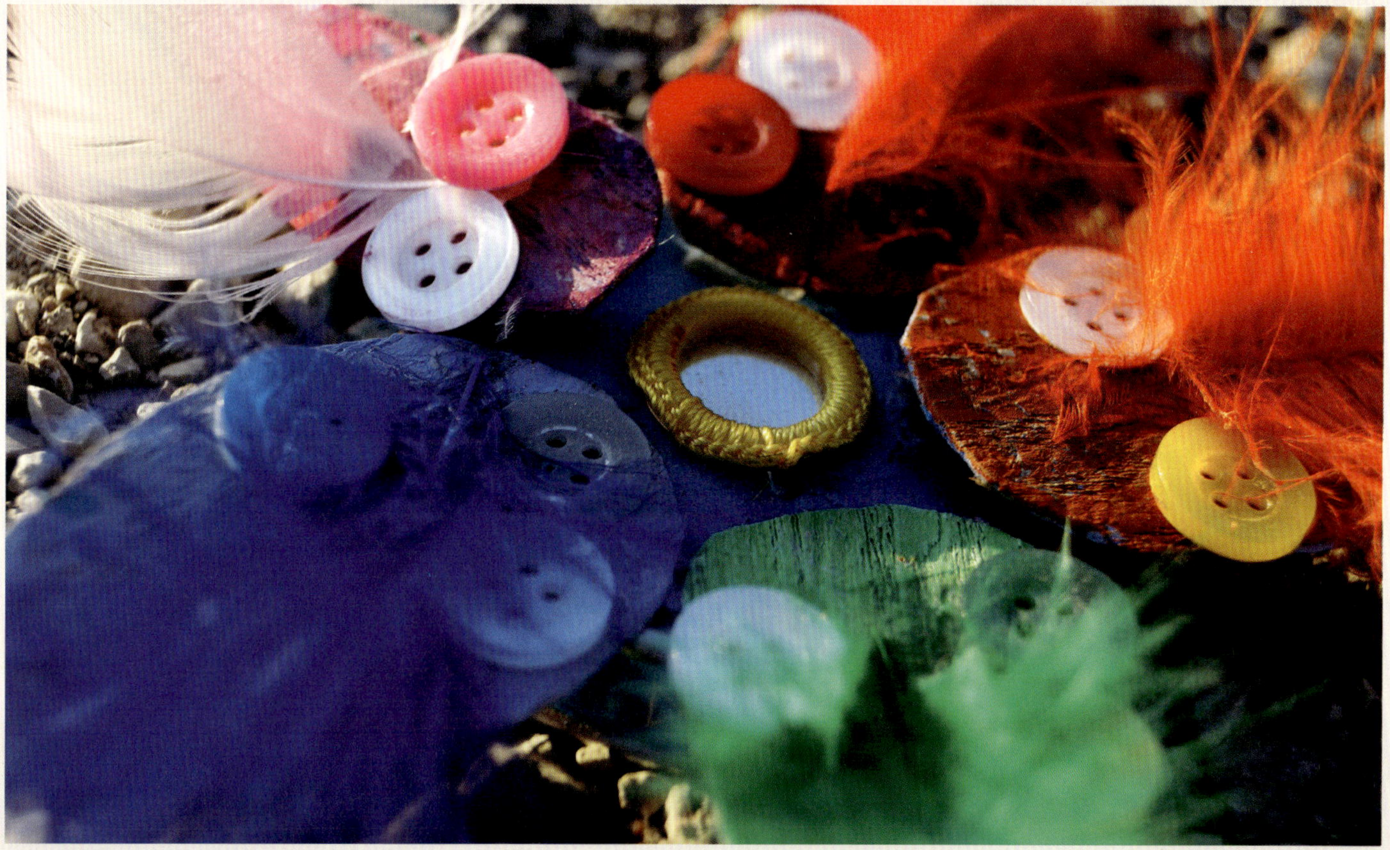

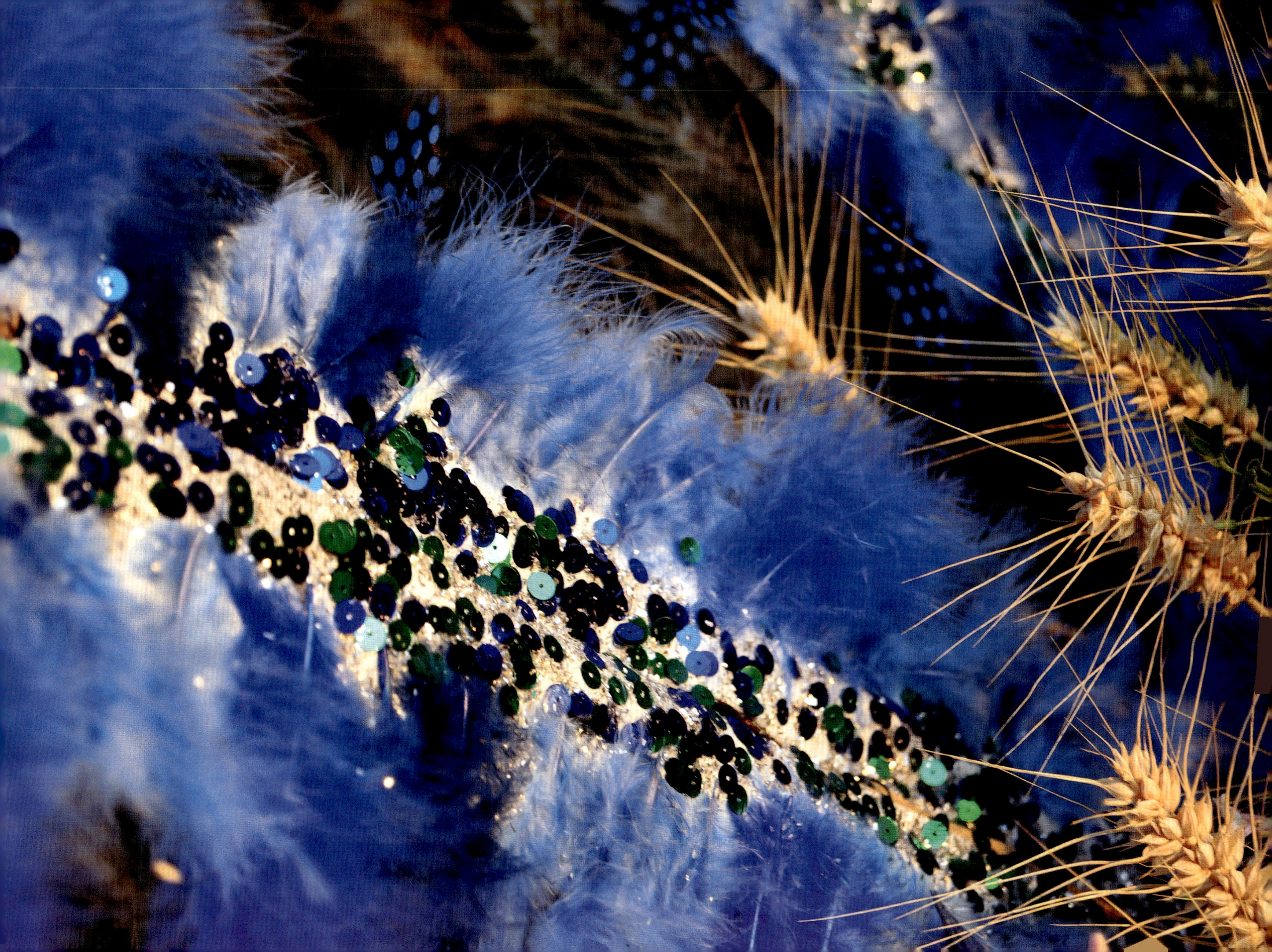

ELFENFLÜGEL

MATERIAL:

Trockenes Schilfrohr
Draht
Doppelseitiges Klebeband
Pailletten / Federn
Dicker Karton
Stoff
Gummibänder

TECHNIKEN:

Legen
Verzurren
Kleben
Überziehen

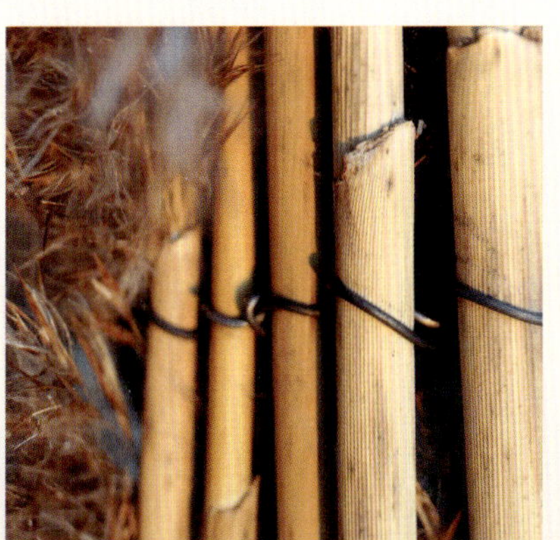

Die trockenen Schilfrohre mit Blütenständen werden der Größe nach nebeneinander gelegt, einzeln mit Draht umwickelt und verzurrt. Dies geschieht im Abstand von ca. 30 cm mehrmals. Auf den inneren Teil der befestigten Schilfrohre wird nun doppelseitiges Klebeband aufgebracht. Federn und Pailletten kann man jetzt nach Belieben aufkleben. Ein fester Karton wird mit Stoff überzogen und hinten als Flügelträger fixiert. Die Gummibänder dienen als Tragegurte.
Wegen der Brut- und Rückzugsbereiche der Vögel darf Schilfrohr nur im Winter geschnitten werden. Alternativ können auch Bambusstecken oder ausgediente Schilfrohrmatten verarbeitet werden.

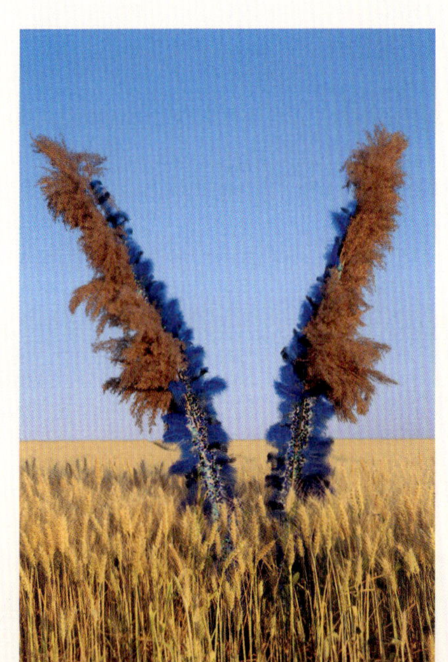

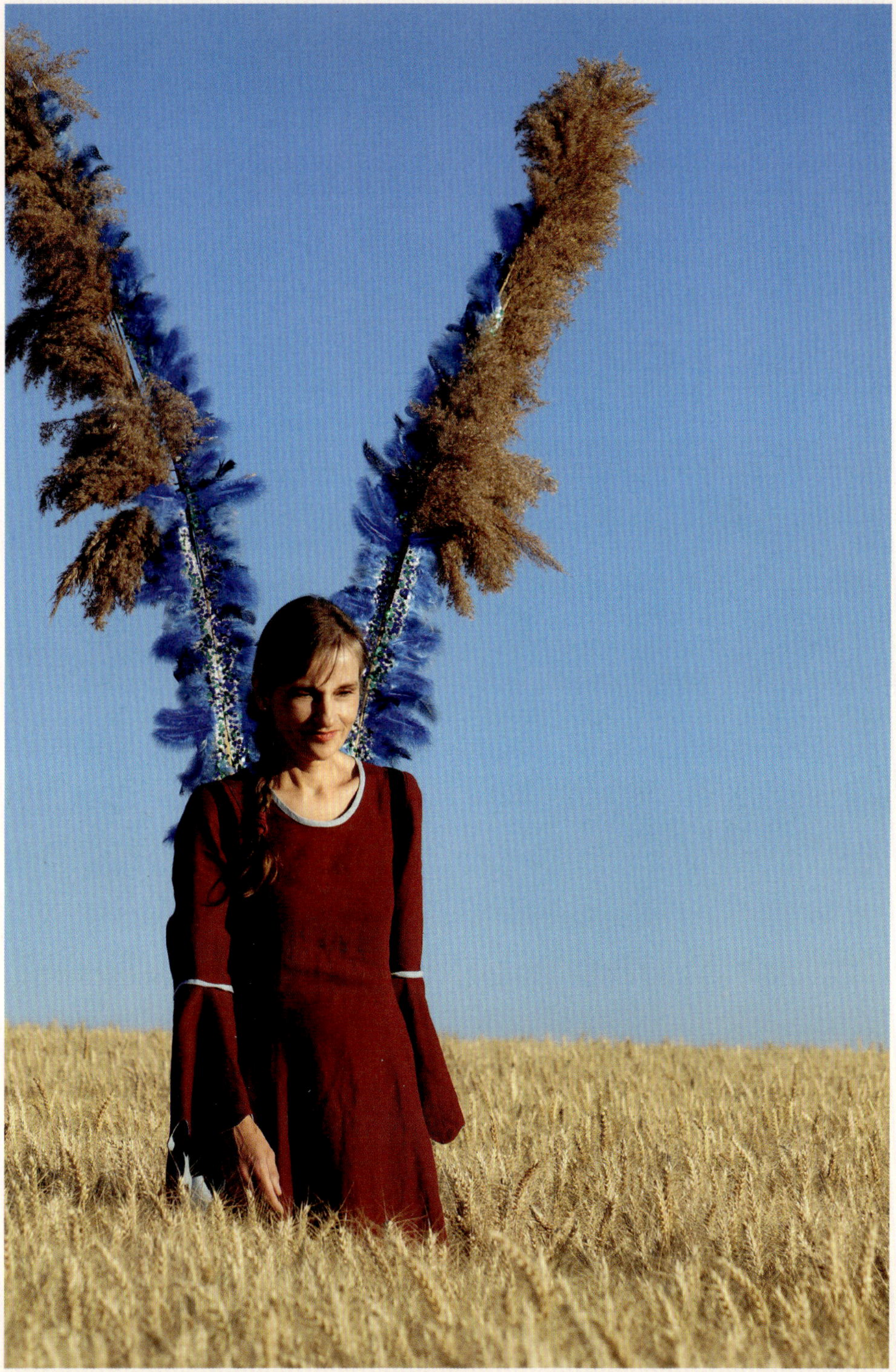

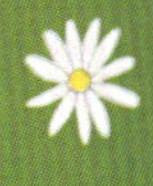

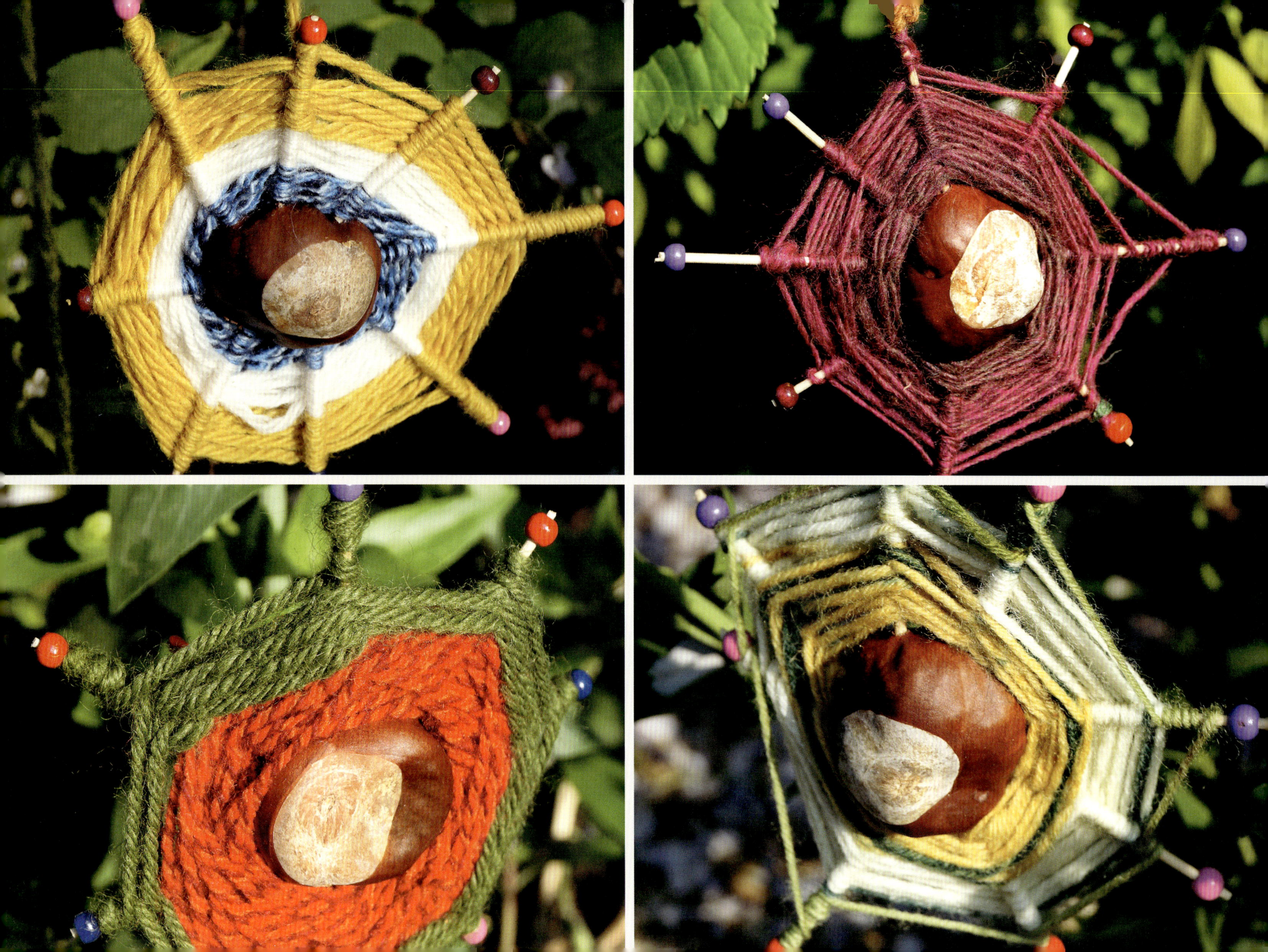

HERBSTGESPINSTE

MATERIAL:

Kastanien

Zahnstocher

Wolle

Kleine Holzperlen

TECHNIKEN:

Bohren

Stecken

Wickelweben

Knoten

In die frischen Kastanien werden mit einem Handbohrer Löcher gedreht. Die Zahnstocher werden eingesteckt und mit bunter Wolle umwebt; dabei wird jedes Stäbchen einmal umwickelt. Die kleinen Holzperlen werden einfach aufgesteckt.

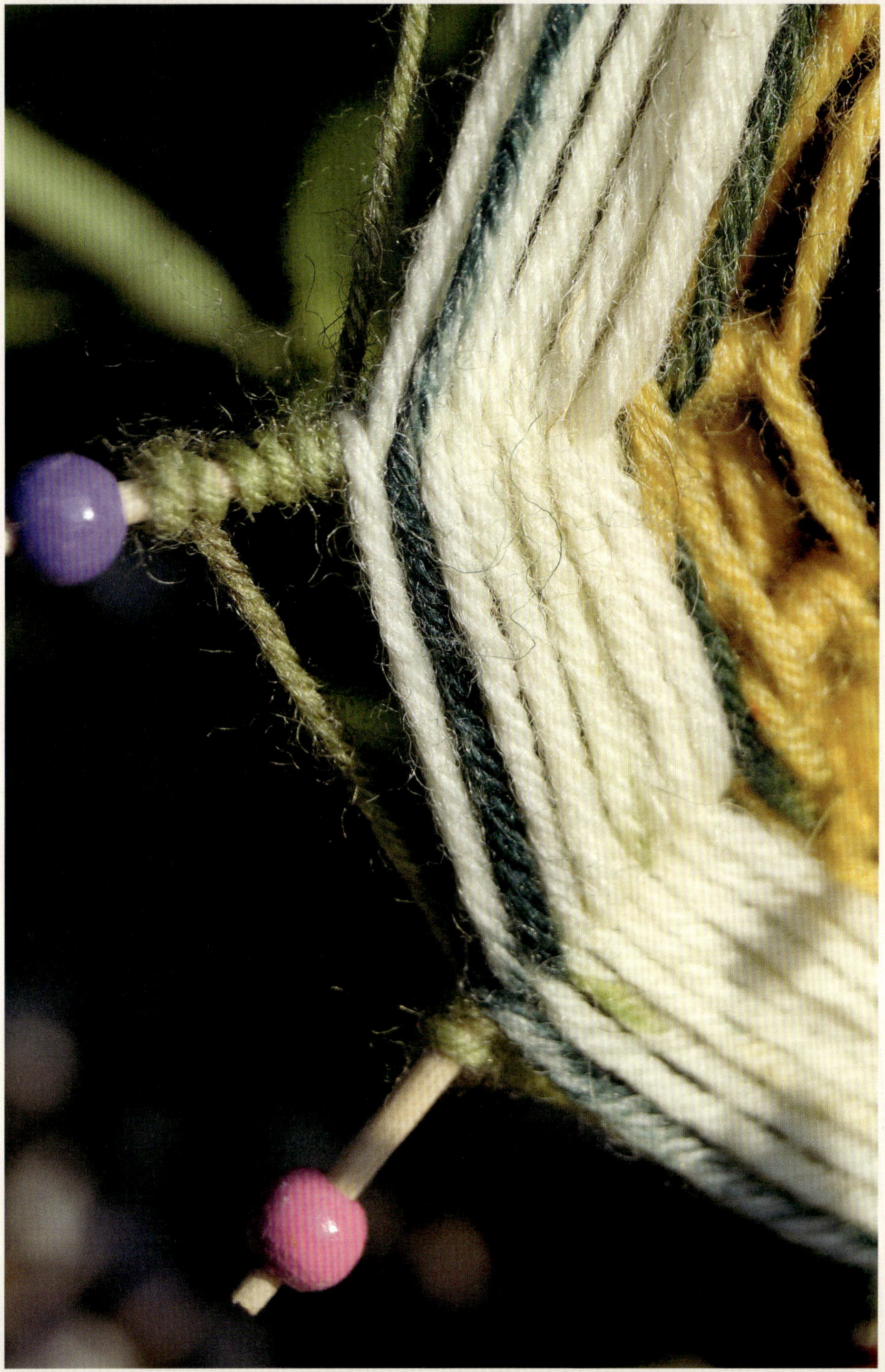

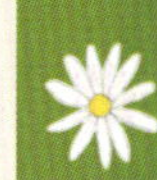

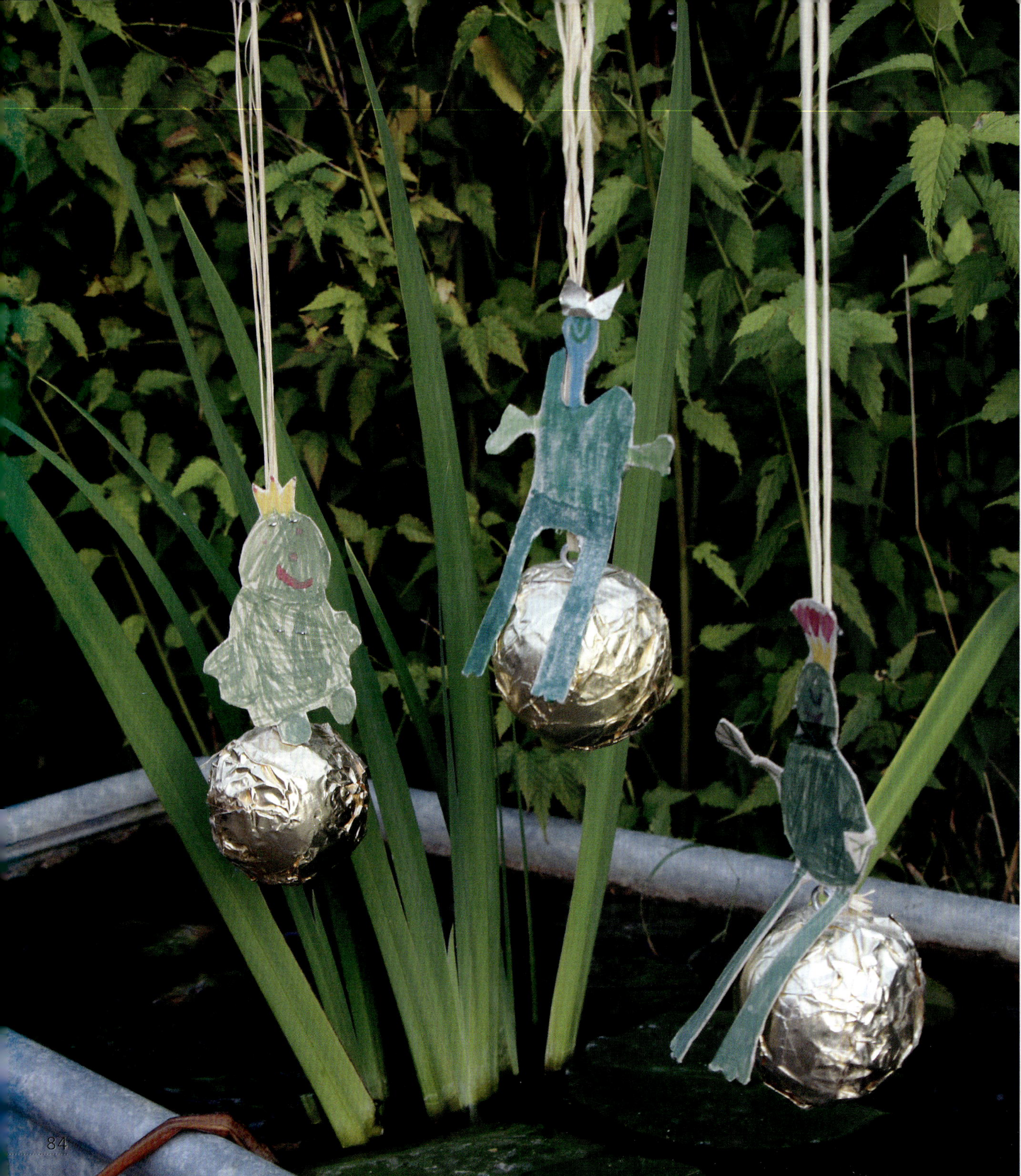

FROSCHKÖNIGE

MATERIAL:

- Zeichenkarton/-pappe
- Filzstifte / Buntstifte
- Tennisball
- Goldpapier
- Schnur
- Runde Schraub-Öse
- Kleber

TECHNIKEN:

- Malen
- Schneiden
- Umwickeln
- Kleben
- Bohren

Auf jedem Tennisplatz werden unzählige Tennisbälle ausrangiert. Mit Goldpapier umwickelt, wird der Ball zur goldenen Kugel des Froschkönigs. Im Kinderzimmer wacht er über den Schlaf kleiner Prinzen und Prinzessinnen.

Seelenwärmer

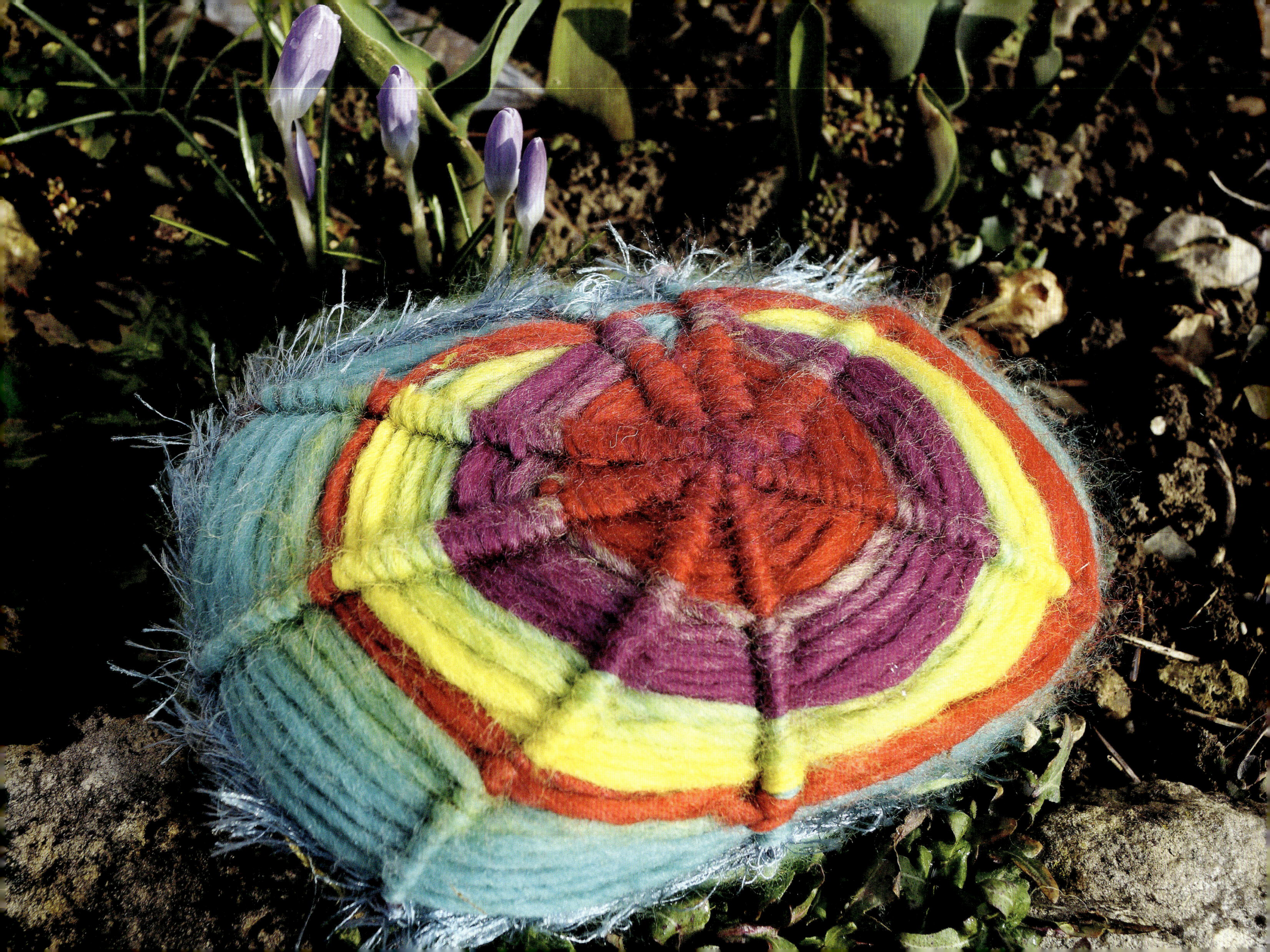

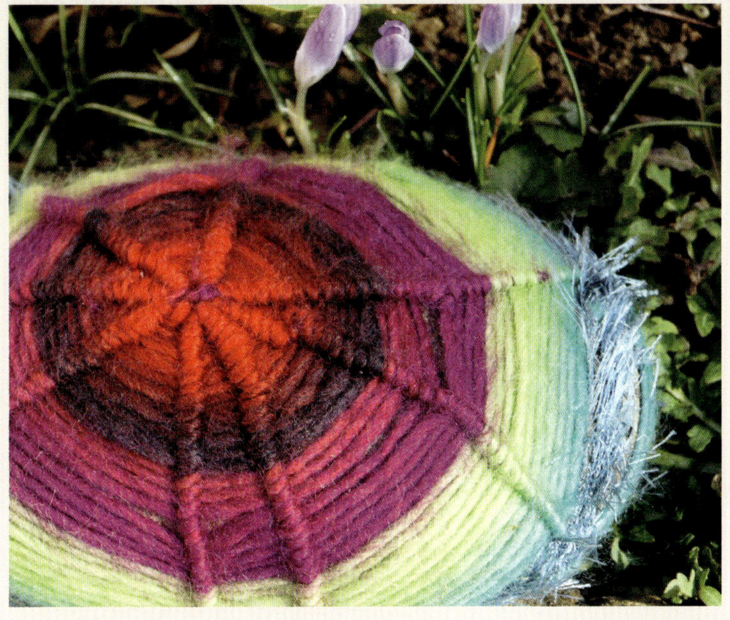

Die Wolle wird sternförmig um den Stein gespannt und befestigt, anschließend wird von der Mitte aus spiralartig jeder Faden umwickelt. Neue Wollfäden werden angeknotet. Beim Weiterwickeln wird der Knoten rückwärtig versteckt. Eine Variante ergibt sich, wenn der Webfaden mehrmals um den Spannfaden gewickelt wird, bevor er zum nächsten gespannt wird. Auf diese Weise bleibt der Stein an manchen Stellen sichtbar.

Wer seinen Stein im Winter in den Ofen oder auf die Heizung legt, kann damit sein Bett vorwärmen – das alte Gegenstück zur heutigen Wärmflasche. Dabei sollte die verwendete Wolle aus Naturfasern wie Baum- oder Schurwolle bestehen.

SCHMEICHELSTEINE

MATERIAL:

Große Flusskiesel

Wolle

TECHNIKEN:

Über Kreuz spannen

Wickelweben / Knoten

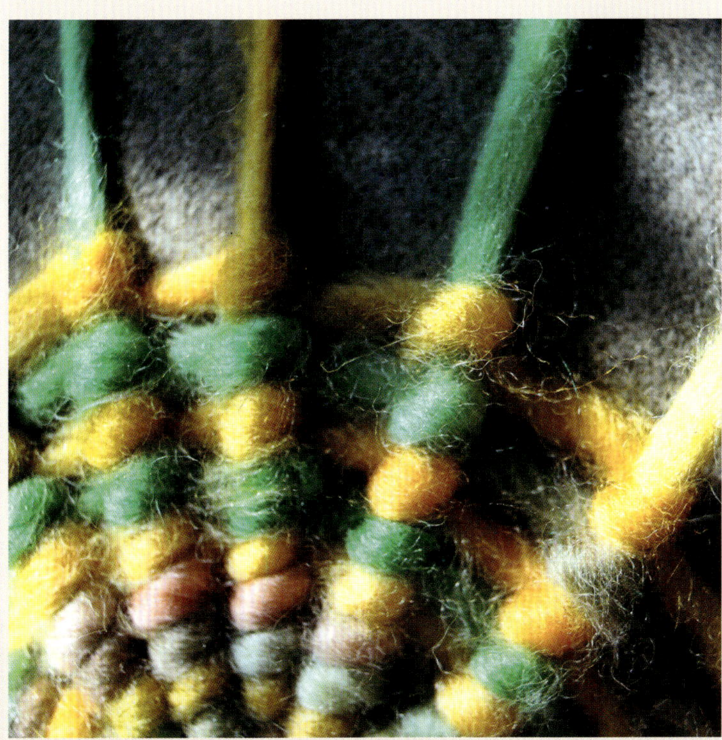

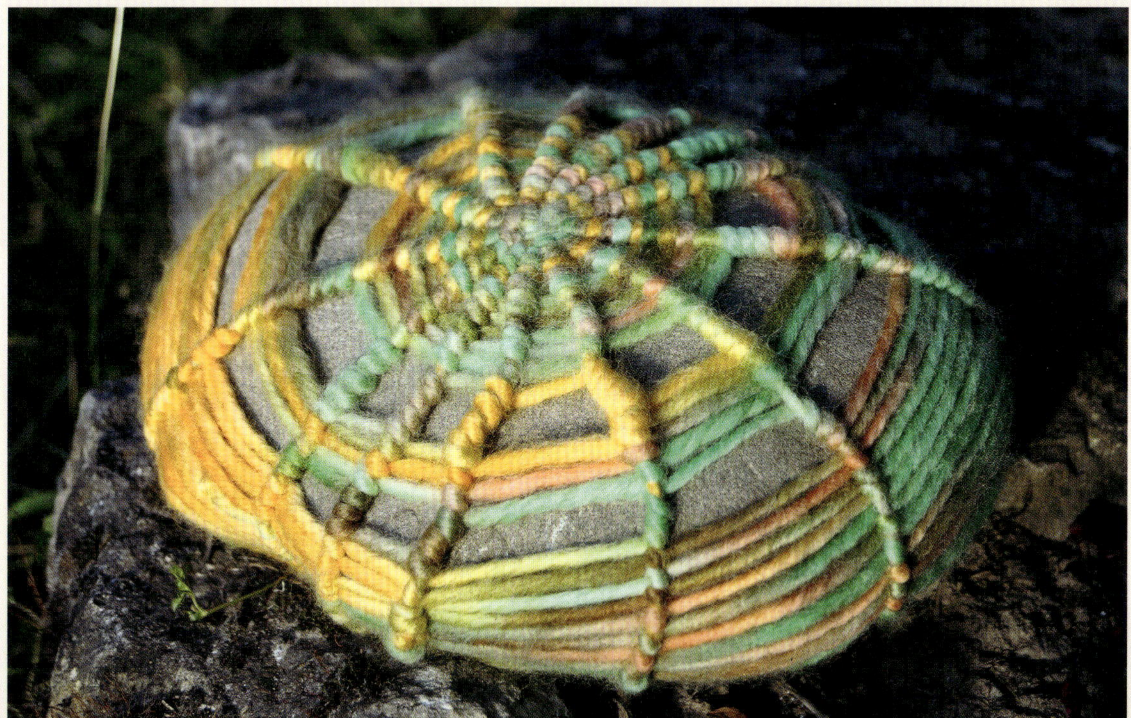

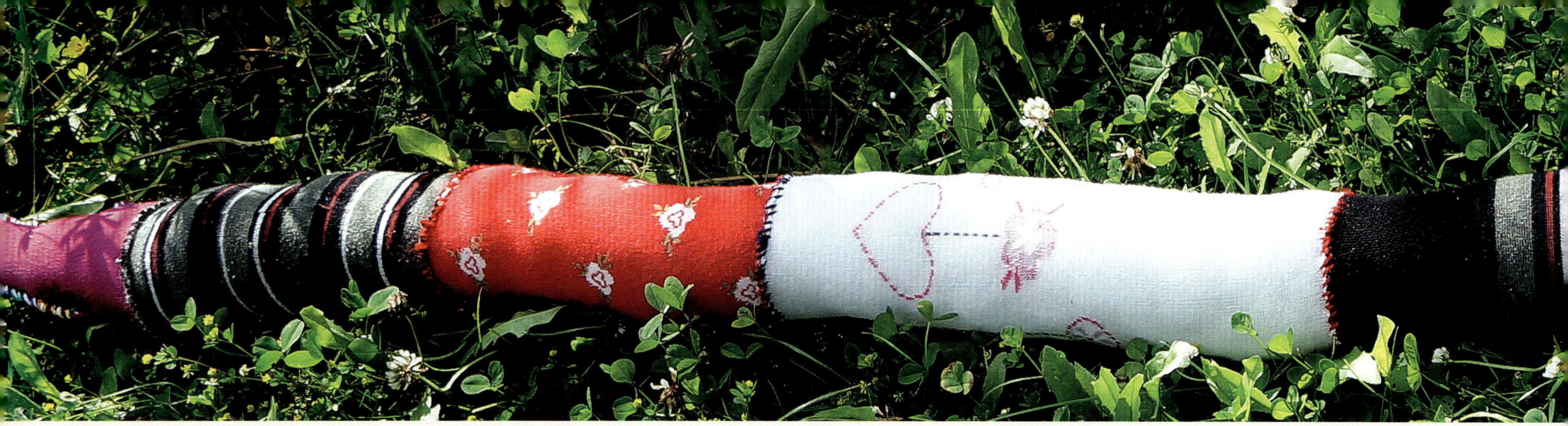

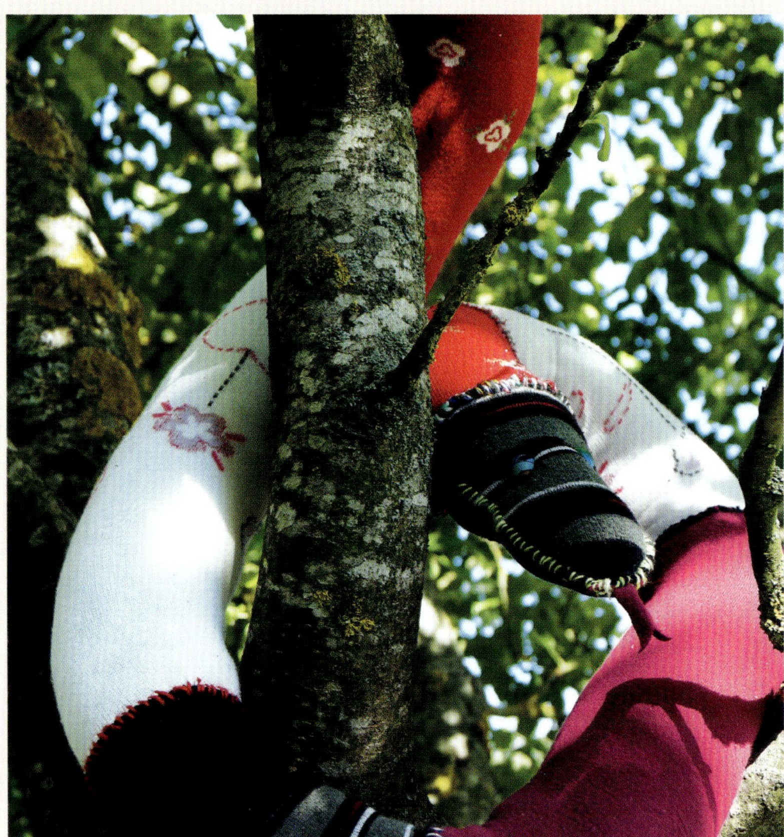

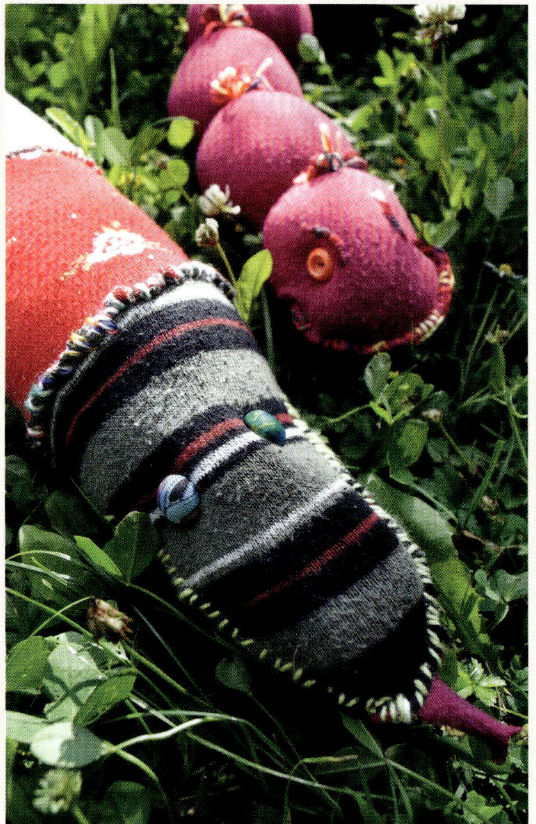

Getragene und zu klein gewordene Strumpfhosen oder einzelne Socken müssen nicht entsorgt werden. Sie finden hier eine neue Bestimmung. Die Strümpfe werden in Stücke geschnitten und zu einem Schlauch zusammengenäht. Aus einem Strumpfhosenbein kann auch ein ganzes Tier werden. Im Winter können die Kuschelfreunde vor Fenster- und Türschlitze gelegt werden, damit sie Zugluft abhalten.

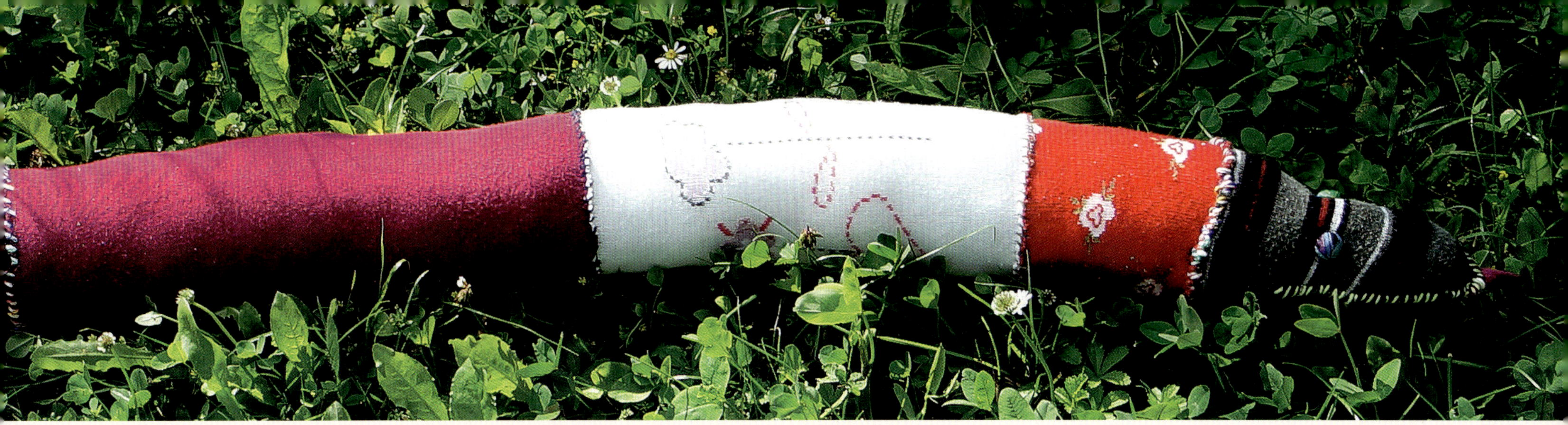

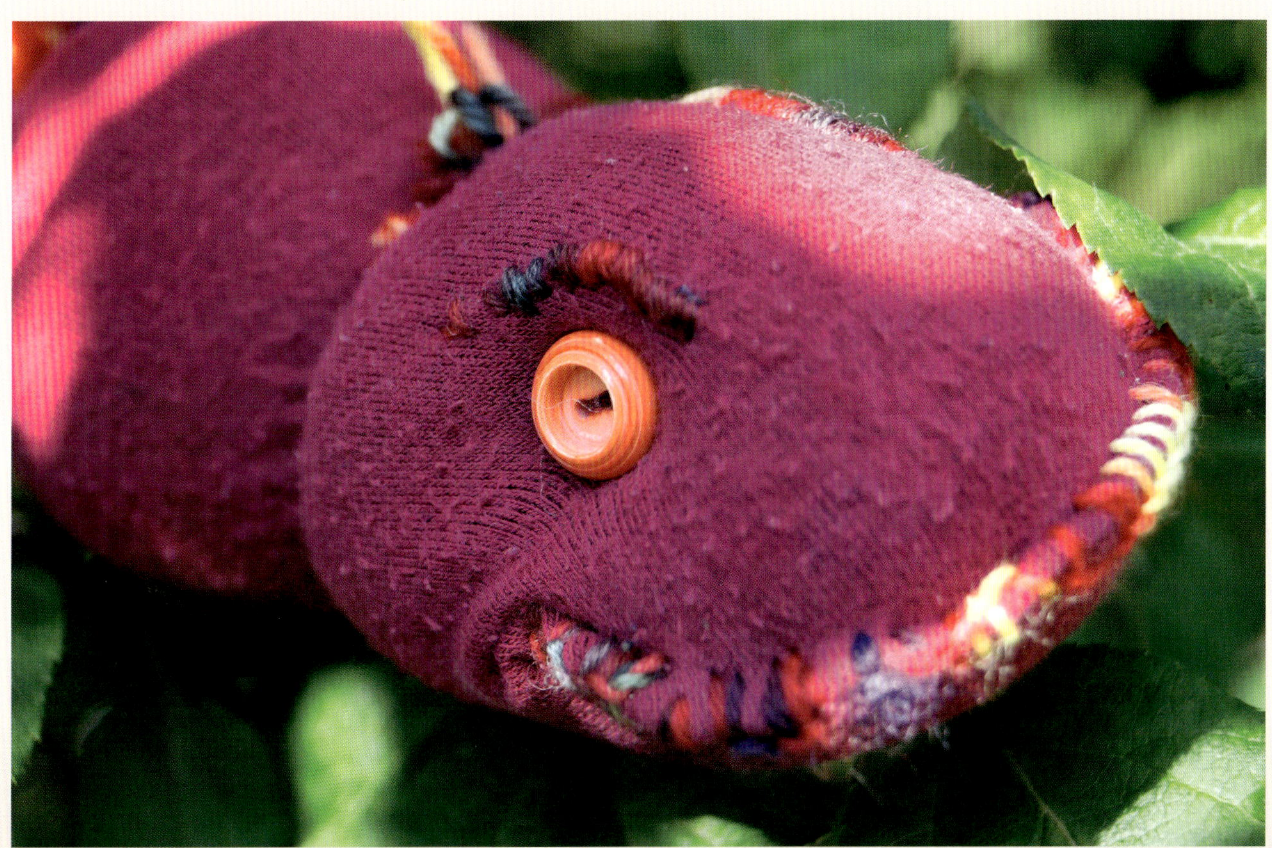

KUSCHELFREUNDE

MATERIAL:

- Strumpfhosen
- Socken
- Wolle
- Knöpfe
- Füllwatte

TECHNIKEN:

- Schneiden
- Nähen
- Füllen

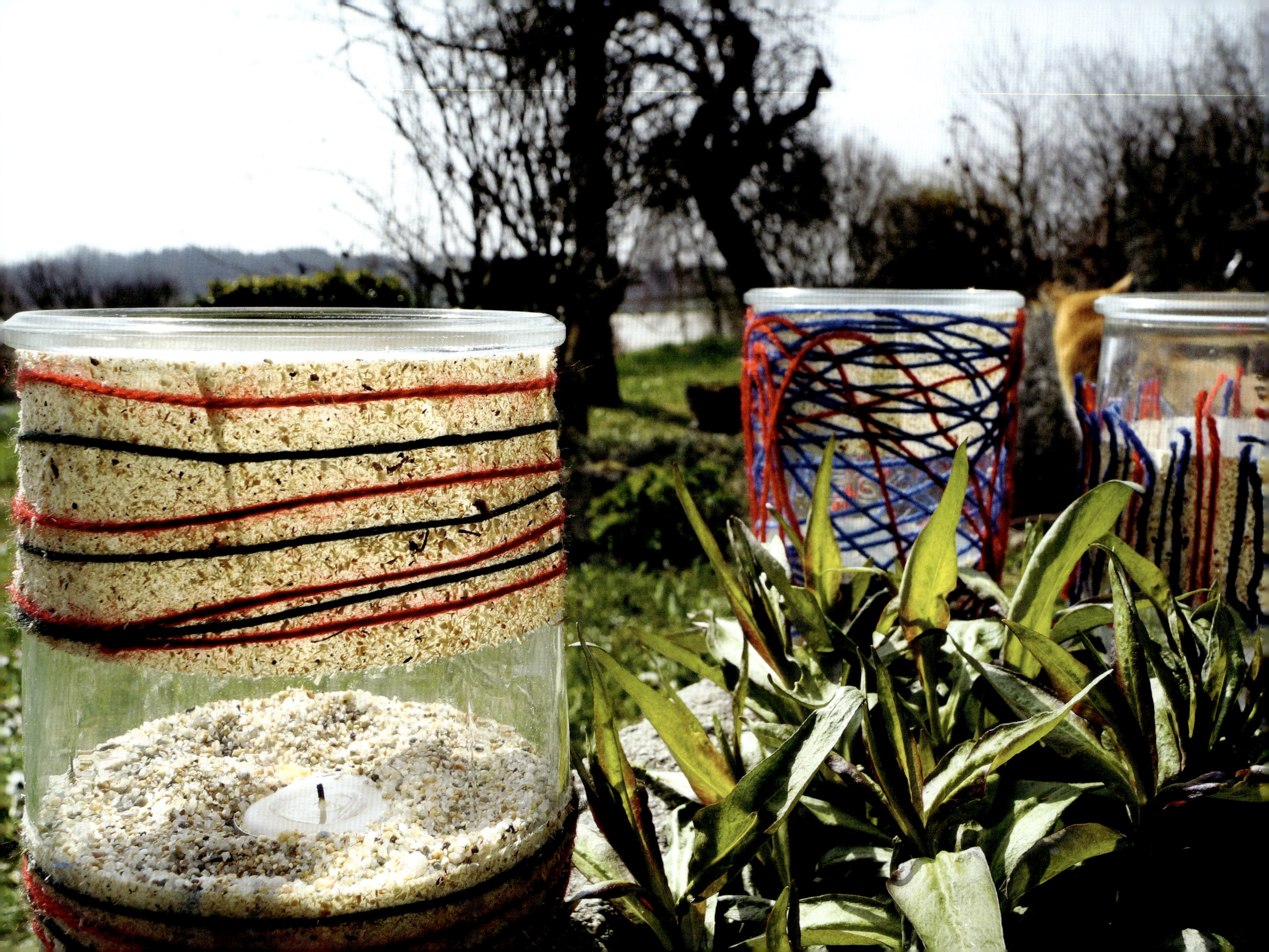

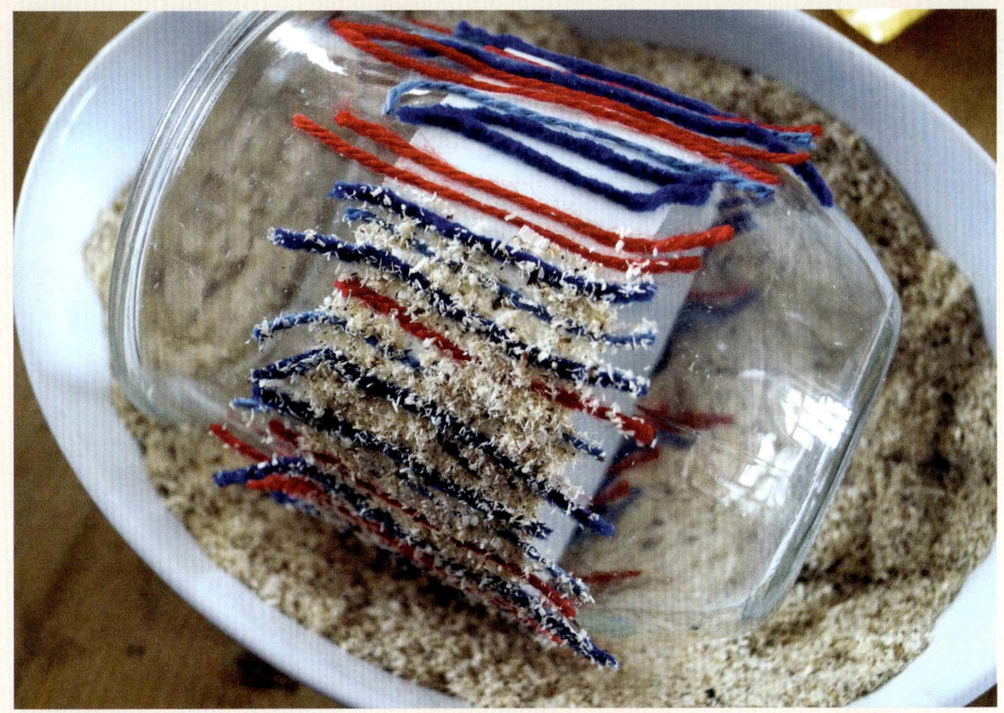

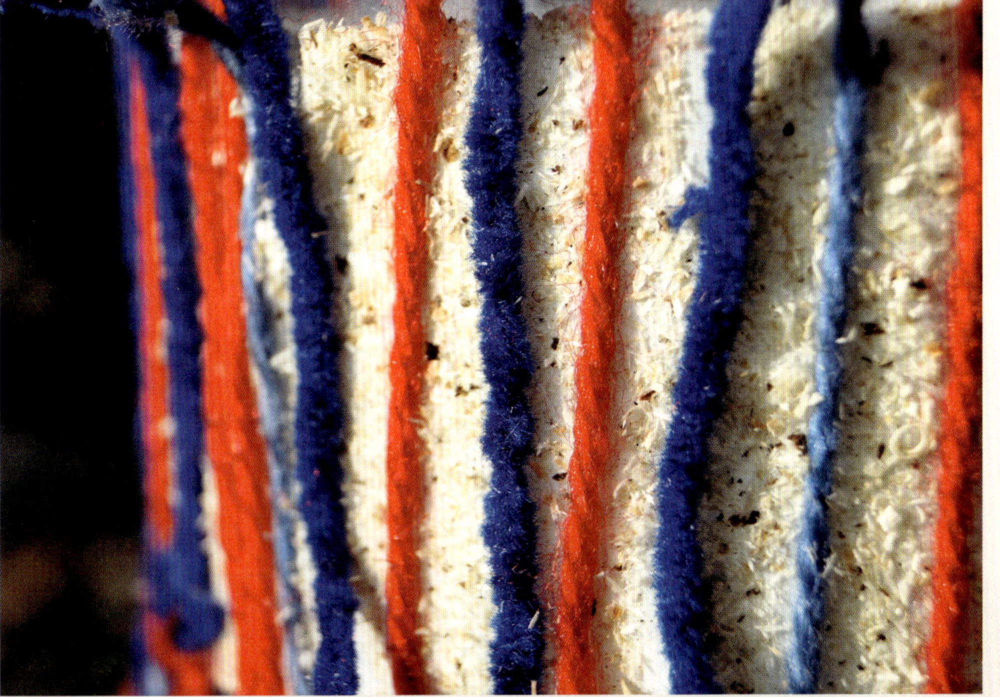

STREIFLICHTER

MATERIAL:

Einweckgläser / Schraubgläser

Doppelseitiges Klebeband

Wolle

Sägemehl

Teelicht

TECHNIKEN:

Kleben

Wickeln

Eintauchen / Drehen

Auf große Gläser wird das doppelseitige Klebeband beliebig aufgeklebt und anschließend mit Wolle so umwickelt, dass die Wollfäden gut halten. Wollabschnitte werden einfach aufgedrückt. Das Glas wird in Sägemehl gedreht; so bleibt am Schluss keine Klebefläche frei.

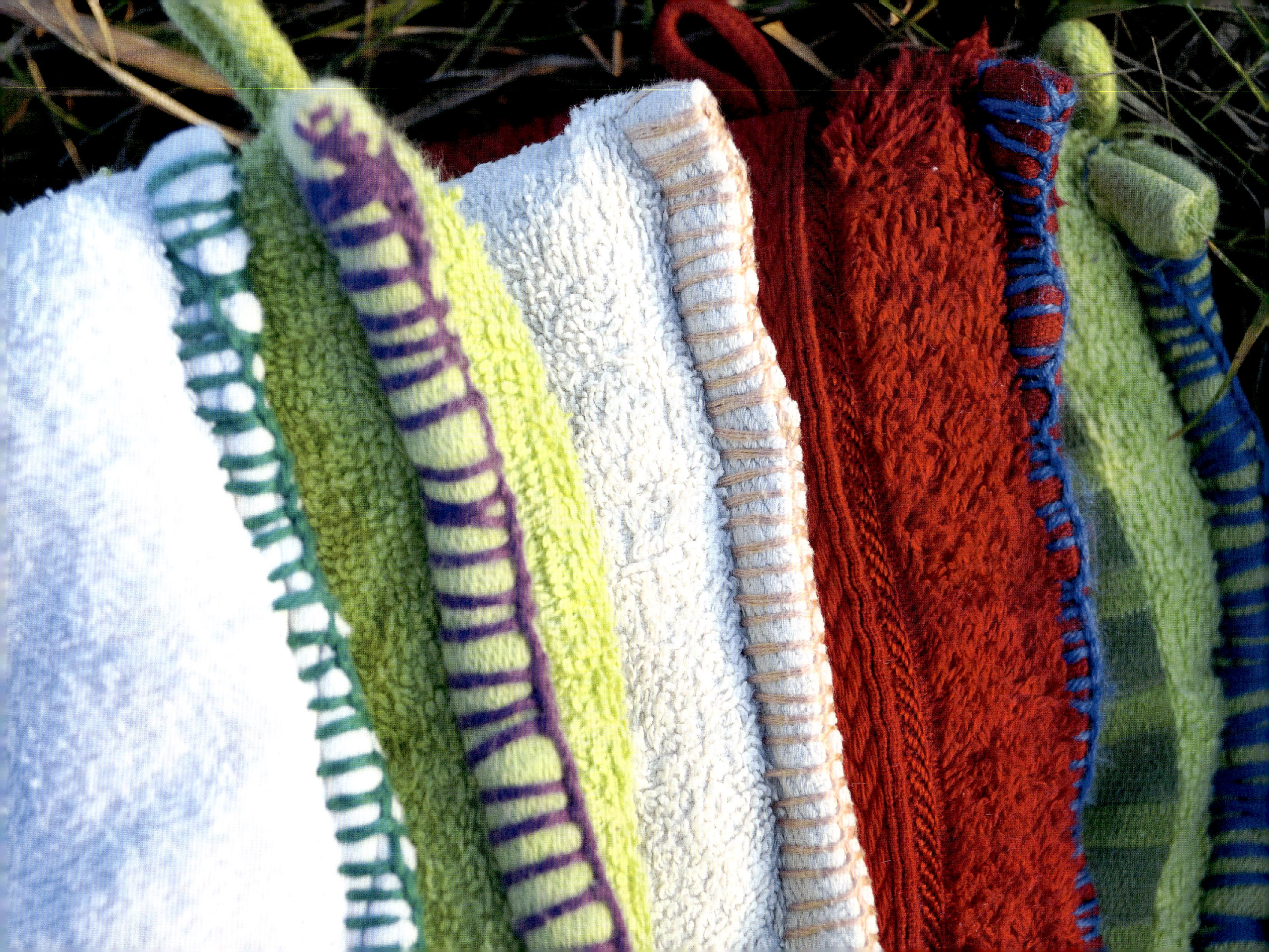

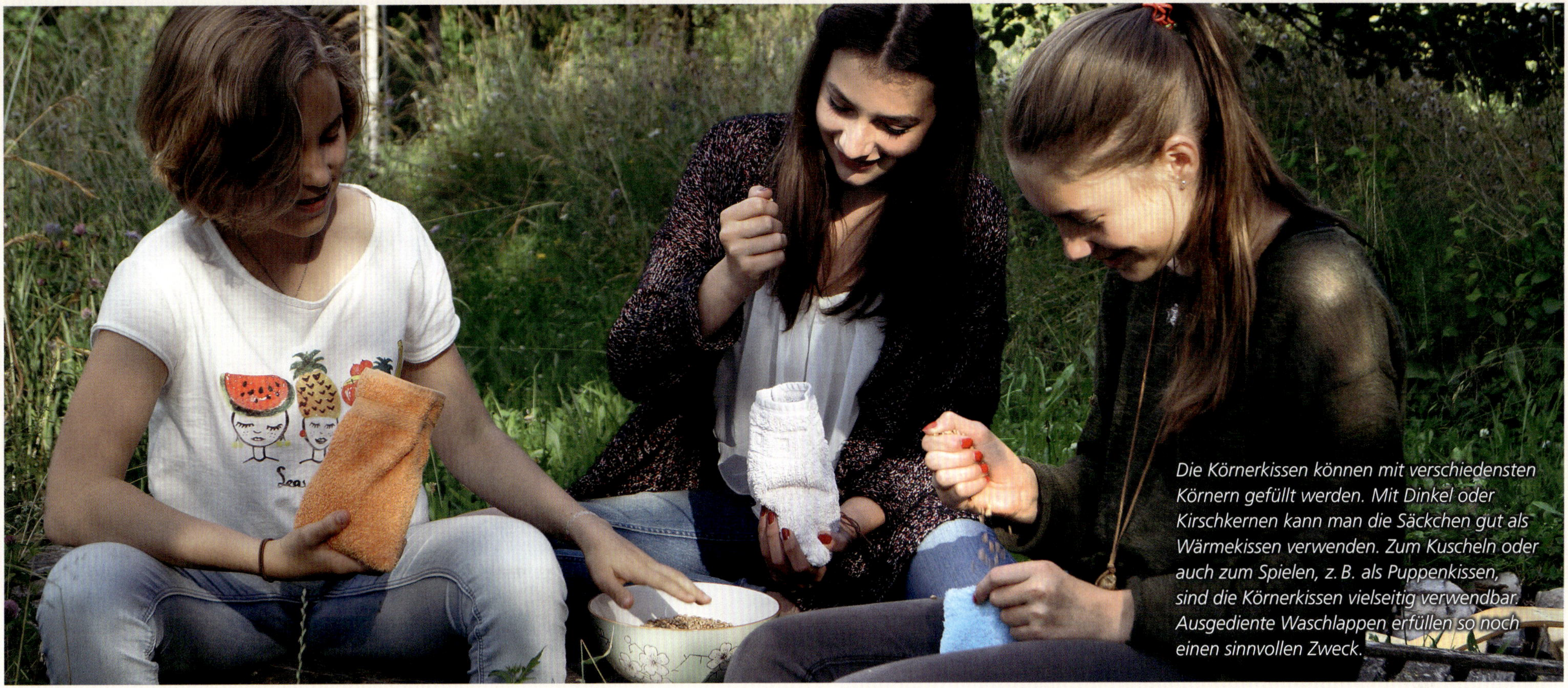

Die Körnerkissen können mit verschiedensten Körnern gefüllt werden. Mit Dinkel oder Kirschkernen kann man die Säckchen gut als Wärmekissen verwenden. Zum Kuscheln oder auch zum Spielen, z. B. als Puppenkissen, sind die Körnerkissen vielseitig verwendbar. Ausgediente Waschlappen erfüllen so noch einen sinnvollen Zweck.

KÖRNERKISSEN

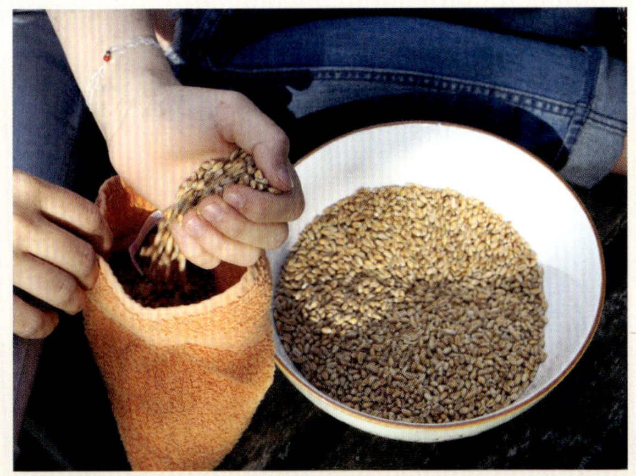

MATERIAL:

- Waschlappen
- Körner
- Baumwollfäden

TECHNIKEN:

- Füllen
- Nähen

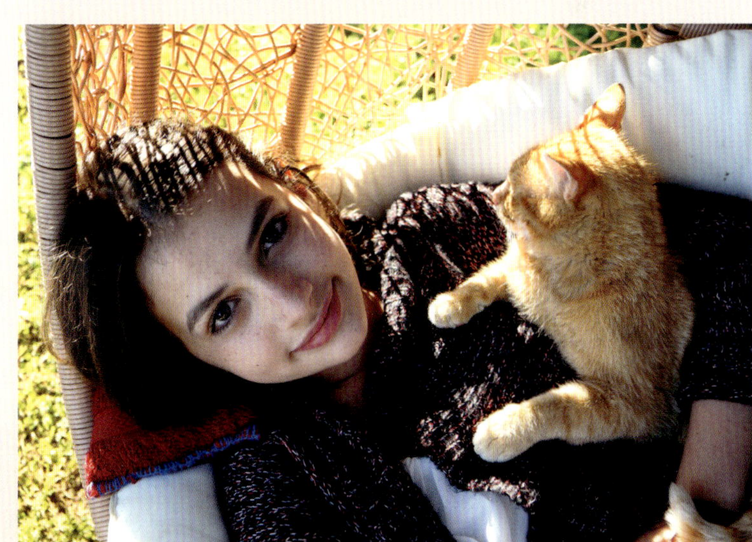

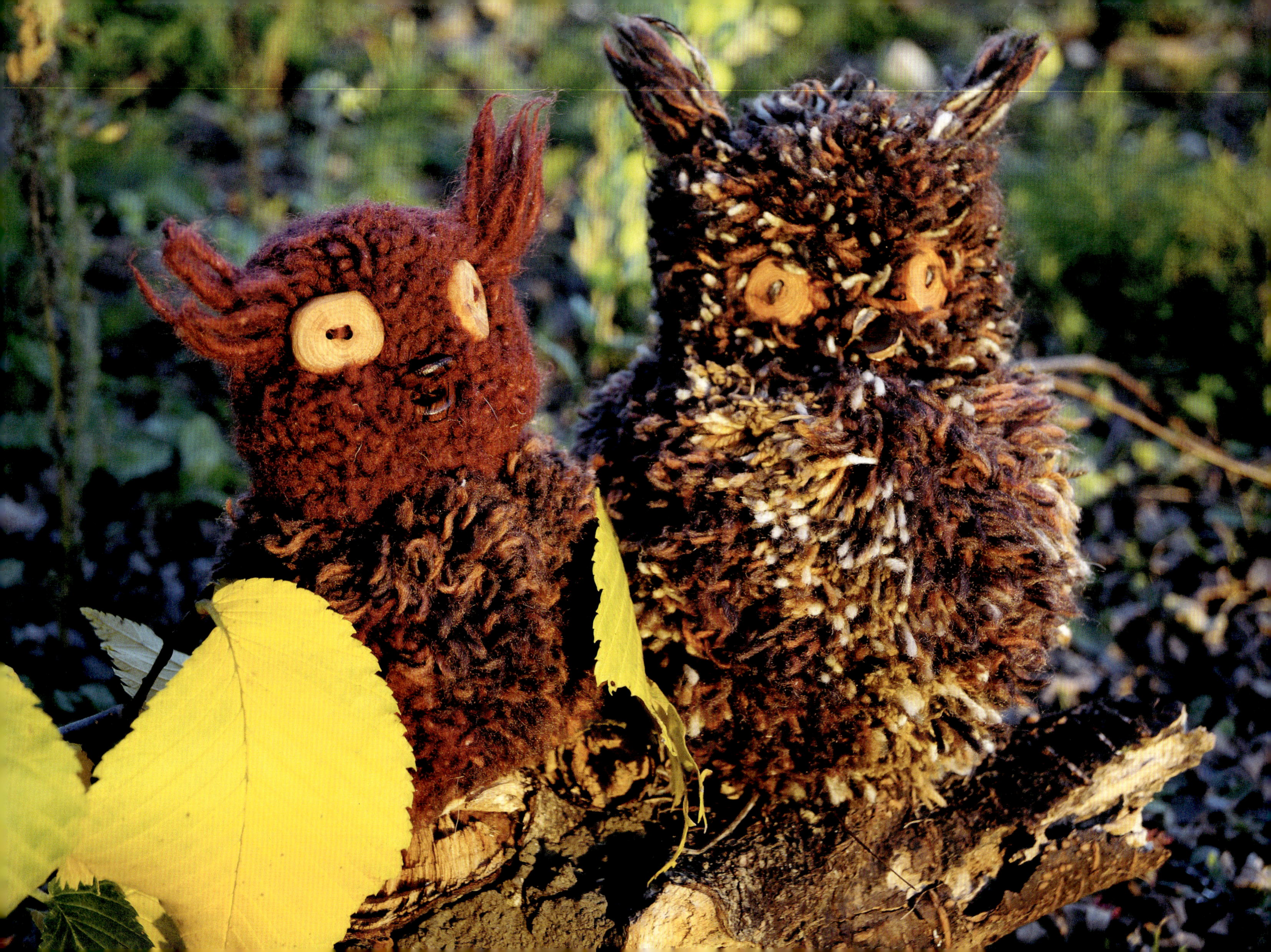

SCHLUMMER-EULEN

MATERIAL:

- Wolle
- Pappringe
- Knöpfe
- Stücke von Kiefernzapfen

TECHNIKEN:

- Wickeln
- Schneiden
- Knoten
- Nähen / Befestigen

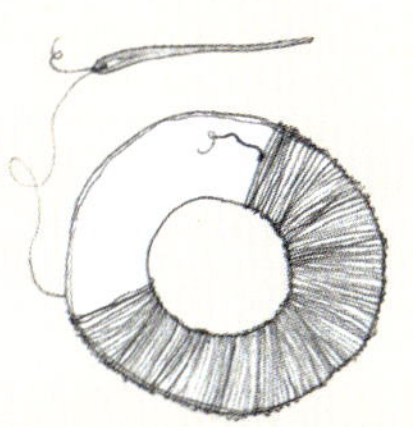
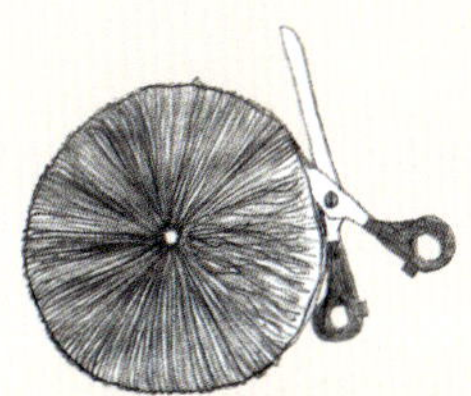

Aus zwei Pompons werden diese Schlummer-Eulen gefertigt. Dafür werden pro Pompon zwei Pappringe solange mit Wolle umwickelt, bis die Mitte vollständig gefüllt ist. Vorsichtig wird die Wolle nun mit der Schere zwischen den beiden Pappringen durchgeschnitten, mit einem Faden fest umwickelt und verknotet. Anschließend wird jedes Bällchen in Form geschnitten, beim Kopf bleiben die Ohren stehen. Die beiden Pompons werden zusammengenäht und mit Knöpfen als Augen und zwei Kiefernzapfen-Stücken als Schnabel versehen.

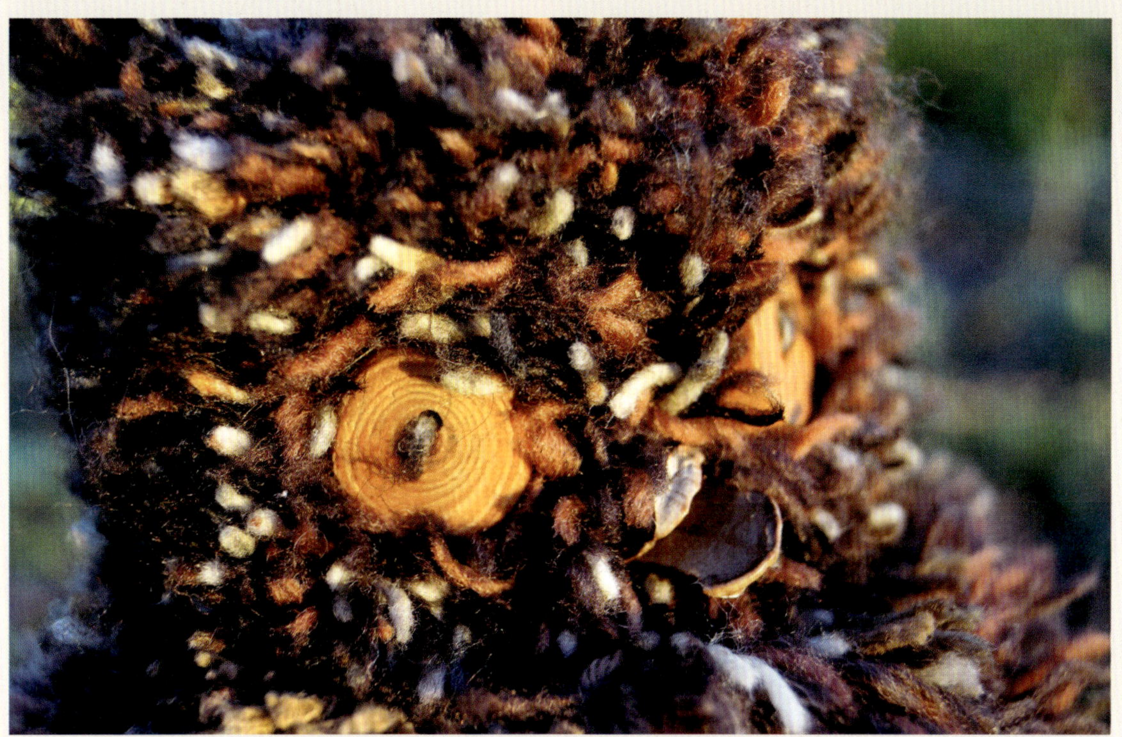
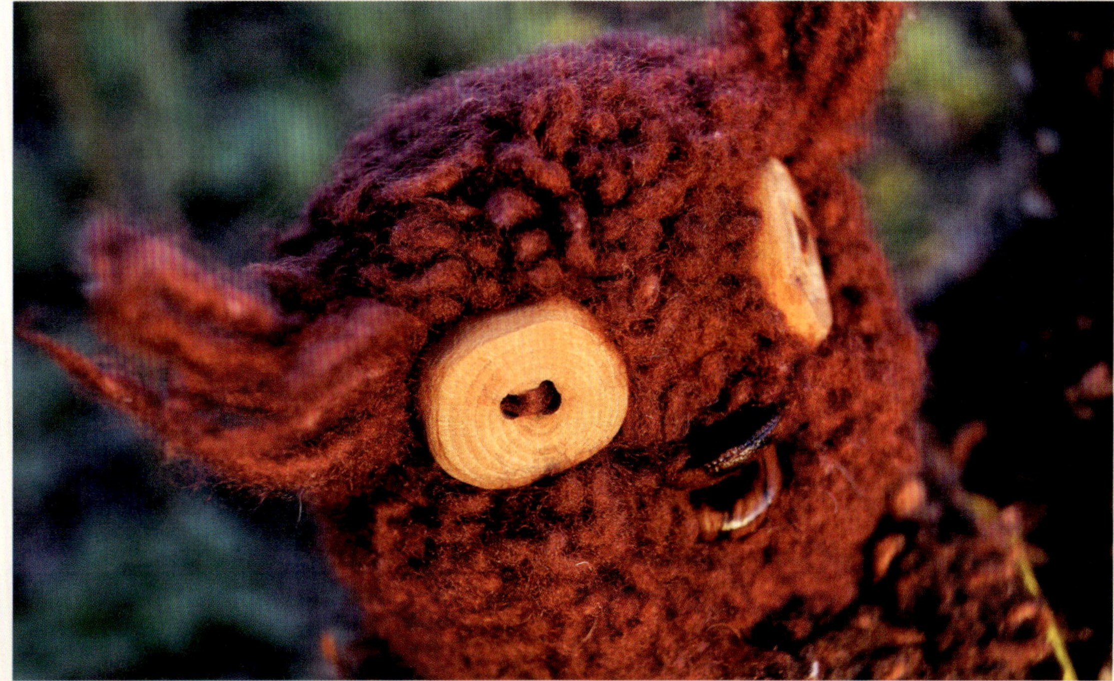
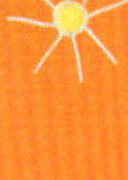

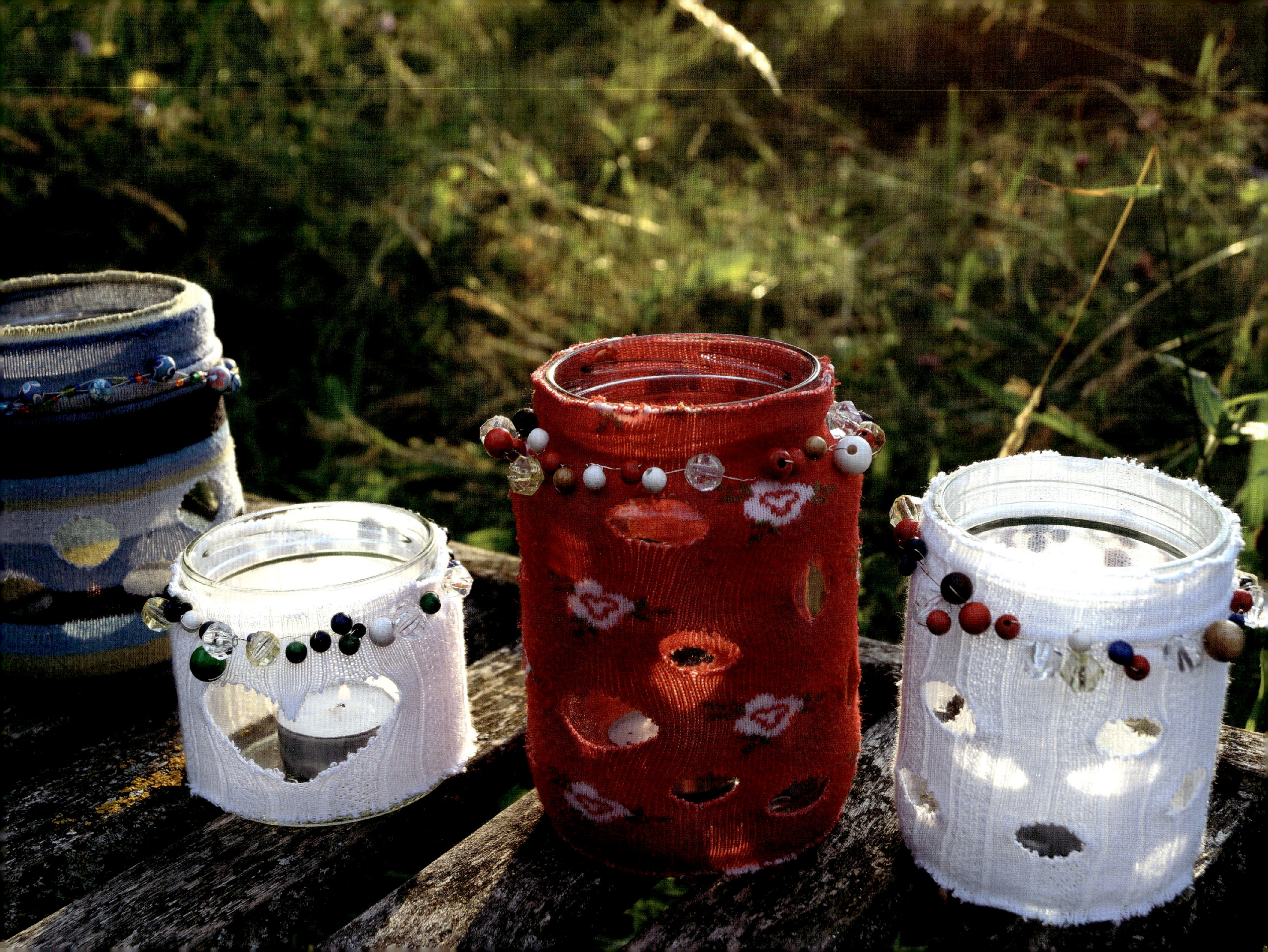

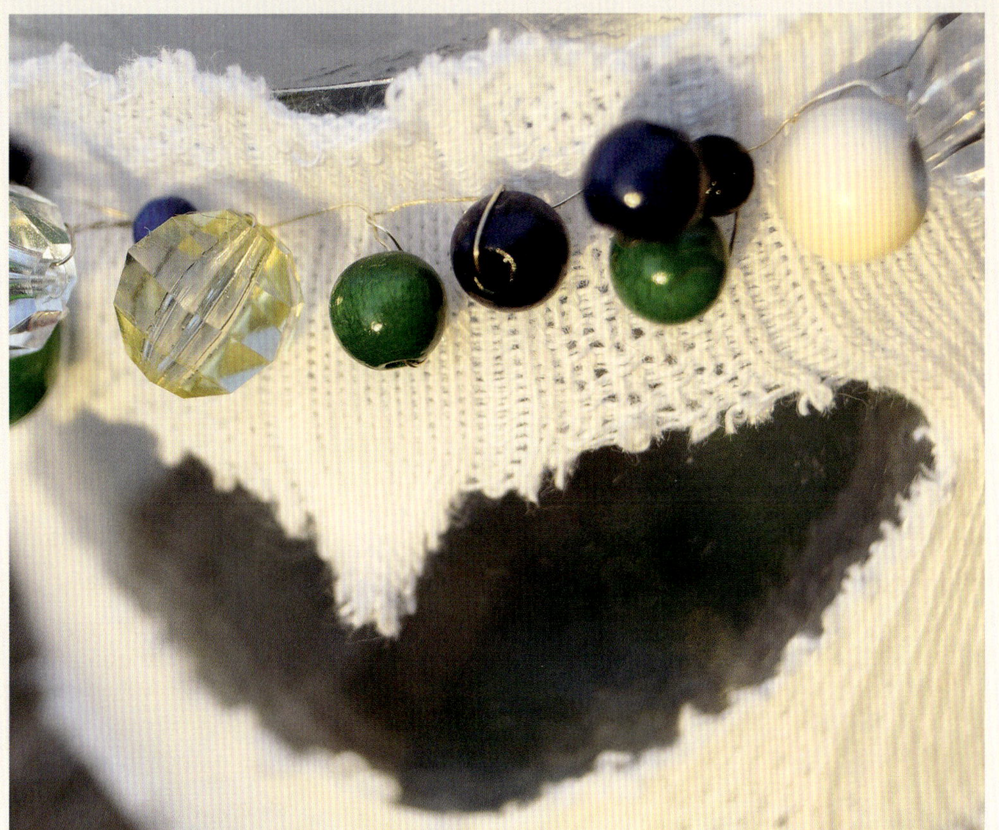

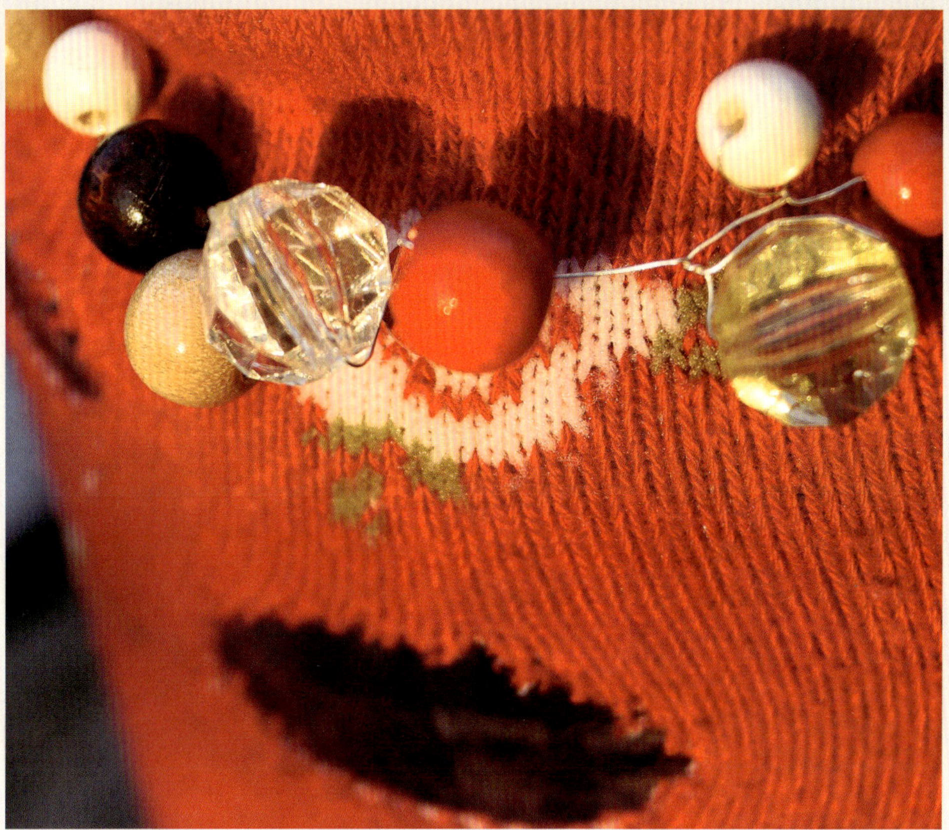

LEUCHTSTRÜMPFE

Aus zu klein gewordenen Socken und Strumpfhosen wurden diese zauberhaften kleinen Windlichter gebaut. Von den Strümpfen wird in der Höhe des Glases ein Stück abgeschnitten und über das Glas gezogen. Mit der Schere kann ein Muster eingeschnitten werden. Der mit Perlen bestückte Draht wird am oberen Glasrand befestigt.

MATERIAL:

- Schraubgläser
- Socken / Strumpfhosen
- Draht
- Perlen
- Teelicht

TECHNIKEN:

- Schneiden
- Überziehen
- Einschneiden (Muster)
- Fädeln
- Verdrehen / Verzurren

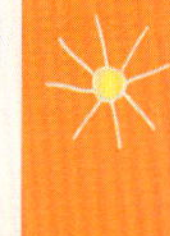

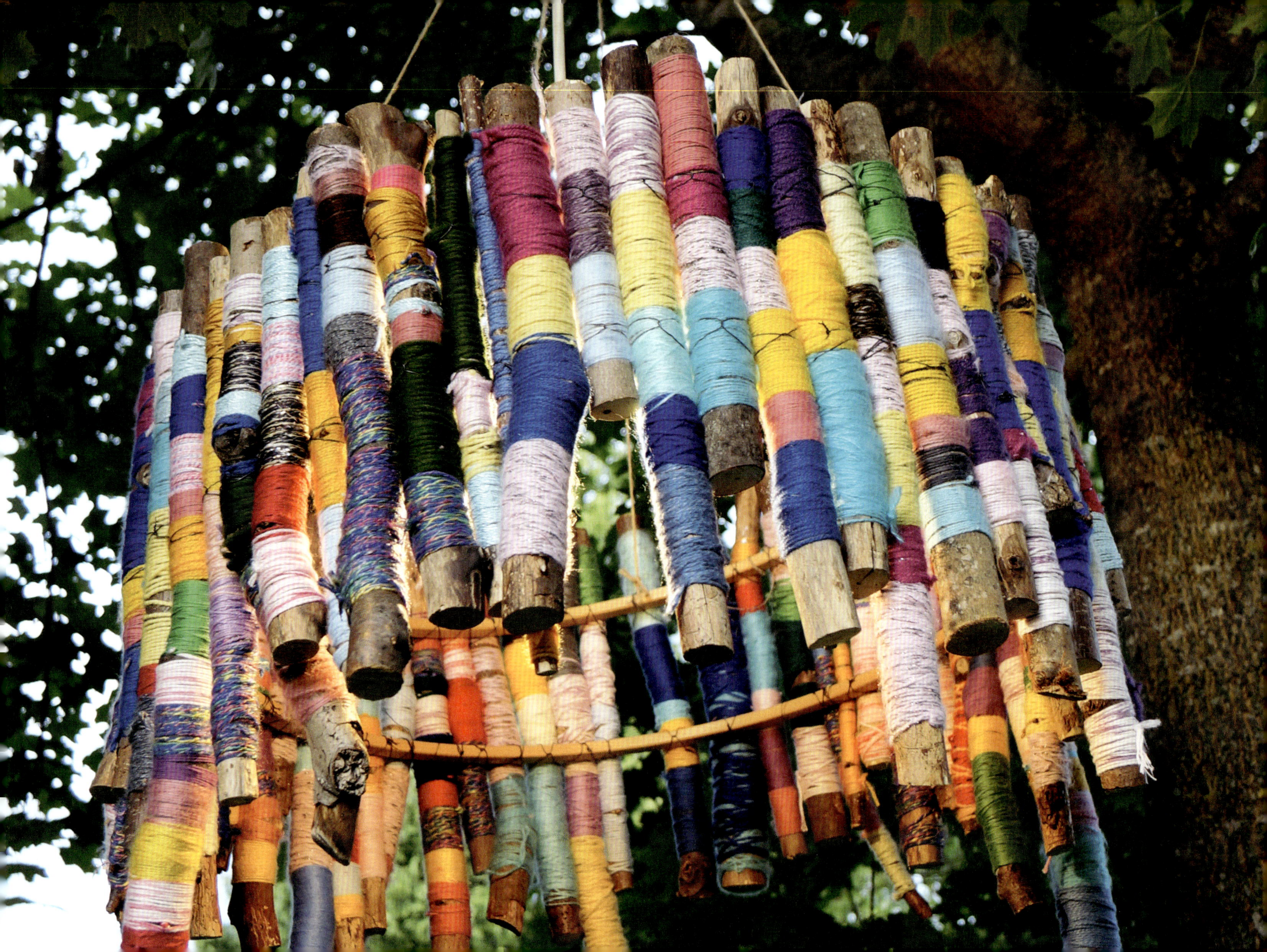

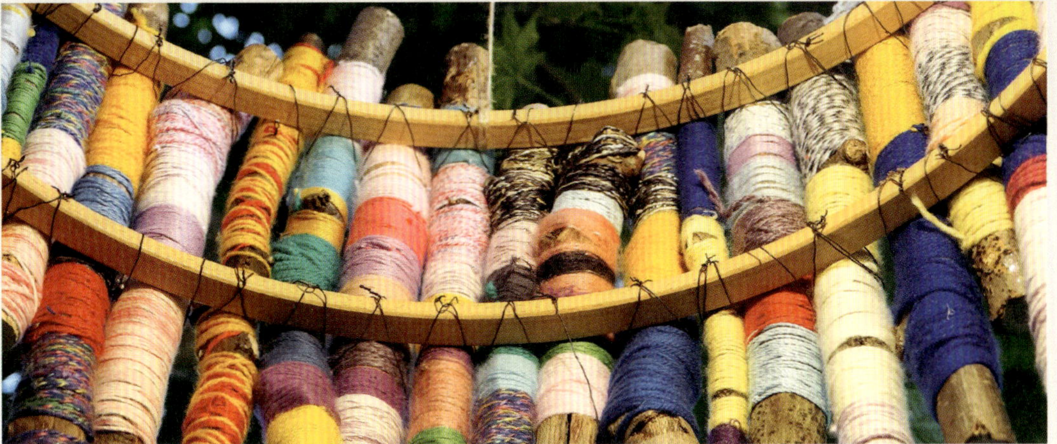

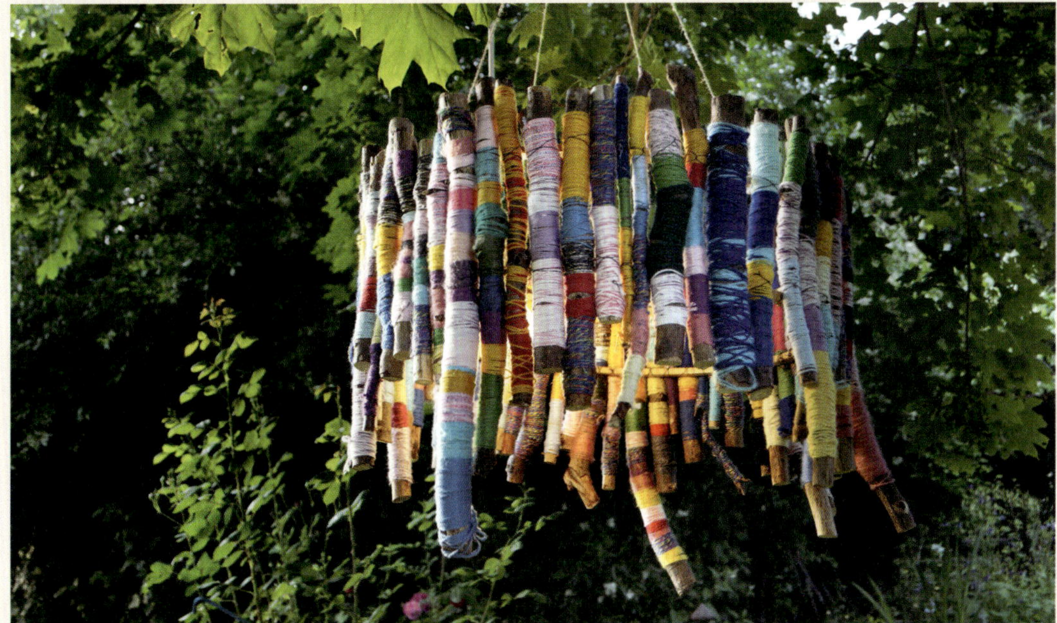

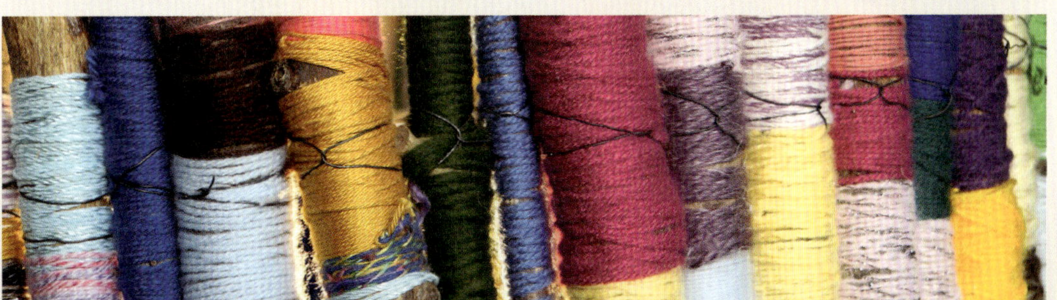

WUNDERLAMPE

MATERIAL:

- Äste
- Wolle
- Draht
- Große Holzreifen

TECHNIKEN:

- Wickeln
- Knoten
- Verdrehen / Verzurren

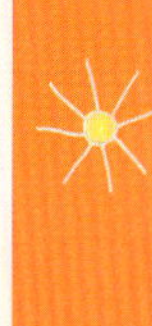

Äste werden mit bunten Wollresten umwickelt und mit Draht auf zwei großen Holzringen befestigt. Wer keine Holzringe hat, baut sie sich aus Weiden oder Haselnussästen und Draht selbst. Damit die Wunderlampe leuchtet, wurde hier ein Kabel mit Fassung und Glühlampe verwendet. Ohne Stromversorgung kann auch eine Laterne im Inneren für romantisches Licht sorgen.

VERWÖHN-FLÄSCHCHEN

MATERIAL:

- Kleine Fläschchen
- Korken
- Filzwolle
- Papierreste
- Tapetenkleister
- Draht
- Perlen

TECHNIKEN:

- Kleben
- Wickeln
- Fädeln
- Verdrehen / Verzurren
- Füllen

Aus kleinen Fläschchen sind hier wunderschöne „Verwöhn-Fläschchen" entstanden.
Beklebt oder umwickelt dienen sie als Gefäß für Badeöle und Duftwässer zum Verschenken.

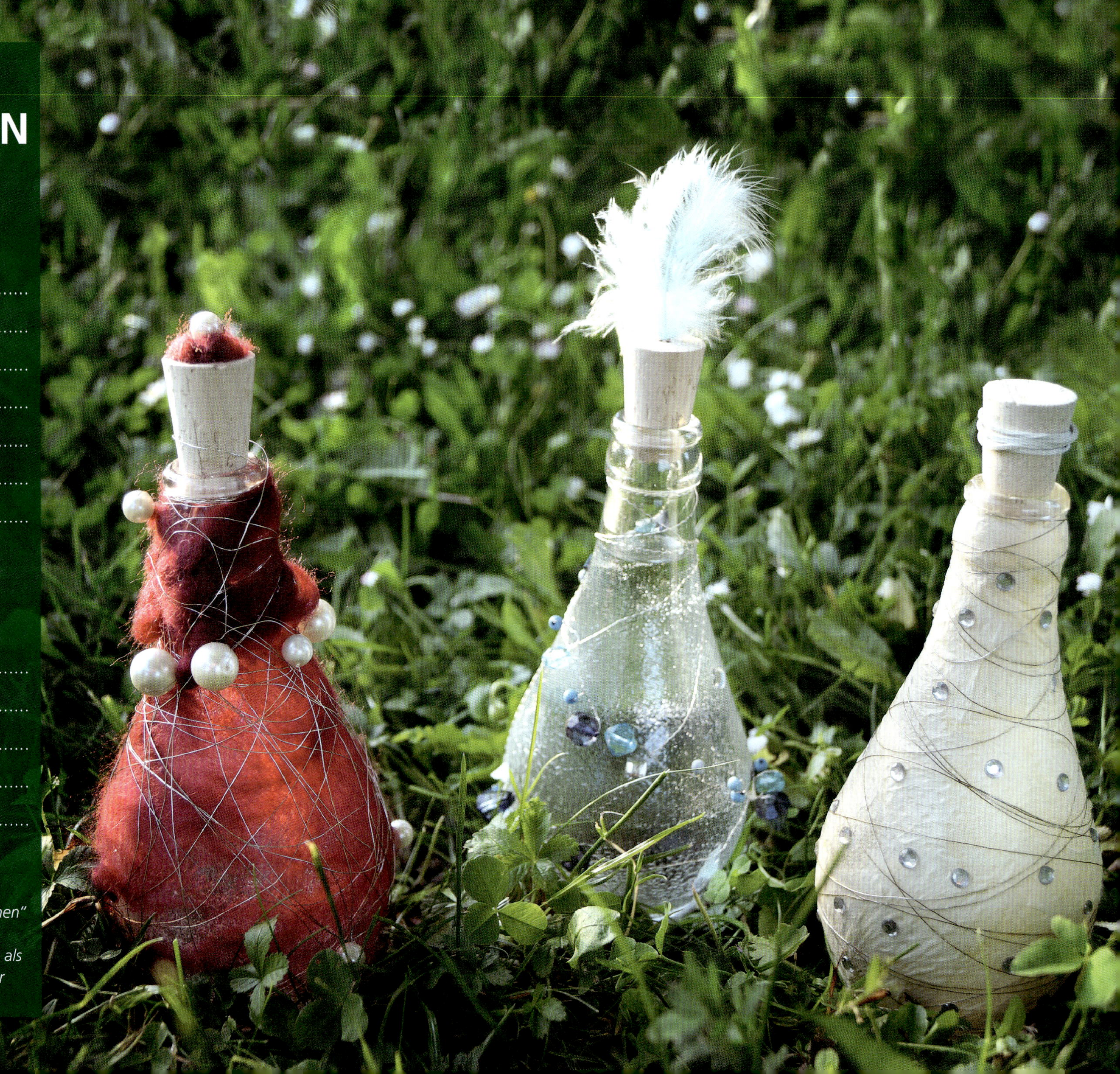

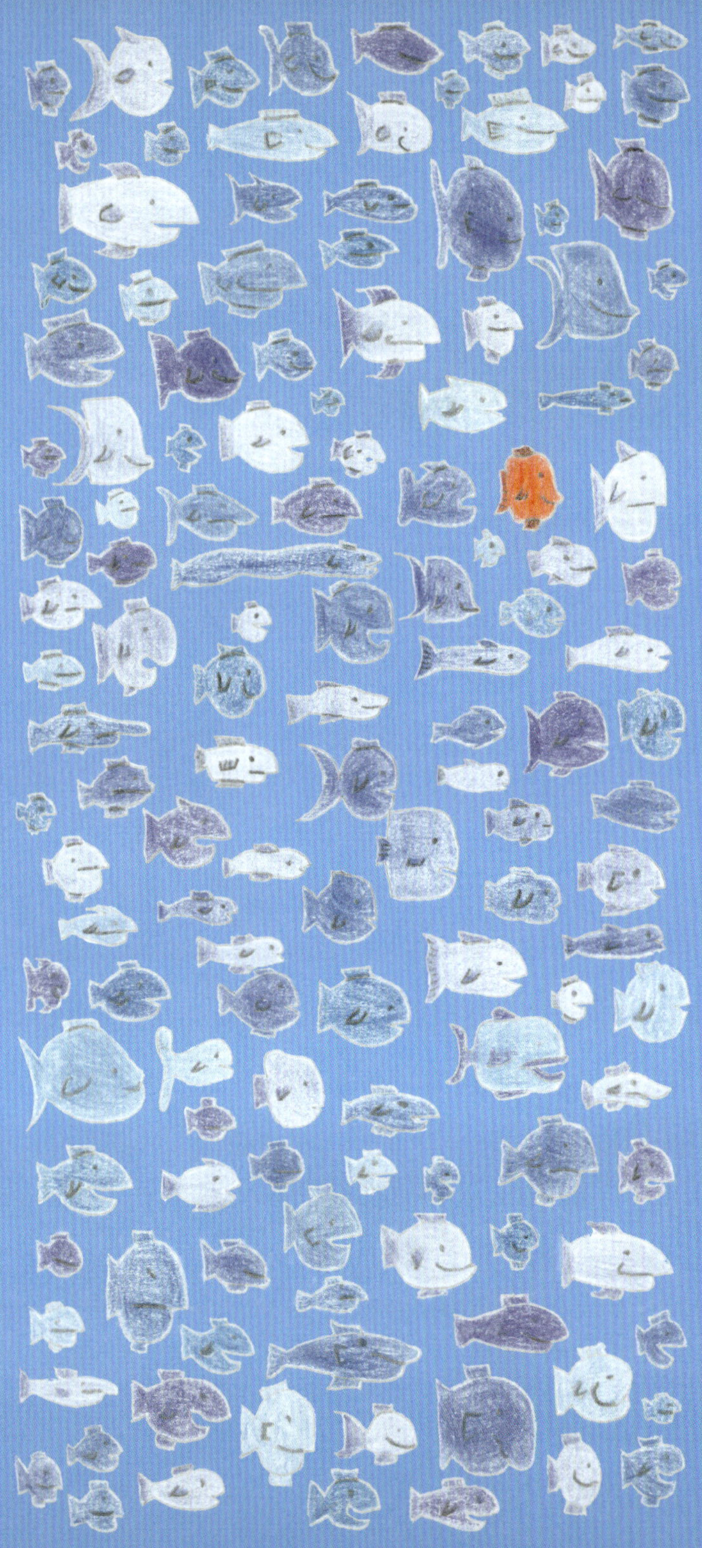

Miteinander

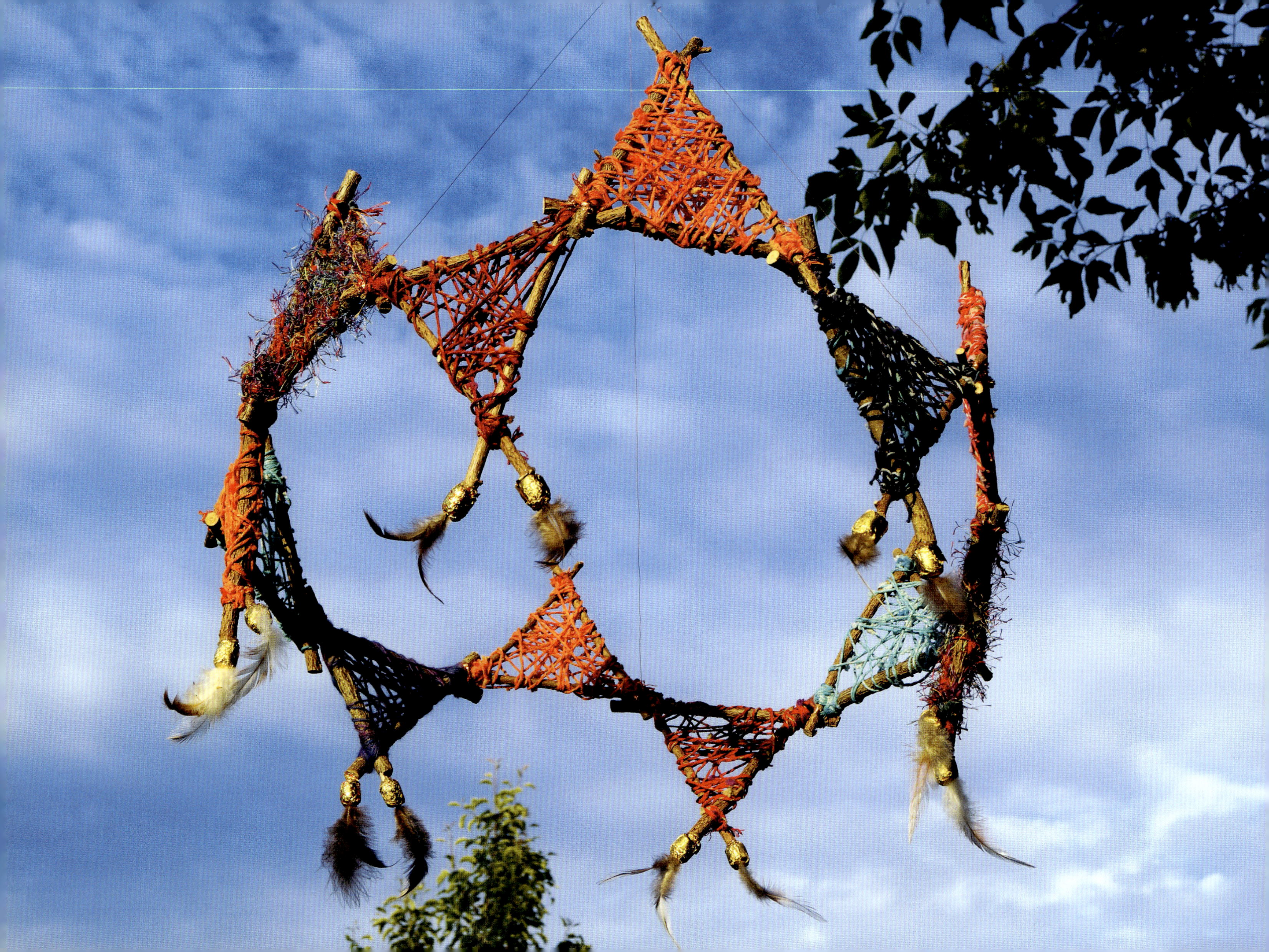

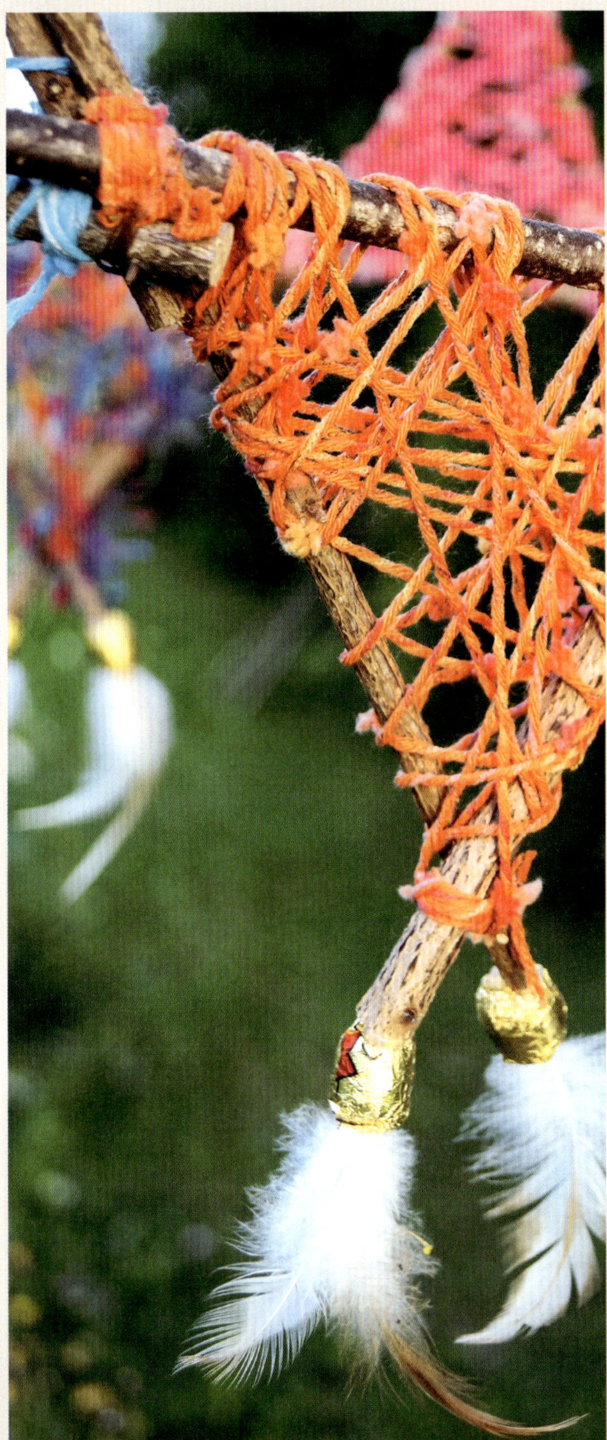

FREUNDESKREIS

MATERIAL:

Äste
Draht
Wolle
Perlen
Goldpapier
Federn
Kleber

TECHNIKEN:

Wickeln
Binden
Knoten
Verzurren
Kleben
Stecken

Aus Ästen werden kleine Dreiecke gebaut und anschließend mit Wolle bespannt. Die einzelnen Dreiecke werden mit Draht fixiert und zum Kreis geformt. In Goldpapier gewickelte Perlen, die mit Federn bestückt sind, verzieren die Enden; sie sind aufgeklebt. Wenn die einzelnen Dreiecke von verschiedenen Helfern gebaut werden, wird daraus ein „Freundeskreis". Für eine Gruppe ist dies ein wunderbares Gemeinschaftsprojekt.

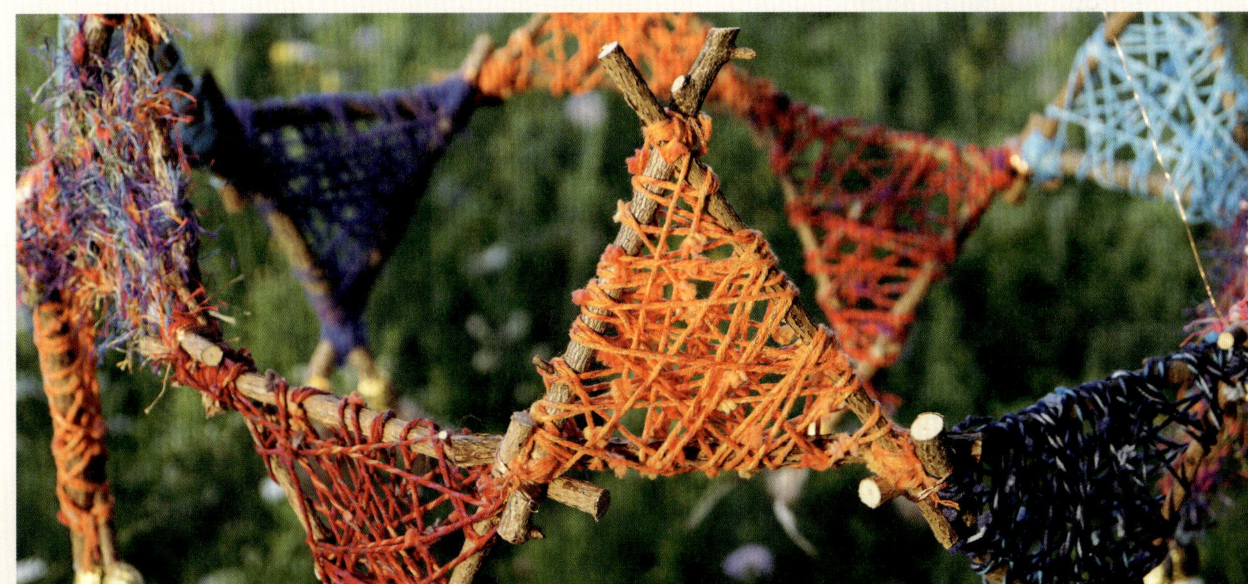

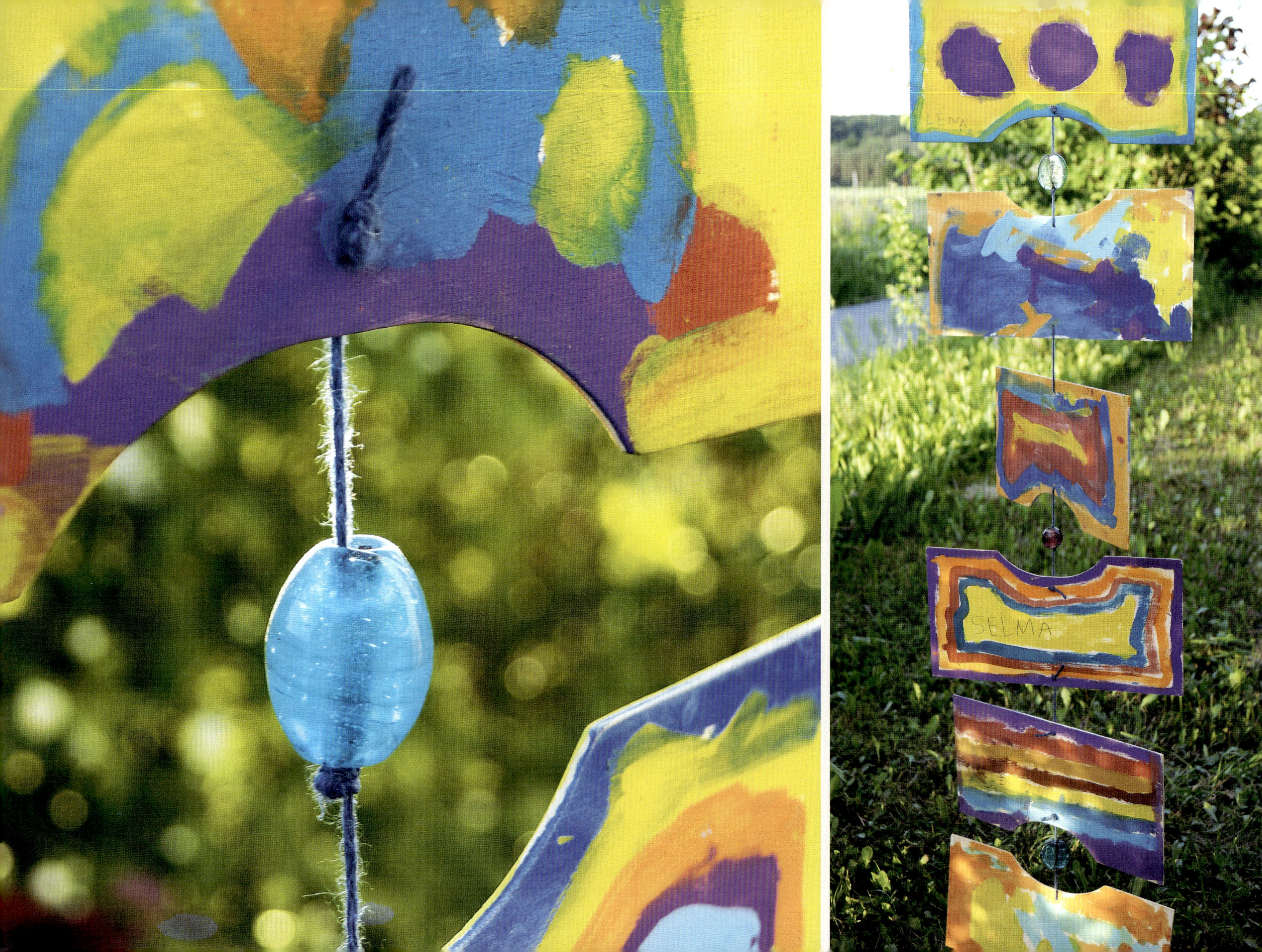
LENA
SELMA

BRETTSPIEL

MATERIAL:

- Holzplatten / Sperrholz
- Flüssigfarben / Wasserfarben
- Sisalschnur
- Große Glasperlen

TECHNIKEN:

- Sägen
- Malen
- Fädeln
- Knoten

Die bemalten Bretter werden untereinander gehängt. In die ausgesparten Bögen, die herausgesägt wurden, werden große Glasperlen gefädelt. Jetzt kann der Wind mit den Brettern spielen; dabei drehen sie sich in alle Richtungen.

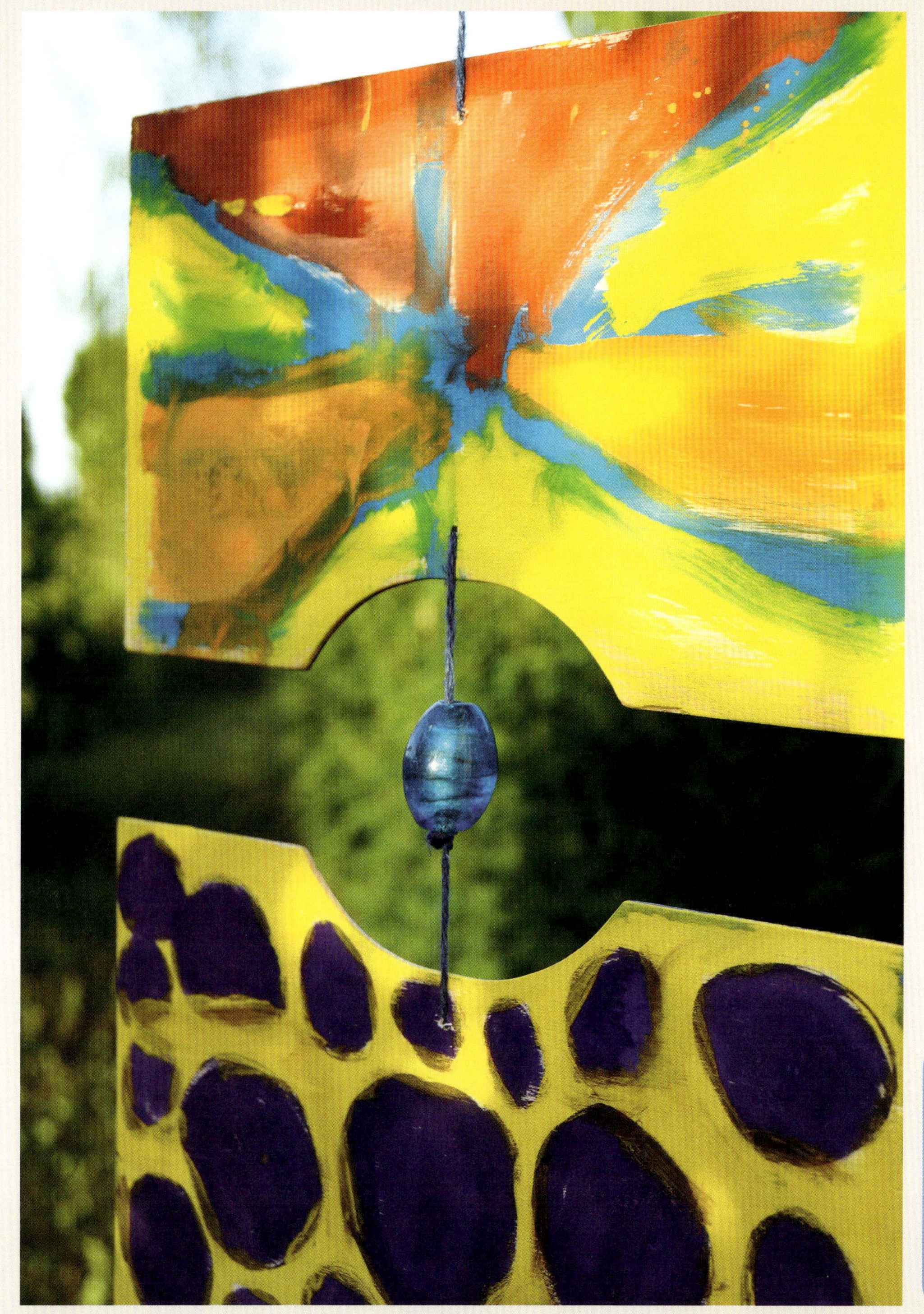

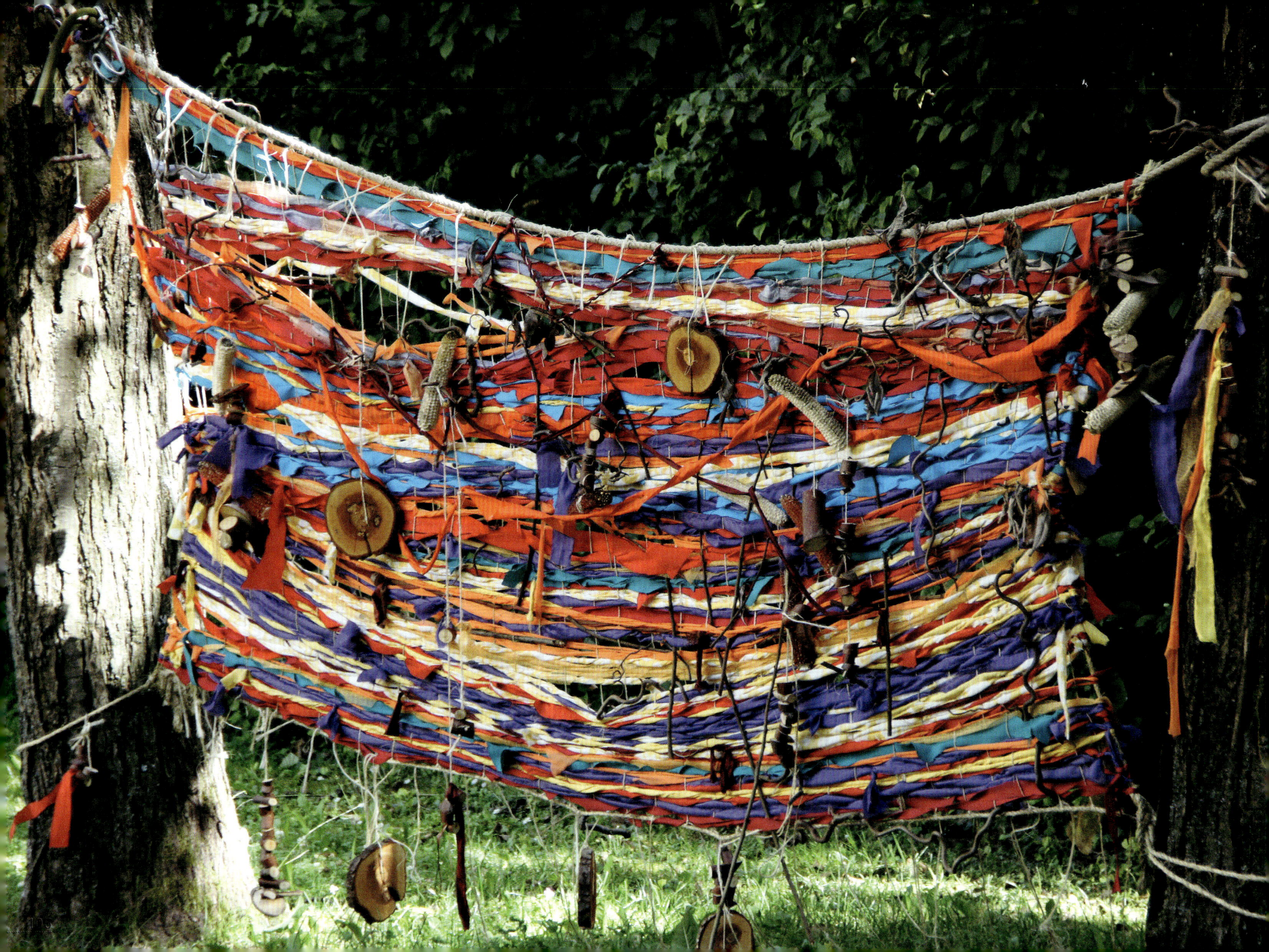

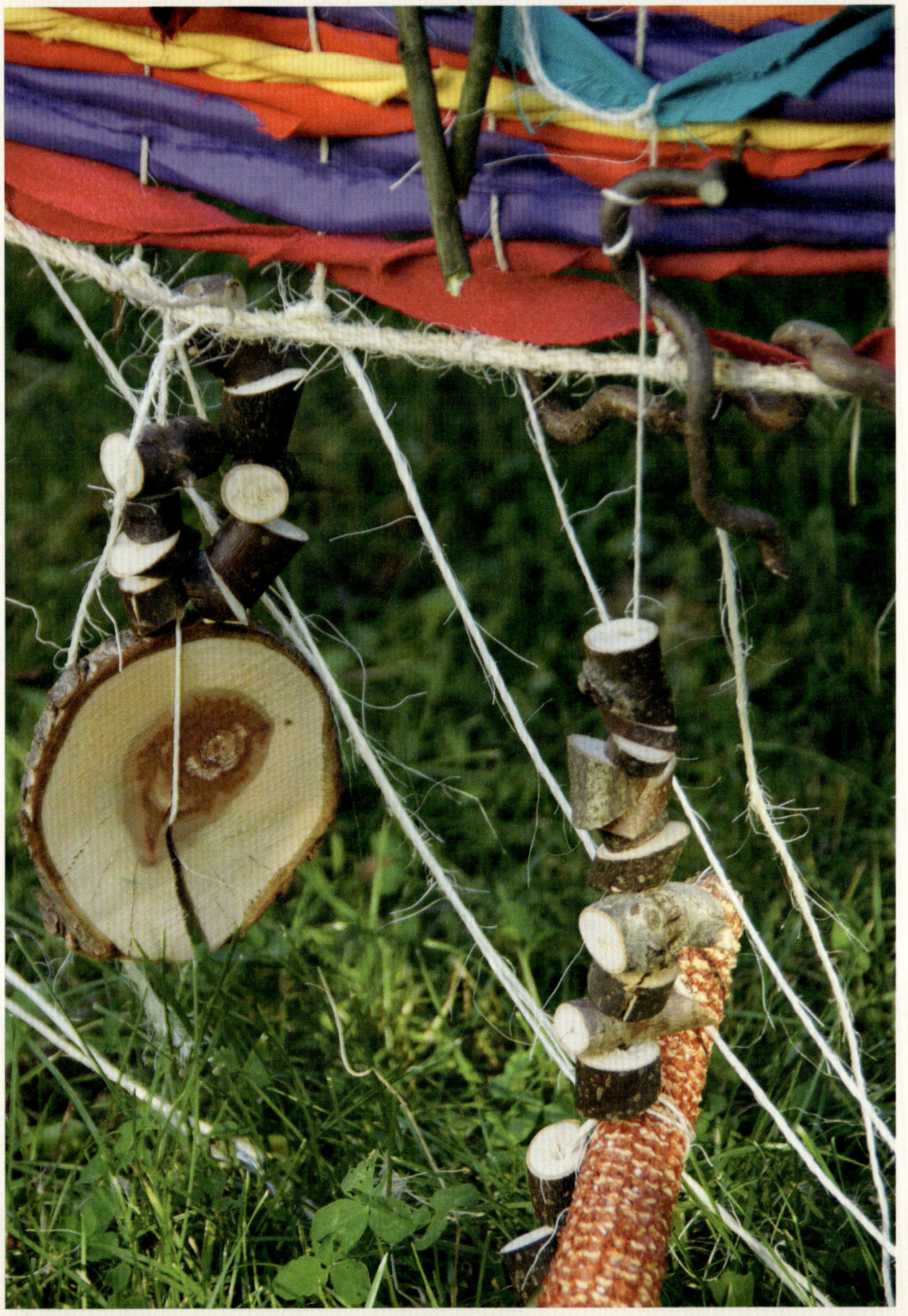

BAUMGEWEBE

MATERIAL:

- Juteschnur / Seil
- Stoffstreifen
- Baumscheiben
- Maiskolben
- Äste

TECHNIKEN:

- Spannen
- Knoten
- Weben
- Fädeln

„Zwischen zwei Zwetschgenbäumen" wurden hier Schnüre gespannt. So entstand ein riesiger Webrahmen, in den alles Mögliche eingewebt und eingefädelt wurde. Wer in seinem Garten einen Sichtschutz braucht, kann ohne Kostenaufwand farbenfrohe Wände bauen. Für ein Fest ist dies eine ideale Gruppenaktion.

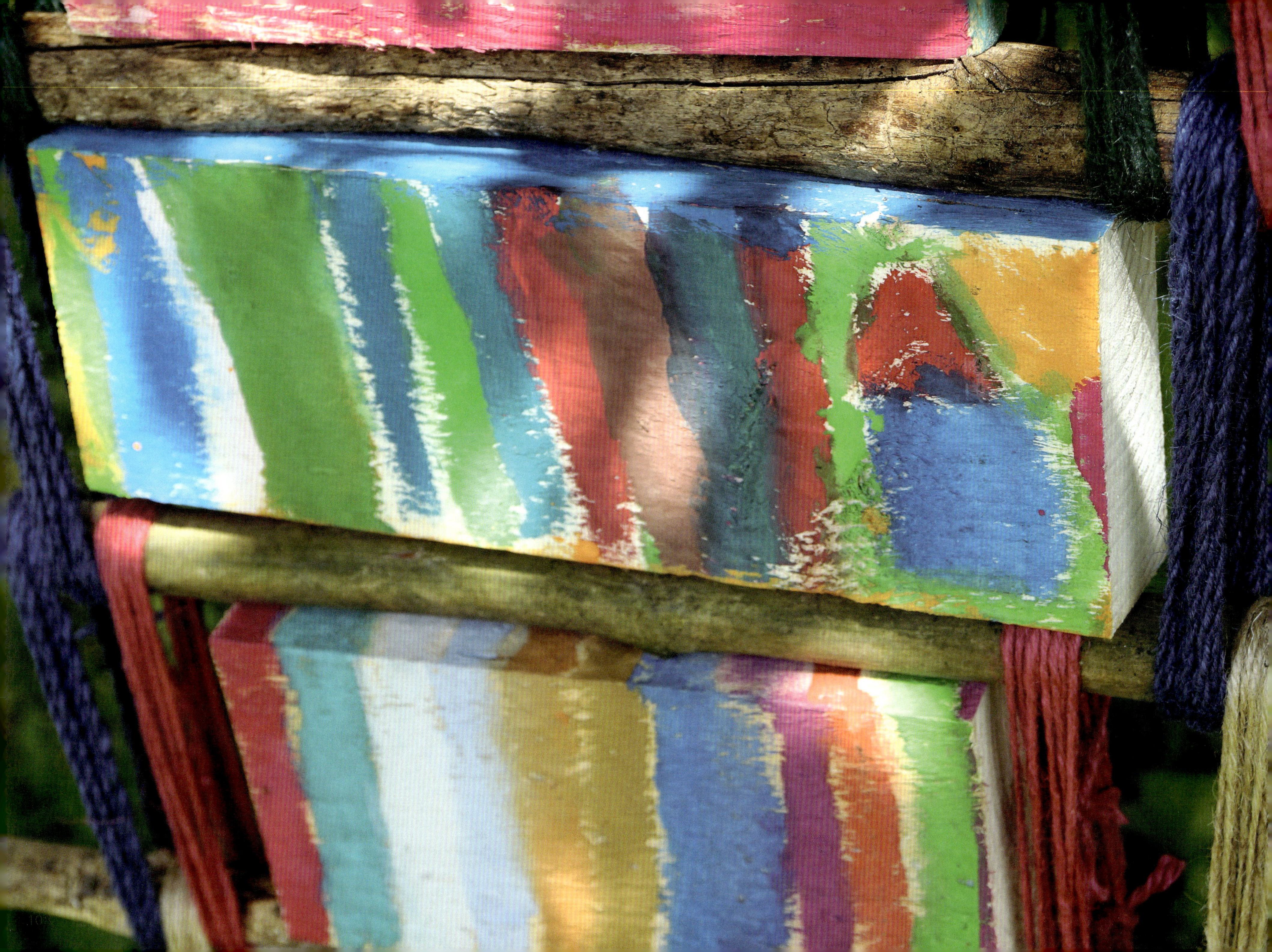

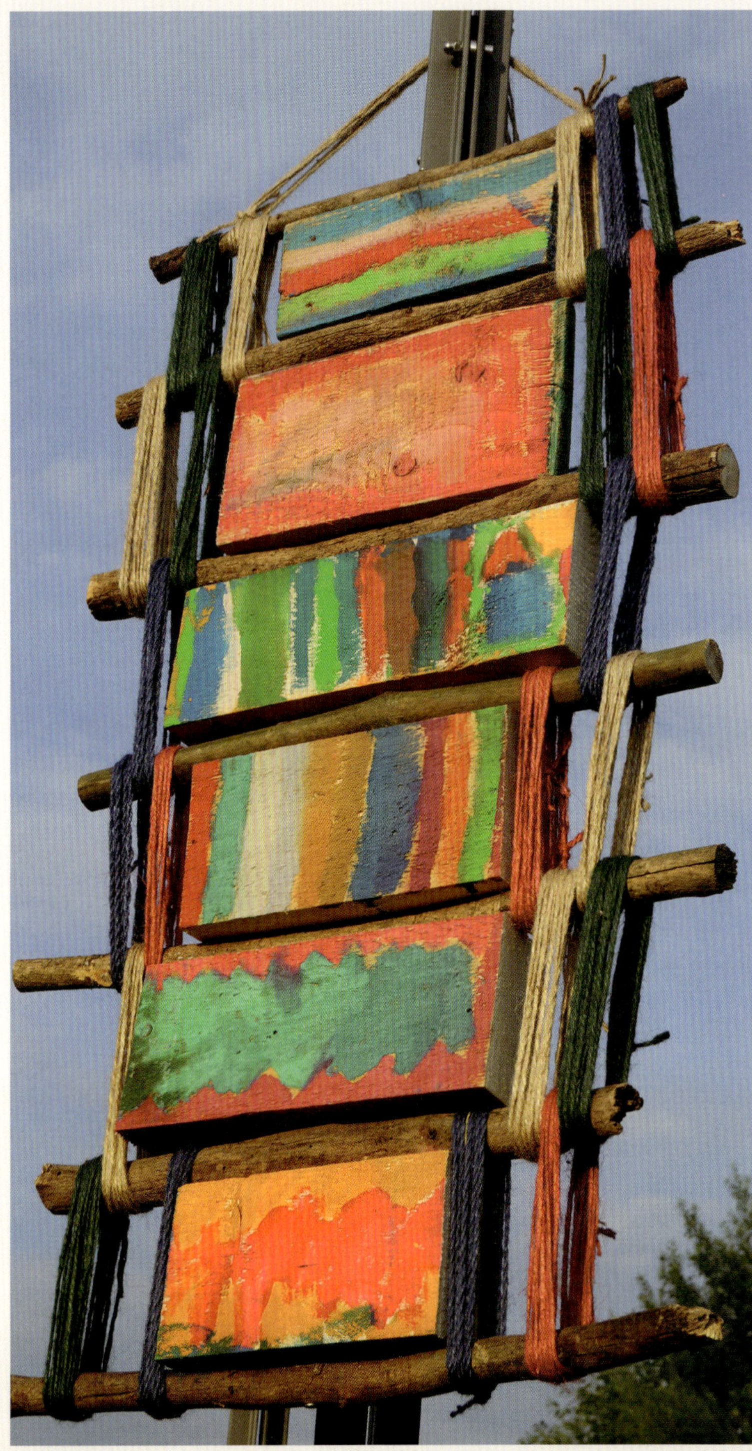

HOLZGEBINDE

MATERIAL:

- Holzbretter
- Flüssigfarben / Wasserfarben
- Äste
- Schrauben
- Juteschnur

TECHNIKEN:

- Sägen
- Schleifen
- Malen
- Bohren
- Wickeln
- Spannen

An jedes bemalte Holzbrett wird an den oberen Rand ein Ast geschraubt. Anschließend werden die einzelnen Äste untereinander verspannt. Die Äste dienen als Träger und Spannhalter für das Brett und verleihen dem Werk eine besondere Ästhetik.

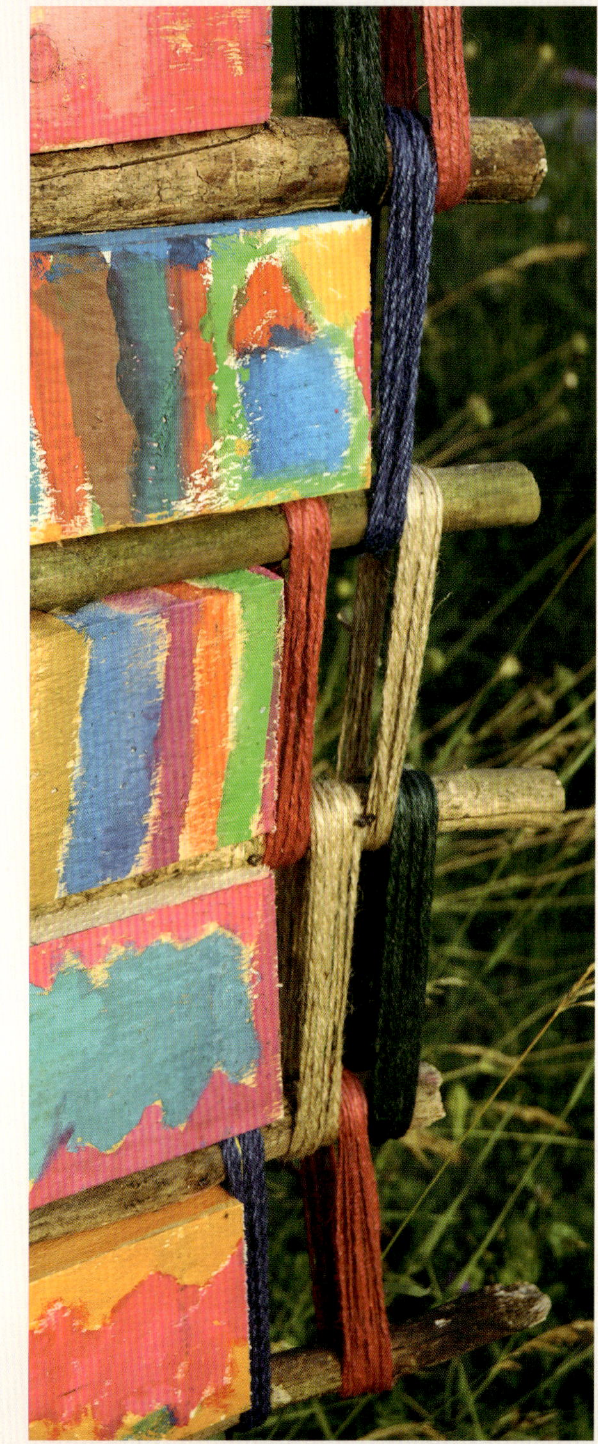

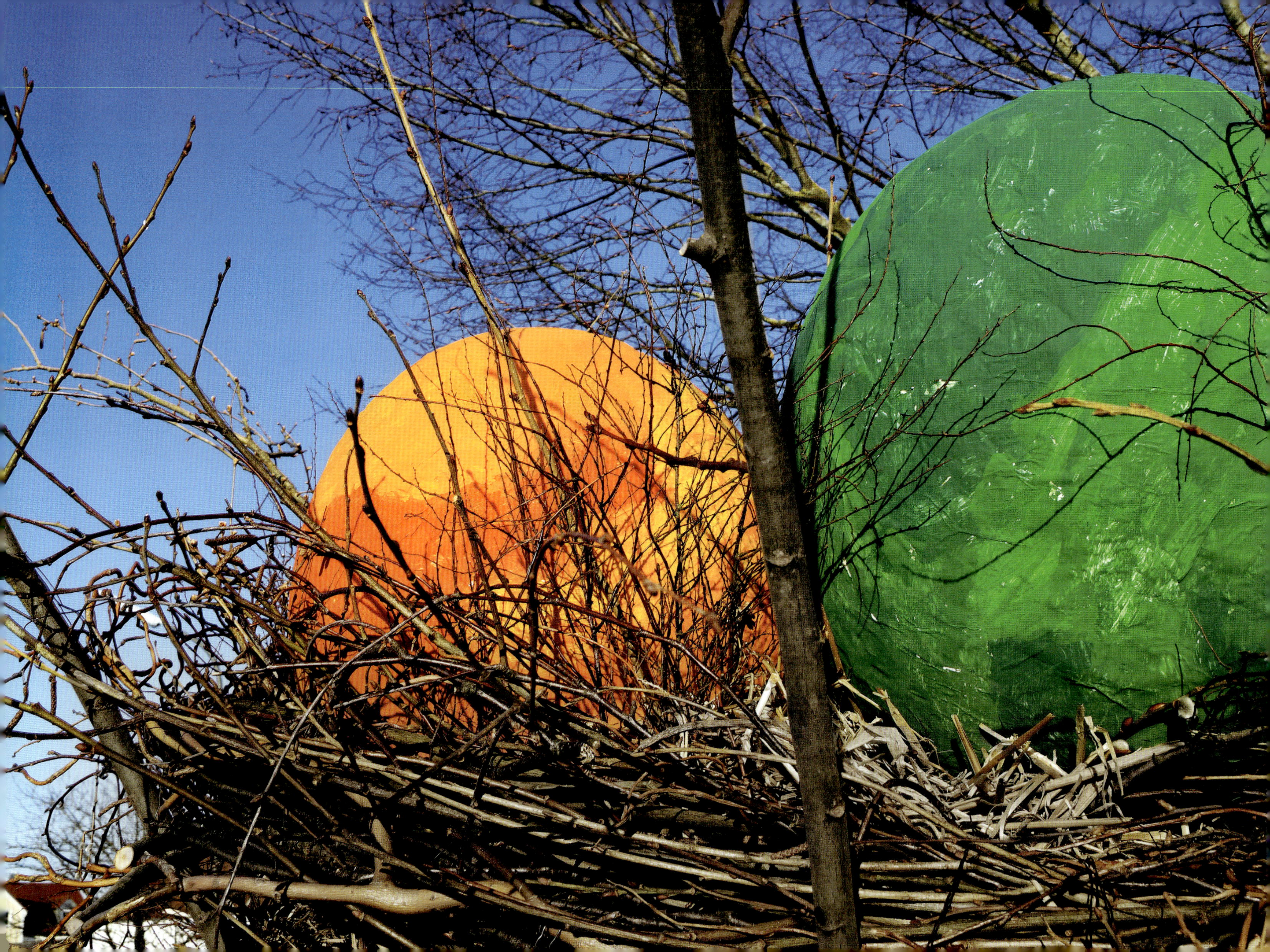

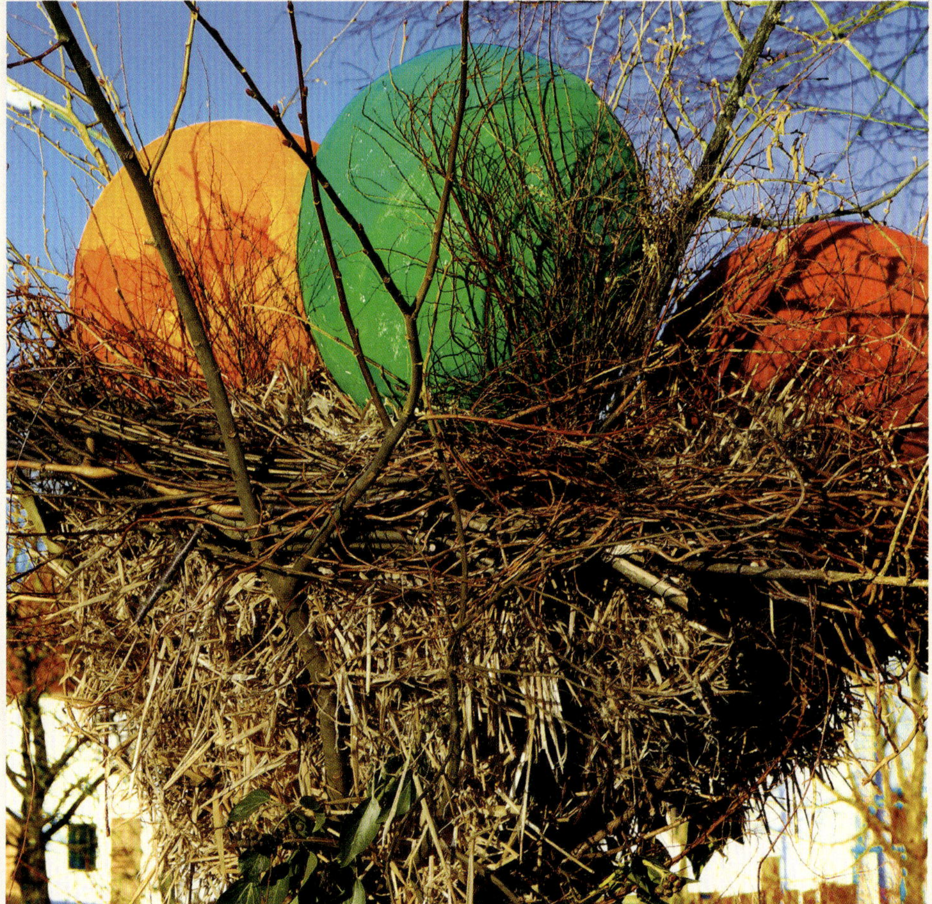

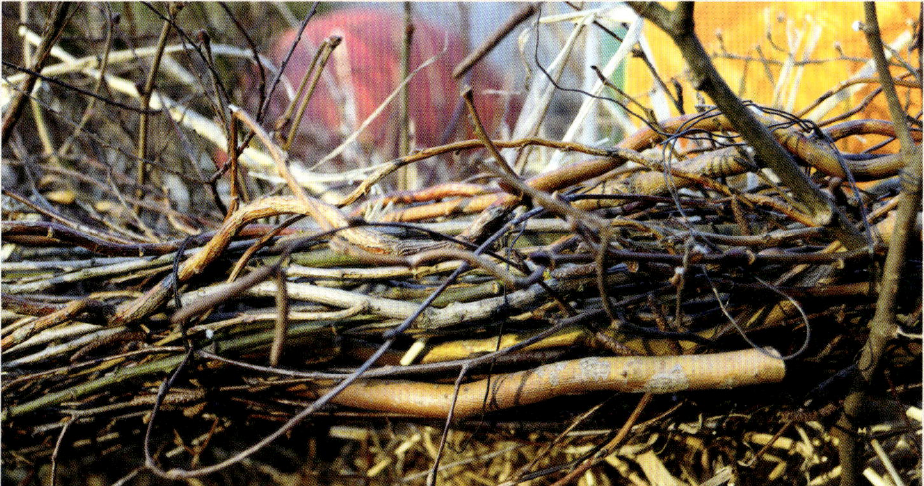

PARADIESVOGELNEST

MATERIAL:

Große Luftballons

Zeitungspapier

Tapetenkleister

Flüssigfarbe

Reisigzweige / dicke Äste

Draht

Stroh

TECHNIKEN:

Reißen

Kleben

Malen

Wickeln

Verzurren

Die aufgeblasenen Luftballons werden in mehreren Schichten abwechselnd mit Zeitungsschnipseln und Tapetenkleister beklebt. Beim Knoten des Ballons wird ein kleines Stück freigelassen. Das sogenannte „Pappmaché" kann über mehrere Tage entstehen, da die einzelnen Schichten zwischendurch trocknen sollten. Je mehr Schichten aufgebracht werden, desto stabiler wird das Ei. Vor dem Bemalen wird der Luftballon mit einer Nadel aufgestochen und herausgezogen.
Das riesige Reisignest entsteht aus dem Frühjahrsschnitt im Garten. Nach dem Rundbiegen wird es mit Draht fixiert und auf große, stabile Äste gebaut. Wegen des großen Ausmaßes braucht man dafür viele Helfer.

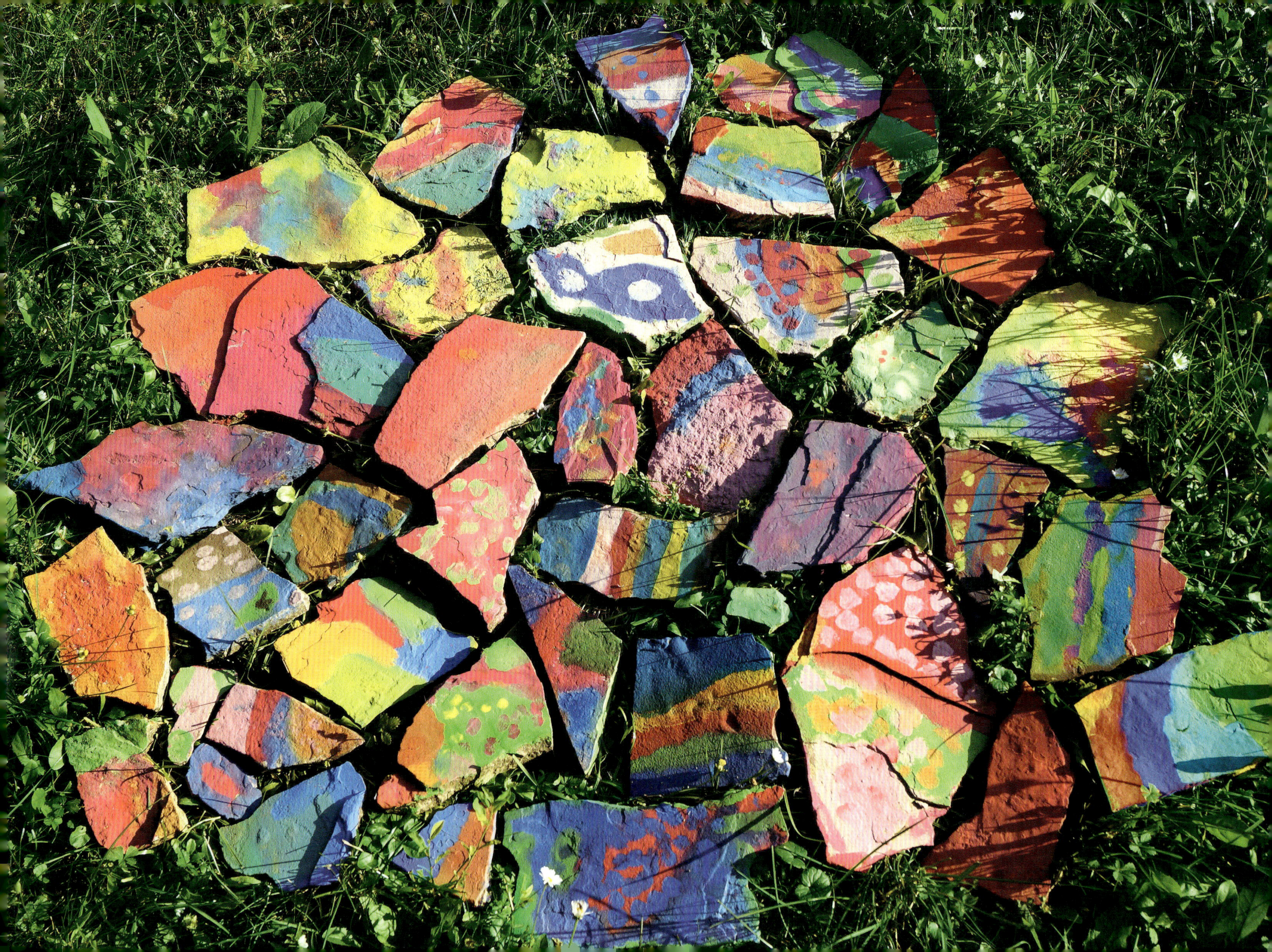

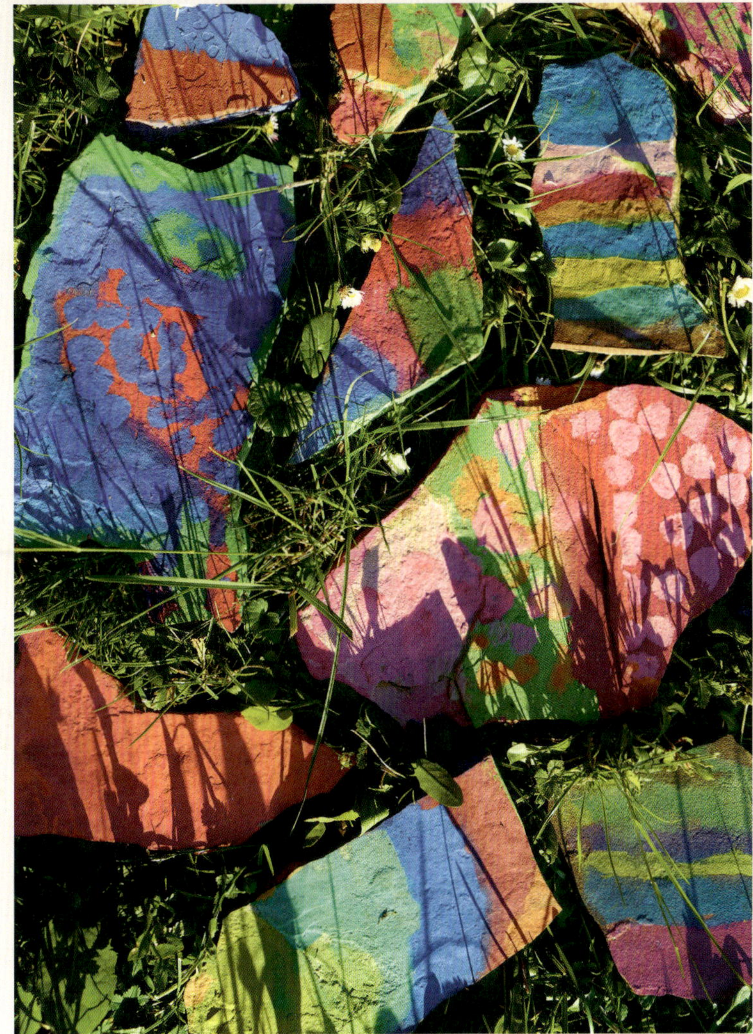

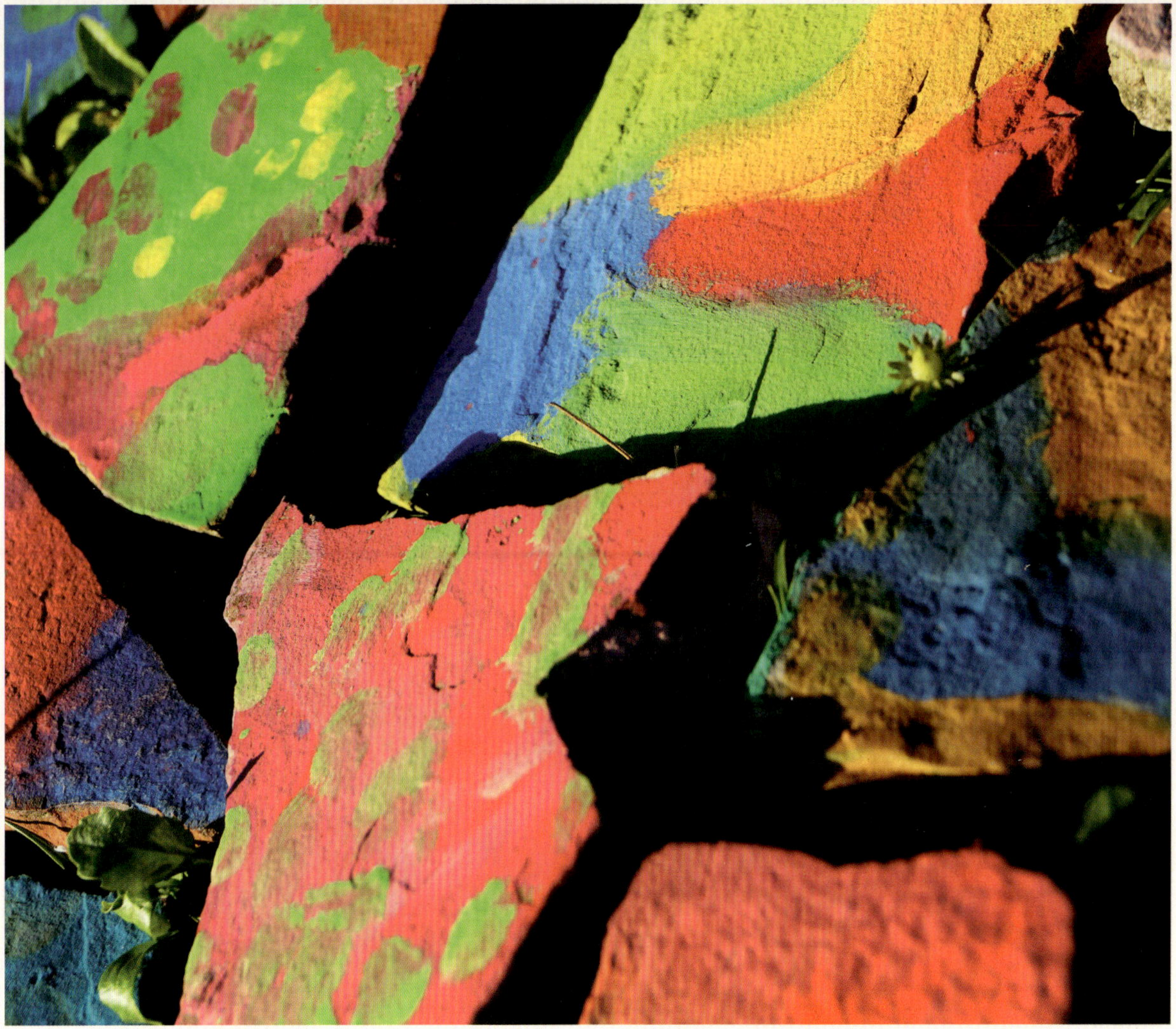

WIESEN-STEIN-MOSAIK

Gebrochene Steine sind wunderbare Malgründe. In der Wiese werden sie zu einem Mosaik. Statt Steinbruchplatten können auch kaputte, unglasierte Dachziegel verwendet werden. Jeder Baumarkt oder auch Ziegeleien sind dankbar für Abnehmer, die den Bruch auch noch sinnvoll verarbeiten. Beim Sommerfest könnte jeder Gast einen Stein bemalen und sich so am Wiesenmosaik beteiligen.

MATERIAL:

- Bruchsteine
- Flüssigfarben

TECHNIKEN:

- Malen
- Legen

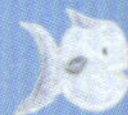

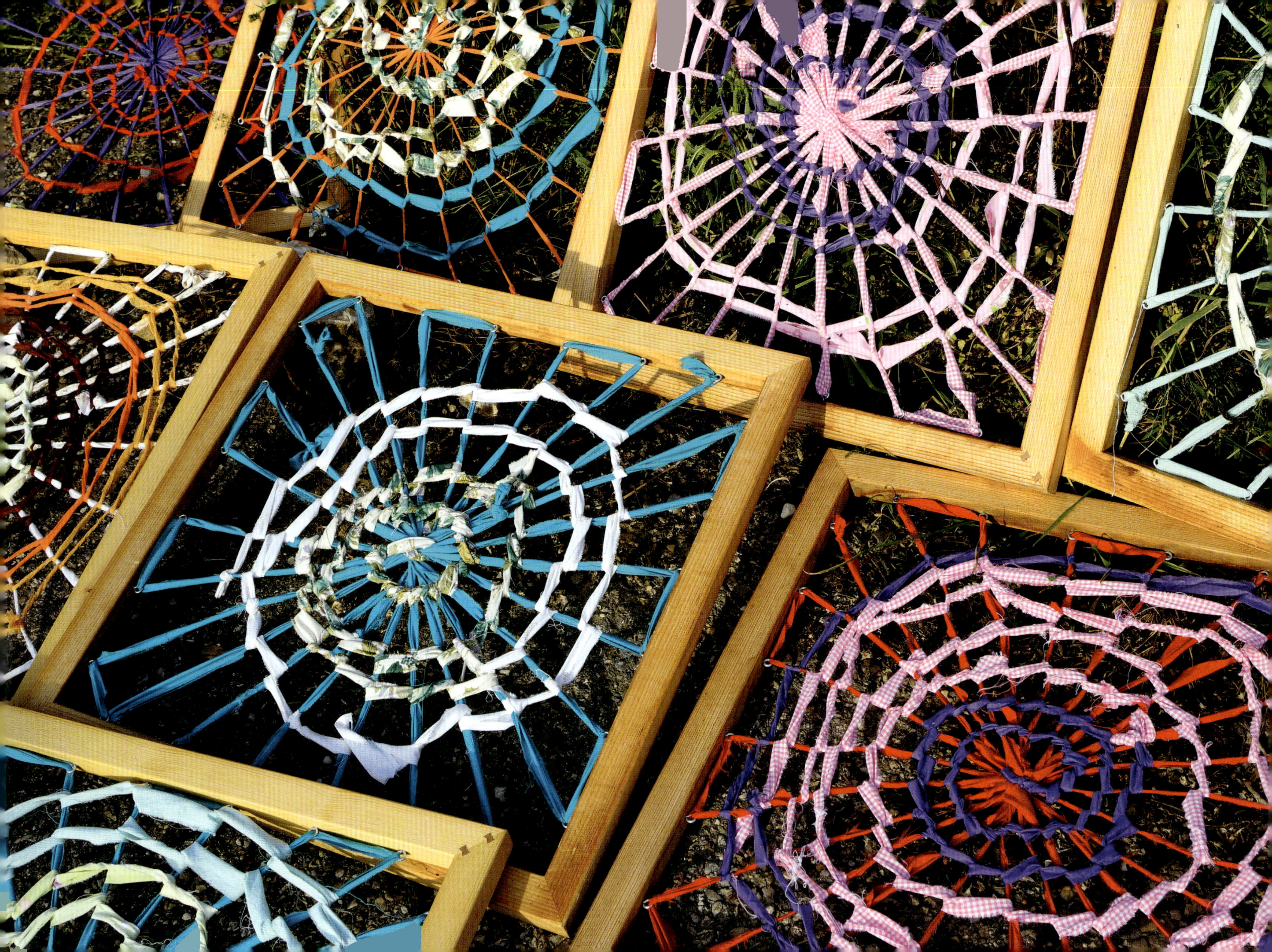

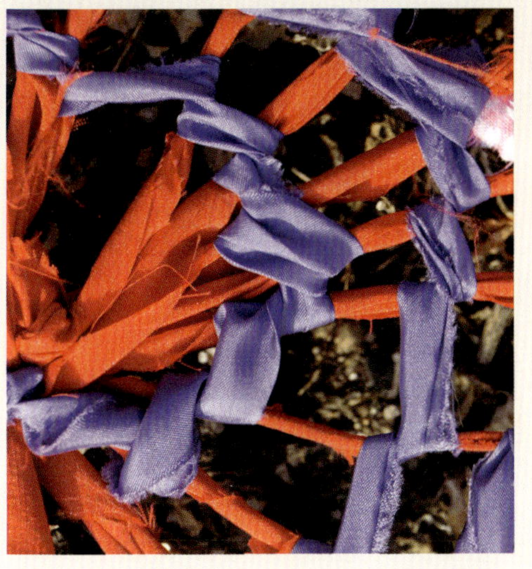
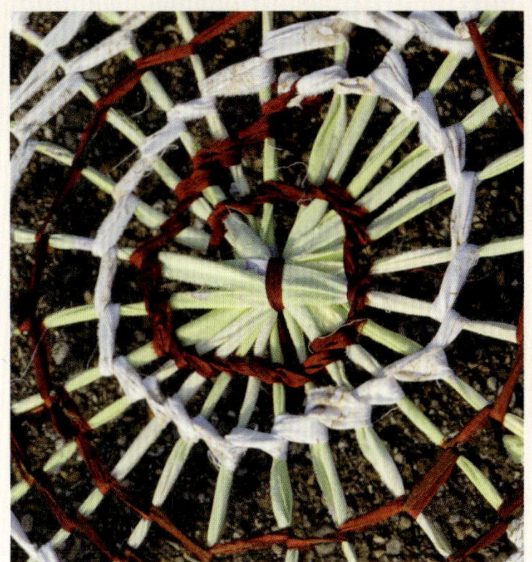
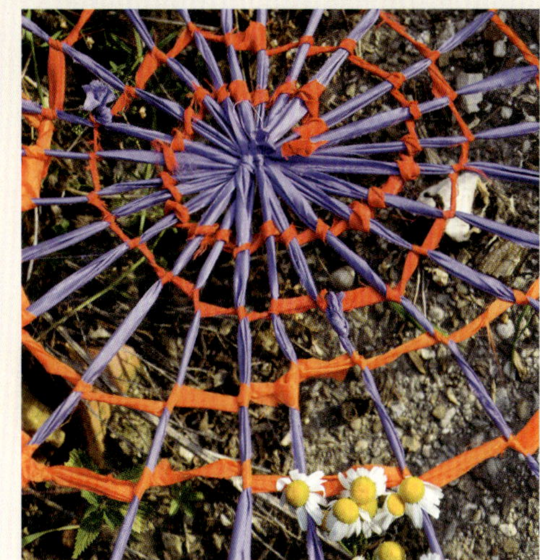
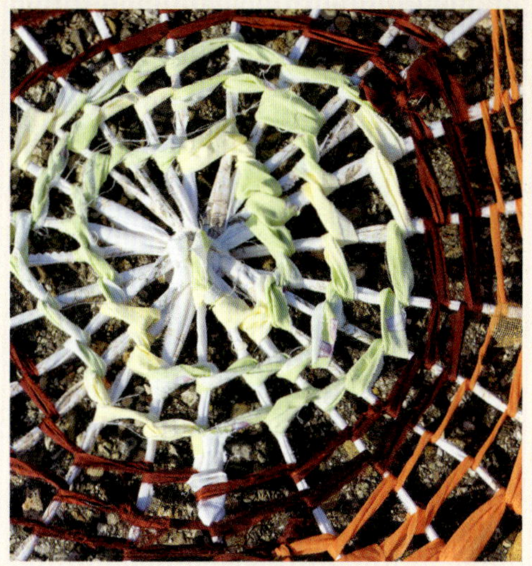

SCHNECKENWEBEREI

MATERIAL:

- Holzrahmen / alte Bilderrahmen
- Ringschraubösen
- Alte Bettwäsche
- Alte Vorhänge
- Stoffreste

TECHNIKEN:

- Reißen / Schneiden
- Fädeln / Spannen
- Wickelweben
- Knoten

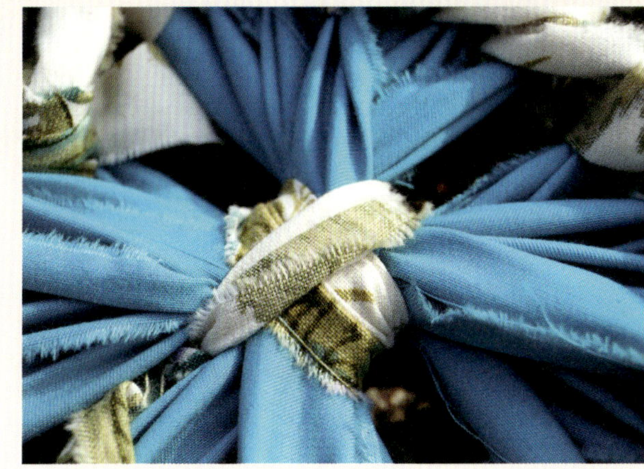

Wer Holzrahmen übrig hat, schraubt an den Innenseiten sogenannte Ringschraubösen ein. Stoffstreifen werden durch die Ösen gefädelt und gegenüberliegend verspannt, sodass ein Stern entsteht. Von der Mitte aus wird nun so lange jeder einzelne Spannfaden umwickelt und zum nächsten geführt, bis eine Spirale daraus entsteht. Eine besondere Note verleiht man den Bildern, wenn man bei der Stoffauswahl entweder Ton in Ton arbeitet oder einen Farbkontrast auswählt. Da die Webbilder sowohl von vorne als auch von hinten schön anzusehen sind, können sie sehr gut ins Fenster gehängt werden. Für Schulen und Kindergärten mit oftmals riesigen Fenstern dienen sie gleichzeitig als Aufprallschutz für Vögel.

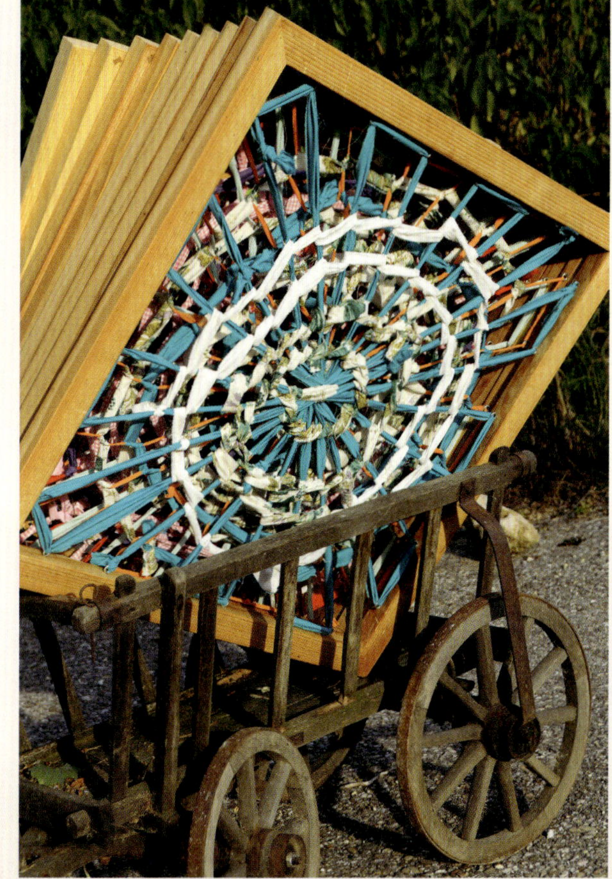

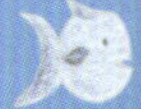

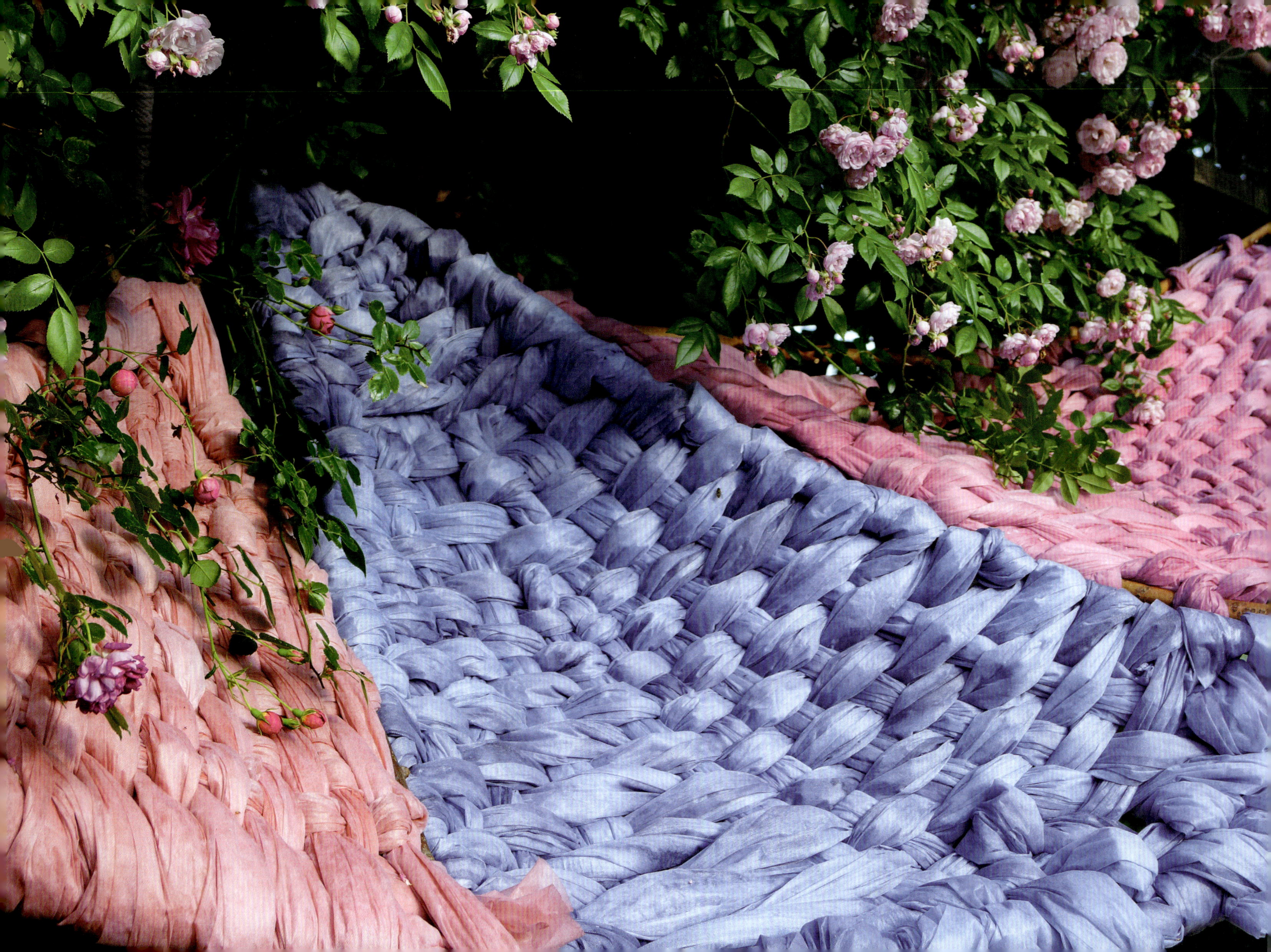

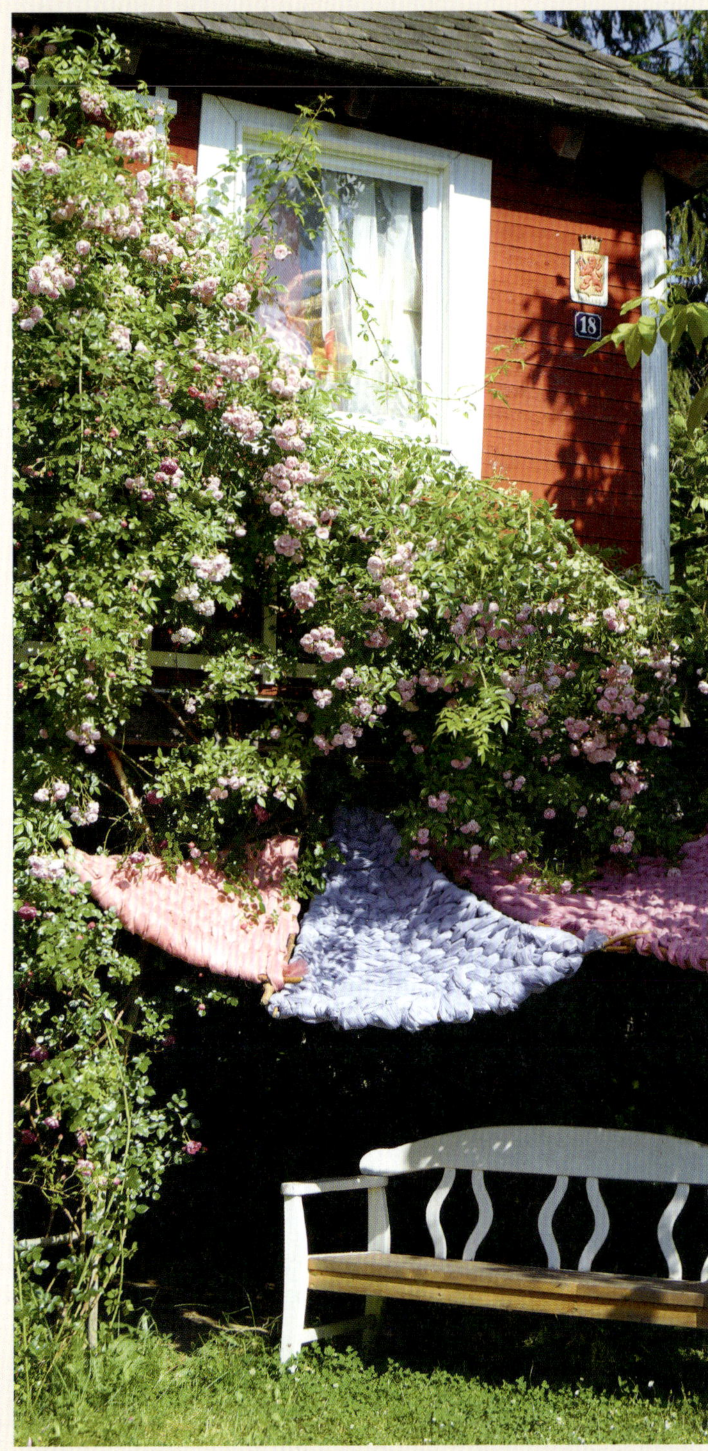

SONNEN-DÄCHER

MATERIAL:

- Dicke, lange Äste
- Helle Bettlaken
- Stoffe / Vorhänge
- Sisalschnur

TECHNIKEN:

- Reißen / Schneiden
- Wickeln
- Binden / Knoten
- Spannen
- Weben

Aus riesigen Ästen werden Dreiecksrahmen gebaut. Die Stoffe werden in Streifen gerissen oder geschnitten und in die Rahmen gespannt. In Dreiecken kann in jede Richtung gewebt werden – dabei gibt es keine Regel. Probieren Sie es einfach aus! Selbst eine Lücke im Gewebten hat ihren Reiz. Ob als Sonnendach im Garten oder sogar als „Lärmdämpfer" in großen Räumen werden die Werke zum „Hingucker" schlechthin.

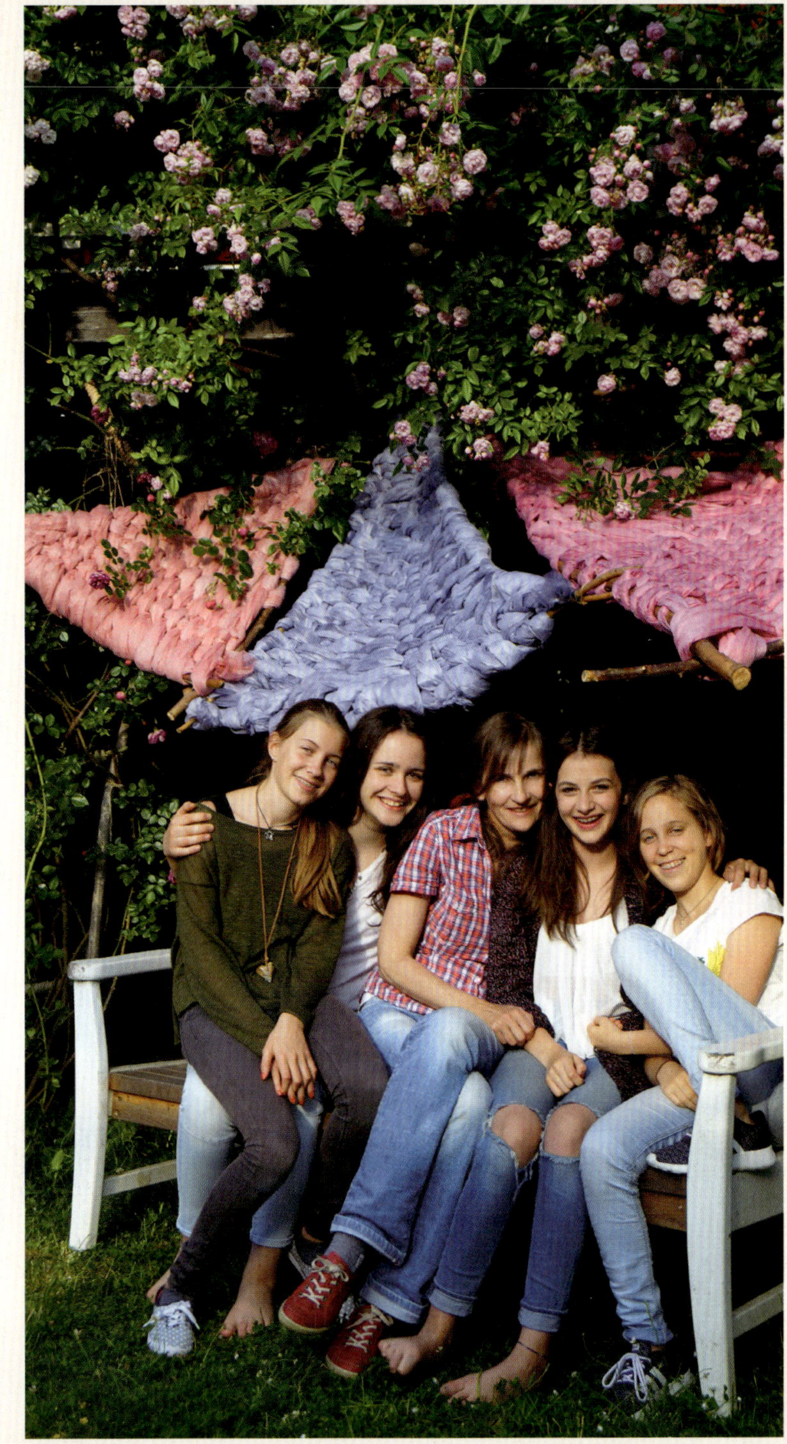

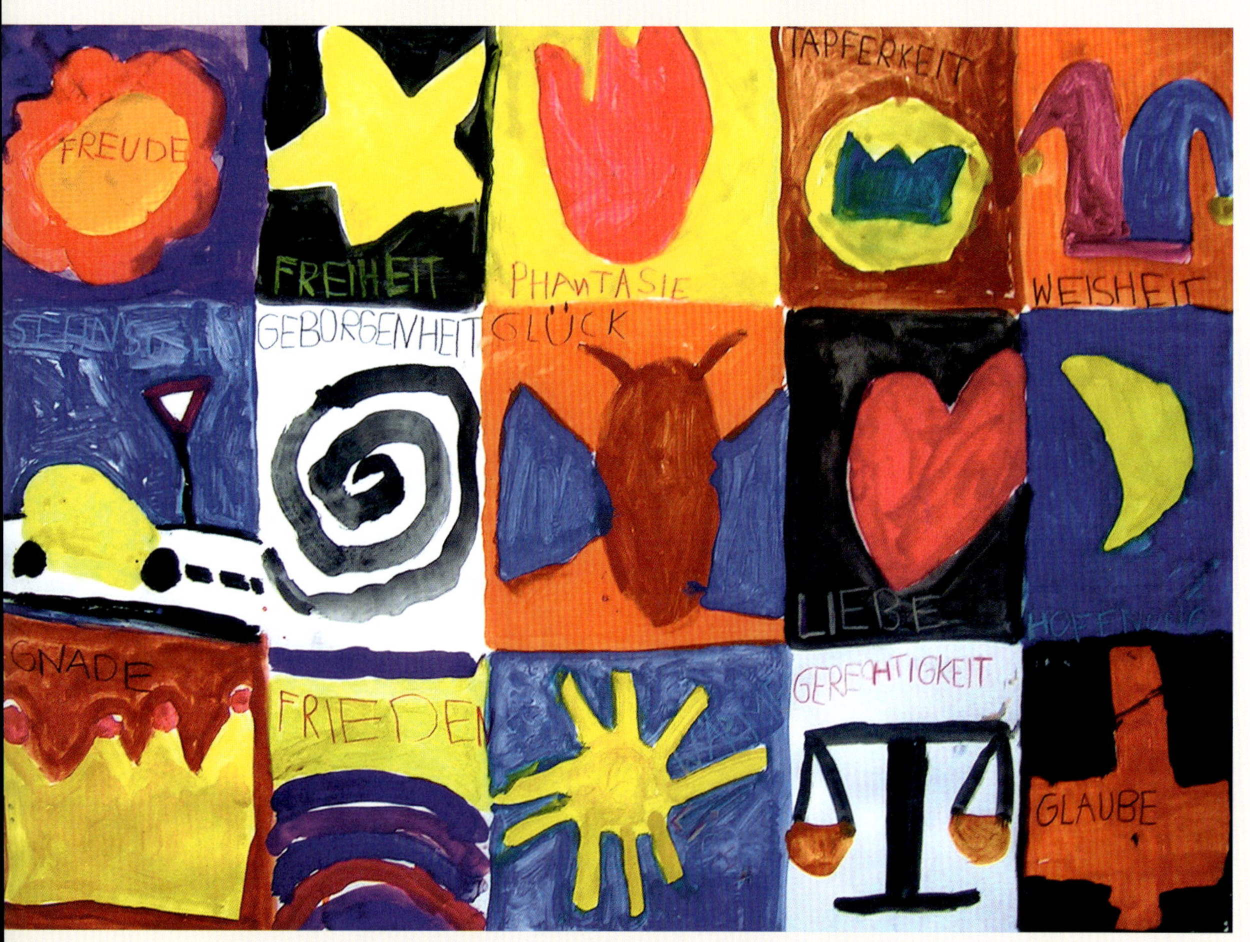

GUTE-WÜNSCHE-BILD

MATERIAL:

Papier

Bleistift

Wasserfarben

Gute Wünsche

TECHNIK:

Malen

Zu Beginn wird das Papier mit dem Bleistift in Felder eingeteilt. Anschließend können die einzelnen Wünsche von verschiedenen Malern gestaltet werden. So kann aus einem einzigen Blatt Papier ein Gemeinschaftsgeschenk werden, das Herzen rührt.

DANKE …

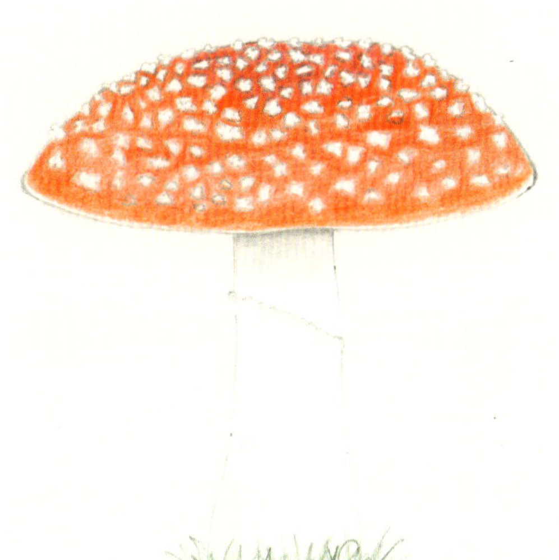

… meinem Mann Christian für die Unterstützung bei all meinen kreativen Projekten in den letzten 27 Jahren. Ganz besonders für die technische Hilfe bei meinem Buch an der Kamera und am Computer.

… meiner Tochter Hannah Rosa für die wunderschönen Zeichnungen und für ihre sehr kritischen und produktiven Korrekturen der Texte.

… meiner Tochter Mona Lisa für das Bauen und Mithelfen bei meinen Werkstücken und die guten Vorschläge bei der Umsetzung.

Für Eure Ideen, Eure Unterstützung, Eure Mithilfe im „Pinselreich", Eure Witze und Eure Aufmunterungen umarme ich Euch drei von Herzen.

Ich danke allen, die ich fotografieren und in meinem Buch veröffentlichen durfte: Anna, Daniel, der großen Hannah, der kleinen Hannah, Jakob, Johanna, Magdalena, Mona, Pia, Stefan, Theresa und dem Team des Kindergarten St. Franziskus in Egweil.

Dem verlagshaus kastner danke ich für die Verwirklichung der *Fantasiewerkstatt* und für die gute Zusammenarbeit. Ganz besonders möchte ich hier Eduard Kastner, Anita Karrer, Monika Lang, Martin Lichtenegger, Bärbel Oberhagemann, Josef Perl, Regina Stein und Nina Steiner erwähnen, die zu jeder Zeit und mit großer Geduld für meine Fragen, Anliegen und Wünsche ein offenes Ohr hatten und mich großartig unterstützt haben.

SCHLUSSWORT

Die Fantasie ist etwas Wunderbares. Sie kennt keine Grenzen, keine Regeln, kein Gesetz. Mit ihr ist alles möglich. Nur sie kann Träume, Ideen und Erfindungen erschaffen. Allen von uns ist sie geschenkt; eine Gabe, die unser Leben bereichern und erfüllen kann.

„Meine Fantasie gehört mir und darüber darfst du nicht bestimmen!", hörte ich einen sechsjährigen Jungen zu seinem Freund sagen, während er ein Bild malte. Besser könnte man es nicht beschreiben – die Fantasie ist unser Eigen und ganz frei. Niemand kann sie uns nehmen und niemand kann darüber bestimmen.

Damit sich die Fantasie unserer Kinder uneingeschränkt entwickeln kann, braucht es Zeit und Gelegenheit, Impulse und Anregungen, Begeisterung und Mut. Das schöpferische, handwerkliche und künstlerische Tun gibt Kindern die Möglichkeit, ihre Fantasie in positive und produktive Bahnen zu lenken und ihre Kreativität zu entdecken. Vorlagen und Schablonen schränken die Vorstellungskraft ein und ermüden den Erfindergeist. Sie sind deshalb unnötig, ja sogar kontraproduktiv.

Lassen wir also den Kindern beim Gestalten, Malen und Werken einen „Freiraum" – so viel und so oft wie möglich. Damit sie sich in dieser Freiheit entwickeln können. Damit die Fantasie wachsen darf und ihnen Flügel verleiht. Damit sie ihre Träume leben, neue Ideen spinnen und wunderbare Erfindungen machen dürfen.

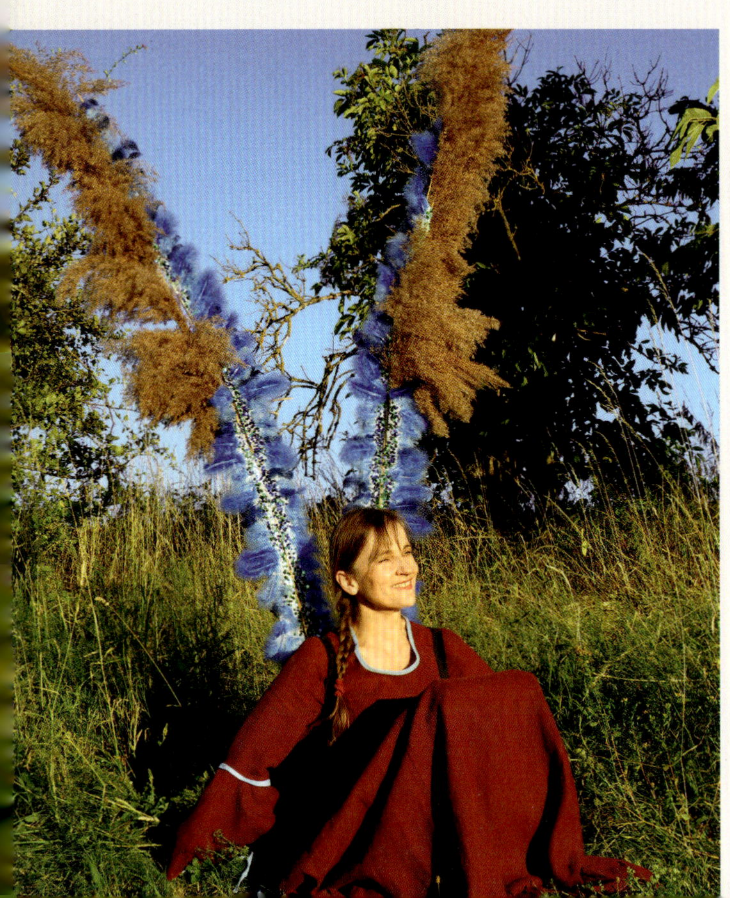

VITA

Bärbel Freitag ist Erzieherin und seit nahezu 30 Jahren in Kindergärten und zahlreichen kreativen Projekten tätig.

Sie arbeitet mit Kindern, Jugendlichen, Erwachsenen und Senioren auf Kulturveranstaltungen und Festivals in ihrer „Mobilen Werkstatt PINSELREICH". Daneben vermittelt sie in Fortbildungsveranstaltungen für Kindergärten und Schulen unermüdlich die Bedeutung der Kreativität und Naturerfahrung für die kindliche Entwicklung. Als Autorin veröffentlicht sie kreative Werkbücher und schreibt für pädagogische Fachzeitschriften.

Informationen: www.pinselreich.de
Kontakt: freitag@pinselreich.de